Andreas Gutzwiller / Christoph Wegmann

Die Welt in einem Ton

Gespräche über eine fremde Musik

Schwabe Verlag

Gedruckt mit Unterstützung der Berta Hess-Cohn Stiftung, Basel

Bibliografische Information der Deutschen Nationalbibliothek
Die Deutsche Nationalbibliothek verzeichnet diese Publikation in der Deutschen Nationalbibliografie; detaillierte bibliografische Daten sind im Internet über http://dnb.dnb.de abrufbar.

Abbildung Umschlag: Titelseite der Kinko-Notation in der Ausgabe von Miura Kindō (1937),
Foto: raffi p.n. falchi
Korrektorat: Kerstin Köpping, Korrekturbüro Wolfgang Hübner, Berlin
Cover: icona basel gmbh, Basel
Satz: mittelstadt 21, Vogtsburg-Burkheim
Druck: Hubert & Co., Göttingen
Printed in Germany
ISBN Printausgabe 978-3-7965-4417-0
ISBN eBook (PDF) 978-3-7965-4418-7
DOI 10.24894/978-3-7965-4418-7
Das eBook ist seitenidentisch mit der gedruckten Ausgabe und erlaubt Volltextsuche.
Zudem sind Inhaltsverzeichnis und Überschriften verlinkt.

rights@schwabe.ch
www.schwabe.ch

Inhalt

Dank

Die Autoren danken der Berta Hess-Cohn Stiftung für die grosszügige Unterstützung.

Für die Unterstützung des Projekts bedanken wir uns bei André Baltensperger, Gerald Bennett, Thüring Bräm, Daniel Fueter, Kiyoshi Kasai, Kjell Keller, Heinz-Dieter Reese, Peter Reidemeister, Stephan Schmidt, Hanna Stähli und Steffen Schleiermacher.

Für die Überlassung von Bildrechten geht ein Dank an die UCLA (University of California an Los Angeles), die Wesleyan University (Middletown, CT) und den Herder Verlag, an Claudia Gutzwiller-Bortfeldt, Yoshi Huggler, Monty H. Levenson, Ruedi Linder, Mirjam Pierig, Ursula Fuyūmi Schmidiger, Kurt Schmidiger-Jasch, John Singer und Daniel Svaton.

Die Autoren bedanken sich bei Arlette Neumann / Katja Brockmann / Ruth Vachek vom Schwabe Verlag für die gute Zusammenarbeit, bei Katja Köpping für die sorgfältige Korrektur und bei Andreas Färber für die schöne Gestaltung dieses Buches.

Vorwort

Als 1977 die interstellaren Raumsonden Voyager 1 und Voyager 2 ins Weltall geschossen wurden, schickte die NASA zwei 30 cm grosse ‹Voyager Golden Records› mit, goldene Scheiben, die eine Lebensdauer von 500 Millionen Jahren haben sollen. Sie enthalten vorwiegend Audiodateien mit Grussworten in 55 irdischen Sprachen, mit irdischen Geräuschen und mit 90 Minuten Musik von Johann Sebastian Bach über Wolfgang Amadeus Mozart und Ludwig van Beethoven bis hin zu Chuck Berry und Louis Armstrong. Mit unterwegs sind auch Beispiele von «ethnischer Musik», Musik der Navajos, Javanische Hofmusik und das Shakuhachi-Stück «Tsuru No Sugomori» («Kranich-Nest»), gespielt von Gorō Yamaguchi (1933–1999), einem der grossen Vertreter der japanischen Bambusflöte. Andreas Gutzwiller studierte damals die Shakuhachi in Tokyo.

Die Informationen und Musikaufnahmen der «Golden Record» sind für weit entfernt lebende Ausserirdische gedacht, damit sie sich dereinst eine Vorstellung von einer längst vergangenen irdischen Kultur machen können. Die Voyager 1 ist im Moment das am weitesten von der Erde entfernte von Menschenhand geschaffene Objekt, in 40 000 Jahren wird sie den 17 Lichtjahre von unserer Sonne entfernten Stern Gliese 455 in grossem Abstand passieren.[1] Vielleicht wird sie dann von intelligenten Wesen, die auf einem Gliese-Planeten leben, eingefangen und untersucht.

Man fragt sich, ob die so weit entfernt lebenden E.T.'s, wenn sie die Scheibe entziffern, Tiergeräusche von menschlichen Stimmen oder das Windbrausen von einem Bach'schen Orgelwerk überhaupt werden unterscheiden können, ob sie vielleicht in Musikstücken mathematische Kalküle sehen und ob sie am Gehörten Gefallen finden werden. Gefällt ihnen Mozart oder Chuck Berry besser? Und was empfinden sie wohl, wenn sie den seltsamen Tonfolgen des japanischen Shakuhachi-Spielers lauschen?

Vielen irdischen Lebewesen kommt diese Musik auch äusserst fremd vor, gewissermassen ausserirdisch fremd, weil sie sie schlecht mit den ihnen vertrauten Melodien und musikalischen Mustern in Verbindung bringen können und die meisten nicht einmal wissen, wie man den Namen des Instruments ausspricht: Shakuhachi. Nur die mit der Sache einigermassen Vertrauten wissen, dass man «Schaku'hatschi» sagt, aber auch vielen von ihnen kommt die Musik fremd und anders vor, und zwar «ganz anders – mit grossem A», wie der Shakuhachi-Spieler Andreas Gutzwiller in einem der folgenden Gespräche sagt: «Diese Musik schien mir wie von einem anderen Planeten zu kommen.»

Es war diese extreme Andersartigkeit und Fremdheit der «Honkyoku» genannten Musik für Shakuhachi, die Andreas Gutzwiller unmittelbar ergriff, als er im Herbst 1970 an der Wesleyan University in Middletown ein Konzert des Shakuhachi-Spielers Araki Tatsuya (Kodō V) hörte. Diese Faszination hat seinen Lebensweg neu ausgerichtet, von da an wollte er unbedingt diese fremde Musik lernen, und er hat dies zuerst in Wesleyan und dann sieben Jahre lang in Tokyo getan. 1974 promovierte er in Wesleyan als Ethnomusikologe mit einer Arbeit über die Shakuhachi, als erster nichtjapanischer Musiker erwarb er 1976 bei Kawase Junsuke III in Tokyo den Grad eines Shihan und kam 1979 mit dem erworbenen Können und Wissen nach Europa zurück. Kaum einer hat sich wie er darum bemüht, diese Musik nicht nur meisterhaft zu spielen, sondern sie auch in einer Weise und Tiefe zu verstehen, wie es in der japanischen Tradition undenkbar ist, er tat dies unter anderem mit Forschungsarbeiten am Pariser Institut IRCAM des Komponisten Pierre Boulez. Dort ist in Zusammenarbeit mit dem Komponisten und Computerspezialisten Gerald Bennett die Studie «The world of a single sound» erschienen – oder eben «Die Welt in einem Klang», wie das Gesprächsbuch heisst, das Sie in den Händen halten.

1980 wurde Andreas Gutzwiller an die Musik Akademie Basel geholt, an der in der Folge ein kleines Zentrum für aussereuropäische Musik entstand: Er unterrichtete Shakuhachi, Ken Zuckerman das nordindische Saiteninstrument Sarod, Thomas Kessler das indonesische Gamelan. Das «Studio für aussereuropäische Musik» bot regelmässig Seminare, Workshops und Konzerte mit Musik aus Ägypten, China, Korea, Indien, Zentralasien und anderen Kulturräumen an. Gutzwiller schrieb zahlreiche Aufsätze zu musikalischen Fragen, spielte mehrere CDs mit Musik für Shakuhachi ein, gab in ganz Europa Seminare und spielte zahlreiche Konzerte, in denen er auch eine Reihe zeitgenössischer Kompositionen uraufführte, die für ihn geschrieben worden sind.

Das alles macht ihn zum idealen Erklärer und Erzähler, der uns ‹Irdischen› die Musik der Shakuhachi näherzubringen weiss, musikalisch und gedanklich. Die Gespräche in dem vorliegenden Buch haben in erster Linie das Instrument Shakuhachi mit seiner verworrenen Geschichte, seiner ausserordentlichen Musik und der eigenen Lehrmethode im Fokus, der Blick weitet sich aber immer wieder auf grössere kulturgeschichtliche Konstellationen, auf musikalische und soziale Zeitbilder, auf ästhetische Phänomene, auf andere Künste, Künstlerinnen und Künstler und auf einige entscheidende Wendepunkte im Werdegang des professionellen Shakuhachi-Spielers Andreas Fuyū Gutzwiller.

Alle Kapitel dieses Buches beinhalten nach einer Einführung eine Gesprächs- und eine Kommentarspur. Gespräche haben eine andere Dynamik als Aufsätze oder wissenschaftliche Abhandlungen, sie leben vom Hin und Her, von Tempowechseln und unerwarteten Wendungen. Im Fluss des Gesprächs können nicht alle verwendeten Begriffe und Namen gleich erläutert werden. Diese Aufgabe übernimmt die parallel laufende Kommentarspur. So muss die Leserin, der Leser nicht ständig aus dem Gespräch aussteigen, um in einem Anhang nach Anmerkungen zu blättern. Ein Seitenblick genügt, um festzustellen, was im Kommentar erläutert oder bildlich gezeigt wird, vielleicht findet sich dann zwischen zwei Abschnitten Zeit, die Einträge zu konsultieren. Die Kommentare enthalten auch zahlreiche Links zu Video- und Audiobeispielen, oft YouTube-Beiträge. Es wurde darauf geachtet, möglichst stabile Links zu verwenden, zum Beispiel Angebote von Institutionen. Sollte ein Link verstummt sein, dürfte es nicht allzu schwierig sein, mit den Namen der Musiker und den Titeln eine andere Verbindung zu einem Musikbeispiel herzustellen.

Der Fragende und Kommentator in diesen Gesprächen ist ein Laienmusiker, der das Privileg hat, seit über 20 Jahren bei Andreas Gutzwiller die Shakuhachi zu lernen, zu spielen, zu verstehen. Die unzähligen Anregungen in den Stunden gemeinsamen Spielens bergen einen Schatz an Erfahrungen und Einsichten über Musik und den Austausch der Kulturen, über Geschichte, Literatur und Theater, der gespeist ist von Andreas Gutzwillers persönlichem kulturellen Gedächtnis. Um einen Teil davon festzuhalten und zu bewahren, wurden im ersten Coronajahr, als gemeinsames Musizieren nur noch selten möglich war, regelmässig Gespräche geführt und aufgenommen. Aus ihnen ist der vorliegende Gesprächsband geworden, der zugleich ein Porträt des Musikers Andreas Fuyū Gutzwiller ist.

Christoph Wegmann

1 Die Shakuhachi – Porträt einer Überlebenden

Mit seiner Panflöte half einst der Hirtenknabe Kadmos dem Göttervater Zeus aus der Klemme: Der Drache Typhoeus hatte dem Gott, dessen Macht noch ungefestigt war, die Sehnen herausgeschnitten, um ihn zu entmachten, worauf Kadmos das Tier mit seinem Flötenspiel bezauberte und aus seiner Höhle lockte, damit Zeus die Sehnen wieder an sich nehmen konnte.[2]

Flöten tauchen in vielen Volkstraditionen auf, rund um den Globus. Eine Mythe der Yahuna, einem Volk am kolumbianischen Fluss Apaporis, erzählt vom Besuch des Sonnenknaben Milomaki, der so wunderschön sang, dass alle Leute ergriffen zuhörten – zuhause fielen aber alle tot um. Da verbrannten die Lebenden den Jüngling, der singend auf dem Scheiterhaufen starb. Aus seiner Asche wuchs danach die Paschiubapalme, aus deren Holz die Leute Flöten bauten, um darauf die schönen Lieder zu spielen, die Milomaki gesungen hatte.[3]

In Mythen der ganzen Welt zählen Flöten nebst Schlaginstrumenten und Harfen zur Erstbesetzung eines mythologischen Ensembles. Flöten finden sich auch im Bestand der ältesten archäologischen Funde, die man als Musikinstrumente betrachtet, etwa die Schwanenknochenflöte der Schwäbischen Alb, die 35 000 bis 40 000 Jahre alt ist, oder die noch etwas ältere Knochenflöte aus der slowenischen Höhle Divje Babe.[4] Allerdings sind sich die Spezialisten nicht restlos einig, ob es sich bei diesen Gegenständen wirklich um menschliche Artefakte und tatsächlich um Flöten (und nicht um Oboen) handelt. Und man kann auch nicht wissen, ob es nicht schon zuvor Töne erzeugende Instrumente aus vergänglichem Material gegeben hat – zum Beispiel aus Bambus.

Vor 30 bis 40 Millionen Jahren entstanden die Vorläufer des Bambus aus der Familie der Süssgräser und verbreiteten sich über die Erde.[5] Bambus wird universal genutzt, man baut Häuser und Brücken damit, man heizt, gewinnt Medizinalartikel und Kosmetika daraus, seine Sprossen dienen als Nahrung, aus den Fasern werden Textilien gewoben und Gegenstände für den Alltag gefertigt. Bambus ist hart und weich, leicht und belastbar.

Aus Bambus entstehen ohne grossen Aufwand Blasinstrumente, weil das Rohr innen schon hohl ist: Man schneidet ein Stück aus dem Stamm, entfernt die Nodienreste im Kanal, bohrt Grifflöcher und kerbt oben eine Blaskante – fertig ist das Instrument. So fanden der Bambus und die Flöte zueinander. Im Bambusgürtel ist auf allen Kontinenten eine Vielzahl unterschiedlicher Flöten aus diesem Material entstanden: Nasenflöten, Eintonflöten, Längsflöten, Querflöten und viele mehr. Die bekanntesten sind die Panflöte und die Quena in den Anden, die Ney im Vorderen und Mittleren Orient, die chinesische Xiao und die japanische Shakuhachi.

Um die Herkunft der Shakuhachi, deren Bau und Ästhetik sowie deren Rolle als «kulturelles Fossil» geht es im ersten Gespräch. Und darum, wie Andreas Gutzwiller die Leidenschaft für dieses Instrument ergriffen hat.

1 Die Shakuhachi «Tadasuke», die Andreas Fuyū Gutzwiller seit 1985 spielt. Foto: raffi p.n. falchi.

Die **Länge** des modernen Standardmodells beträgt 54.5 cm und entspricht dem japanischen Mass «ein Fuss, acht Zoll», was eine mögliche Lesart des Namens darstellt (shaku: Fuss, hachi: acht). Das Instrument gibt es aber seit langem in unterschiedlichen Längen.

Flötenköpfe in unterschiedlicher Bauweise:
2 mit einem Block (Blockflöten), **3** mit u-förmiger Einkerbung (Quena), **4** mit schrägem Anschnitt und Blaskante aus Horn (Shakuhachi), im Innern des Rohrs erkennt man den roten Lack (vgl. S. 13).

5 Japans Randlage – im Westen der riesige eurasische Kontinent, im Osten der unendliche Pazifik – hat ein einzigartiges Inselbewusstsein geschaffen.

Signalement eines Instruments

CW: Andreas Gutzwiller, da liegt Dein Instrument vor uns, etwa 55 cm lang, es ist die Shakuhachi, die Du seit etwa 1985 spielst. Du hast damit unterrichtet, hast damit mehrere CDs eingespielt und unzählige Konzerte gegeben. Versuchen wir einmal, diesen Gegenstand als Blasinstrument und als «Objekt» mit eigener Ästhetik zu erfassen. Kann man eine Art Signalement erstellen?

AG: Das kann man schon. Zunächst ist es eine Flöte, die nur ein Rohr hat, es gibt ja auch die Panflöten, die für jeden Ton ein eigenes Rohr brauchen. Die Shakuhachi hat fünf Löcher, vier vorne, eines hinten, mit denen sich verschiedene Tonhöhen erzeugen lassen. Sie ist ein offenes Rohr, nicht wie eine Blockflöte, wo, wie schon der Name sagt, ein eingebauter Block den Atemstrom auf das Labium lenkt.

Die Shakuhachi gehört zu den offenen Längsflöten. Die bekannteste dieser Art ist die türkische und persische Ney. In Ostasien ist die Längsflöte eigentlich ausgestorben, ausser eben der Shakuhachi, und es ist interessant, warum es sie überhaupt noch gibt und warum ausgerechnet in Japan, denn sie ist ganz sicher nicht japanischer Herkunft. Wahrscheinlich ist sie chinesisch, vielleicht kam sie einst nach China und wurde dort mit einem neuen Namen versehen und hat dann in Japan überlebt.

Was die Shakuhachi von allen anderen offenen Längsflöten unterscheidet, ist der Schnitt am Mundstück. Das relativ dicke Rohr wird am oberen Ende schräg angeschnitten, sodass ein Teil des inneren Durchmessers getroffen wird und eine Blaskante entsteht, die durch ein Stück Büffelhorn verstärkt wird. Das gibt es wirklich nur bei der Shakuhachi, alle anderen Flöten, wie die südamerikanische Quena, haben einen u-förmigen oder einen v-förmigen Einschnitt, nur die Shakuhachi besitzt dieses schräg angeschnittene Mundstück.

Nun, das ist die Shakuhachi.

Der Weg des Instruments nach Japan ist interessant und verworren, jedenfalls ist eins sicher: Sie ist überall ausgestorben, ausser in Japan, was das Augenmerk auf die Frage lenkt, warum sie in Japan überlebt hat und warum auch andere vom asiatischen Kontinent stammende Objekte oder Traditionen in Japan noch lebendig sind wie lebende Fossilien, während sie an anderen Orten ausgestorben sind oder durch modernere Varianten ersetzt wurden …

… sie hat also in Japan überlebt wie die Lemuren auf Madagaskar oder der Beutelbär Wombat auf Tasmanien …

… genau. Wenn Du Madagaskar oder Tasmanien erwähnst, fällt auf, dass das Inseln sind. Ein Merksatz, in Grossbuchstaben gesetzt, lautet: «JAPAN IST EINE INSEL» – allerdings nicht sehr weit entfernt vom chinesischen Festland und von Korea und seit dem 4. Jahrhundert stark beeinflusst von der chinesischen Kultur. Auf einer eindrücklichen Karte sieht man, dass sich westlich des japanischen Archipels der riesige eurasische Kontinent erstreckt – und östlich davon ist gar nichts bis Honolulu beziehungsweise bis San Francisco, ein paar tausend Kilometer erstreckt sich nur der Pazifik und dann erst kommt Kalifornien.

Für die kulturhistorische Entwicklung Japans bedeutete dies, dass die Dinge vom Westen her kamen und nirgendwohin gehen konnten. Was nach Japan kam, ging nicht weiter, Japan ist kulturhistorisch gesehen eine Endstation. Da ist keine ständige Bewegung wie in Zentralasien, wo die Völker hin und her Krieg führten und Handel trieben, sondern es ist eine Endstation, eine Sackgasse, und das ist eigentlich die kulturelle Bedeutung von Japan. Japan selber hat den Kontakt mit China nicht sehr gesucht, die Chinesen ihrerseits waren nicht besonders an Japan interessiert, warum sollten sie auch, Japan besitzt ja keine Bodenschätze und eignet sich nicht als strategisches Sprungbrett, dahinter kommt ja nichts …

Es hätte ja sein können, dass alles, was von Westen her kommt, einfach in Japan verschwindet oder ins Meer gekippt wird. Das Entscheidende ist nun aber, dass die Japaner ausserordentlich traditionsbewusst sind, die überlieferte Form der Dinge behalten und nicht gern verändern. Die Shakuhachi ist darum ein Relikt aus einer früheren Zeit der Flötenform: Ein Loch hinten, vier Löcher vorn – das Minimum, womit man überhaupt pentatonische Musik machen kann. Und das ‹Fossil› hat in Japan unter dem Namen Shakuhachi überlebt – woher das Wort kommt, ist unklar.

Zum Namen «Shakuhachi»: Die übliche Lesart des Namens bezieht sich auf die Länge, «ein Fuss, acht Zoll». In einer unveröffentlichten Untersuchung führt Andreas Gutzwiller den Namen auf die chinesischen Schriftzeichen der Flöte Chǐ Bā zurück, die dann in Japan lautlich als «Shakuhachi» gelesen wurden.

Kulturelle «Fossilien» in Japan

Was sind das für Objekte und Traditionen, die man sonst noch als ‹lebende Fossilien› bezeichnen kann?

Die insulare Mentalität hat sich in allen Bereichen entwickelt. Man hat Dinge schubweise von China übernommen. Einer der Schübe dauerte vom 4. bis zum 10. Jahrhundert, ein zweiter Schub erfolgte vom 13. bis zum 16. Jahrhundert. Dazwischen sind Lücken, also etwa zwischen dem Jahr 1000 und dem Jahr 1250, die nächste Lücke folgt dann zwischen 1630 und etwa 1850. In diesen Lücken-Zeiten hat sich die Musik japanisiert, was im Grunde, da die Japaner eben sehr traditionell sind, bedeutet: Man liess die Instrumente, wie sie waren, spielte aber eine andere Musik. Die Shakuhachi hat immer noch fünf Löcher, obwohl jeder weiss, dass für die Musik, die sich in Japan weiterentwickelt hat, sieben besser wären.

Auch die Biwa, die in China, wo sie Pipa heisst, schon lange mit den Fingern angeschlagen wird, wie bei uns die Laute, und ebenfalls mit Bünden versehen ist, die flach auf dem Hals und dem Körper des Instruments liegen, hat in Japan immer noch 5 cm hohe Bünde und sie wird immer noch auf archaische Weise mit einem riesigen Plektrum …

… geradezu einem Spachtel …

… ja, mit einem richtigen Spachtel wird die noch geschlagen, wie das vor 800 oder 900 Jahren in China der Fall war. Das Gleiche finden wir bei der Koto, der mit 13 Saiten bespannten Zither. Die koreanischen Gayageum-Spielerinnen halten ihr Instrument auf dem Schoss wie ein Kind und spielen mit den blossen Fingern. Die japanischen Koto-Spielerinnen haben sie im rechten Winkel vor sich und spielen sie mit künstlichen Fingernägeln, was einen harten, kurzen Klang erzeugt. Das wären zwei Beispiele für

6 Die chinesische Kurzhalslaute Pipa, hier gespielt von Linling Yu, wird von Hand angeschlagen. Foto: Jean-Pierre Dalbéra. – **7** Die hochbündige japanische Biwa mit einem grossen Plektrum. Foto: Yoshi Huggler.

8 Die koreanische Gayageum-Spielerin Kwon Eun Kyung. Foto: Park Hyoung-Won. – **9** Eine japanische Koto-Spielerin.
Die **Gayageum**, die koreanische Variante der asiatischen Wölbbrettzither, ist das bekannteste traditionelle Instrument Koreas.

‹lebende Fossilien› und archaische Spielweisen. Die Musik hat sich natürlich schon verändert, aber die Gestalt der Instrumente nicht.

Dann gibt es in Japan Instrumente, die anderswo ausgestorben sind, etwa Wagon, wobei der Name schon sagt, dass es sich um eine japanische Zither handelt, eine des Landes «Wa», nach einer chinesischen Bezeichnung für Japan. Auch die Klapper Bin-sasara und weitere archaische Schlaginstrumente, die klappern und schnarren, haben sich in Japan erhalten. Warum eigentlich? Ein Grund ist sicher, dass aus China und Korea wenig Neues nachkam; *wenn* etwas Neues kam, wie die Langhalslaute Shamisen im 16. Jahrhundert und westliche Instrumente um 1900, hat man das begeistert aufgenommen, so haben die Leute begonnen, Klavier zu spielen.

Spielte dabei die Situation der Isolierung oder Selbstisolierung Japans eine Rolle für diese kulturelle Fossilierung?

Ja, schon. Wobei Eta Harich-Schneider, eine deutsche Musikwissenschaftlerin und Japanologin, auf eine immer wieder übersehene Epoche aufmerksam gemacht hat, nämlich die Zeit zwischen 1530 und 1610/1620, als es bei den Japanern in Mode war, portugiesische Kleider zu tragen, christlich zu leben, zeitgenössische europäische Musik zu spielen und in westlicher Manier zu malen.[6] Es wurden dazu sogar Instrumente importiert, die wegen der Feuchtigkeit allerdings etwas litten. Man kann diesen portugiesischen Lebensstil auf alten Bildern sehen. Dies alles wurde dann 1630 radikal, brutal unterdrückt mit einer Christenverfolgung. Die Kultur wurde «gesäubert» und festgeschrieben, und diese festgeschriebene Kultur der Tokugawa-Zeit von 1603 bis 1868 ist eigentlich das, was wir traditionelle japanische Kultur nennen beziehungsweise, um noch einen Filter draufzulegen, das, was die Meiji-Zeit (1868–1912) davon übrig gelassen hat. In der Meiji-Zeit wurden die traditionelle Musik und das Theater völlig beiseitegeschoben und sich selbst überlassen. Die traditionelle Kultur wurde von den Künstlern selbst neu geordnet und kanonisiert, verschiedene Fassungen der Koto-Musik oder der Shamisen-Musik wurden vereinheitlicht. Damit wurde entschieden, was japanisch traditionell ist. Und das ist jetzt das ‹alte Japan›.

Gibt es auch geistige Phänomene, die ähnlich wie die Shakuhachi in Japan gestrandet sind und sich als lebendes Fossil weiterentwickelt haben?

Man kann den Zen-Buddhismus (chinesisch «Chan») dazu zählen. Zen ist durchaus nicht japanisch, hat aber wahrscheinlich seine weltweite Ausstrahlung durch die Herren Suzuki, Nitobe, Okuda und Lafcadio Hearn erhalten. Zen ist bekannt geworden in seiner japanischen Ausformung, vom chinesischen oder koreanischen Zen, der durchaus noch präsent ist, ist wenig bekannt. Zen wurde Japans philosophisch-religiöser Exportschlager.

Und die in Japan gestrandete Shakuhachi ging nicht mehr zurück in ihr Herkunftsgebiet?

Eta Harich-Schneider (1897–1986) studierte in Berlin Klavier und Cembalo und gründete dort das Collegium für Alte Musik. Um dem Zugriff der Nationalsozialisten zu entkommen, ging sie 1941 nach Tokyo, wo sie Konzerte gab und unterrichtete. Nach dem Krieg studierte sie an der Columbia University Japanologie. Sie publizierte über Cembalo-Musik, über den Komponisten Couperin und über verschiedene Aspekte der japanischen Musik und Kultur. Ihr Hauptwerk ist die *History of Japanese Music* (1973).[7]

10 Japanische Gitarrenspielerin. Namban-Malerei um 1600. Farbe auf Papier, 55.5 × 37.3 cm. Museum Yamato Bunkakan, Nara. – Zur japanischen **Namban-Kunst** gehören Werke aus der ‹Periode des Südbarbaren-Handels› (1550–1640), also aus der Zeit des iberischen Einflusses in Japan. Auch die Namban-Malerei war vom westlichen Stil beeinflusst.

Um etwa 1300 fasste die Richtung des **Zen-Buddhismus** in Japan Fuss und bildete dort eigene Schulen aus (Sōtō, Rinzai und Ōbaku). Teitaro Suzuki (1870–1966) erreichte in neuester Zeit weltweit die grösste Ausstrahlung (*Living by Zen*, 1949, *Leben aus Zen*, 1955; *Manual of Zen Buddhism*, 1960). Nitobe Inazō (1862–1933) verband Zen mit Bushido, dem Kriegerkodex der Samurai (*Bushido: Die Seele Japans*, 1900). Lafcadio Hearn (1850–1914), ein Autor irisch-griechischer Abstammung, lebte von 1890 bis 1904 in Japan und prägte mit seinen Erzählungen und Essays die westlichen Vorstellungen von Japan stark mit.

Zurück ging sie nicht mehr, ausser in allerneuster Zeit – beim chinesischen Onlinehändler Alibaba kann man jetzt chinesische Shakuhachi bestellen. In der «südlichen Musik» und auf Taiwan existieren noch Reste von Shakuhachi-Musik, allerdings ist nicht klar, ob es Reste einer Tradition oder ob es Revivals sind. Auf jeden Fall handelt es sich ebenfalls um Randregionen – Taiwan ist schliesslich auch eine Insel. Die kulturellen Bewegungen, die irgendwo aufhören, landen meist in Randgebieten, zum Beispiel auf Inseln.

«Südliche Musik» oder «Südmusik» (nanguan) bezeichnet die Musik in den sechs südlichen Provinzen Chinas.

Wie aus einem Stück Bambus eine Shakuhachi entsteht

Spielt eigentlich das Baumaterial der Flöte, die da vor uns liegt, eine Rolle für den Klang – oder anders gefragt: Ist die «Ur-Shakuhachi» auch aus Bambus gemacht gewesen?

Alle asiatischen traditionellen Flöten sind aus Bambus. Und alle chinesischen Flöten haben im Schriftzeichen die Wurzel für Bambus – interessanterweise mit Ausnahme der Shakuhachi. Bambus ist das natürliche Material, um Flöten, überhaupt Blasinstrumente wie Oboen und Klarinetten, zu bauen, ganz einfach weil es schon ein Rohr ist, man muss nichts bohren, man muss nur innen die Nodien entfernen. Der Bambus ist ja eine Grasart, die Nodien, also die regelmässig auftretenden Knoten, werden im Frühstadium beim Bau einer Flöte innen herausgeschlagen und abgefeilt. Was dann innen drin weiter passiert, ist eine eigene Geschichte.

Bei einer Shakuhachi der Kinko-Schule steckt die ganze Arbeit innen drin, von aussen sieht man sie nicht. Entscheidend für den Klang ist das Formen des Innenrohrs, indem man mit langen Spachteln die Paste Ji aufträgt und sie trocknen lässt. Dann probiert man den Ton aus, dann schleift man ab, dann probiert man wieder, wie es klingt und ob die Tonhöhen und die Klangfarben stimmen – es ist ein langer Prozess, bis man die Flöte nicht mehr verbessern kann, dann kommt innen ein roter Lack drauf. Am Schluss der Arbeit sieht man nur diesen roten Lack – allerdings nur wenn man ins Rohr hineinblickt, von aussen sieht man ein simples Stück Bambus. Primitiv! Aber innen drin steckt eine enorme Arbeit.

Eine sehr gute Shakuhachi kostet ein immenses Geld, ab 6000 Franken, solche Instrumente kommen preislich fast an eine europäische Böhm-Flöte heran. Wenn ich hiesigen Flötisten sagte, welchen Wert meine Shakuhachi hat, dann staunten sie: «Das ist ja verrückt, es ist doch nur ein Stück Bambus!» Wenn ich andererseits meinem Lehrer Kawase Sensei sagte, welche Preise man für Böhm-Flöten, die ja jetzt auch in Japan hergestellt werden, bezahlt, dann meinte er: «Aber das ist doch Fabrikware! Das ist doch gar keine Handarbeit!» So weit gehen die Vorstellungen auseinander!

Der Preis einer Shakuhachi berechnet sich nicht nach dem Arbeitsaufwand für das einzelne Instrument, auch nicht nach dem Wert des Materials, denn manche muss man wegwerfen, bevor sie fertig sind, weil man beim Arbeiten spürt, dass daraus nichts wird. Manche klingen einfach nicht oder springen im Frühstadium, manche klingen schon mit relativ geringem Aufwand sehr gut, an manchen muss man hart arbeiten. Am Ende ist es eine Mischrechnung, und wenn ein Instrument sehr gut herausgekommen

1 竹 2 簫 3 笛

Die Wurzel für **Bambus** (zhù) (1) steckt als Kopfwurzel in allen Zeichen für chinesische Flöten, z. B. in Xiao (2) und Di (3).

Die Bambusoideae sind ein Tribus der Süssgräser. Sie bilden in regelmässigen Abständen Verdickungen aus, so genannte Nodien.

Kurosawa Kinko (1710–1771), ein wandernder Bettelmönch der Fuke-Sekte, sammelte 36 Musikstücke, die er unterwegs gelernt hatte, und bezeichnete sie als *Shakuhachi Honkyoku* («eigene Stücke für die Shakuhachi»). Er war der Begründer der Kinko-Tradition (zu Kurosawa Kinko vgl. Kap. 4, S. 62f.).

Paste Ji: Eine giftige Mischung aus kalziniertem Ton und ungekochtem Rohlack. Den roten Lack sieht man auf Abb. 4.

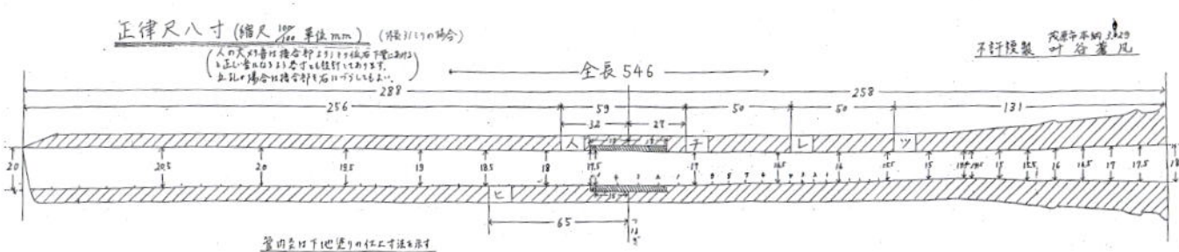

11 Längsschnitt des **Innenrohrs**. Zeichnung des Ateliers Chikudo von Thomas Goulpeau.

Kawase Sensei: Der in Tokyo lebende Kawase Junsuke III (*1936) ist Haupt einer der ältesten Vereinigungen von Shakuhachi-Spielern der Kinko-Schule, der Sōke Chikuyūsha. «Sensei» ist ein genereller Ausdruck für Lehrer (sen: Vorbild, sei: Leben).

«**Komusō**» hiessen die retirierten Samurai und Wandermönche der Fuke-Sekte, die seit etwa dem 17. Jh. das Privileg besassen, die Shakuhachi zu spielen. Als Bettelmönche benutzten sie roh gebaute Flöten (zu den Komusō vgl. Kap. 4, S. 59–61, 67).

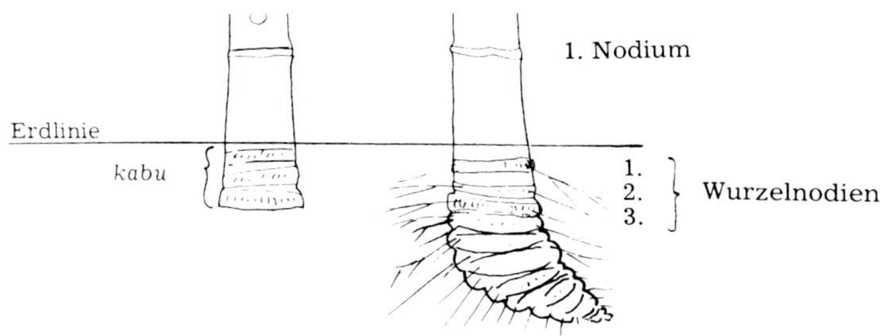

12 Der Wurzelteil unter der Erdlinie. Zeichnung: Claudia Gutzwiller-Bortfeldt.

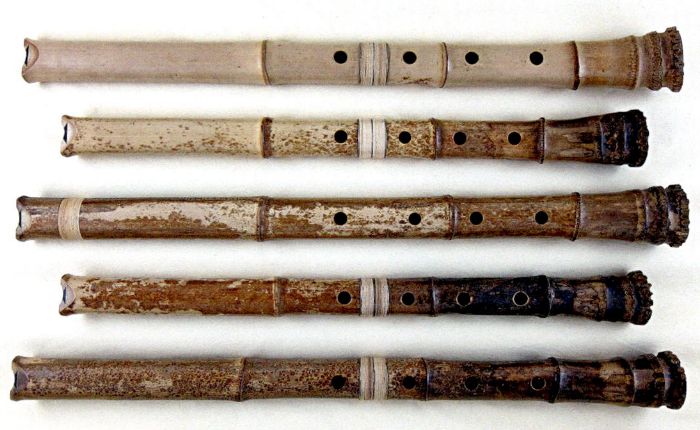

13 In Grösse, Form und Aussehen können Shakuhachi sehr verschieden sein. Fünf Shakuhachi (zwei 1,6 und drei 1,8) aus der Werkstatt von Monty Levenson, Tai Hei Shakuhachi.

ist, ist es eben teurer, auch wenn es vielleicht gar nicht so viel zu tun gab. Man bezahlt also mit einem Instrument mindestens fünf oder sechs andere.

Der Kanal, der innen entsteht, ist also überhaupt nicht ein zylindrisches Rohr, er hat eine ganz bestimmte Form?

Eigentlich sehen wir bei der Shakuhachi eine ähnliche Entwicklung wie bei der europäischen Blockflöte von der Renaissance zum Barock. Renaissanceblockflöten haben ein Rohr mit gleichem Durchmesser von oben bis unten, Barockblockflöten sind dagegen konisch geformt, sie werden gegen unten enger.

Die ursprüngliche Komusō-Shakuhachi wurde ja lange Zeit einfach aus einem Bambus geschnitten, auf welcher Höhe, spielte keine Rolle, man nahm irgend ein passendes Stück, während die modernere Shakuhachi seit dem 18. Jahrhundert aus dem untersten Teil des Bambus hergestellt und folglich unter der Erdlinie der Pflanze geschnitten wird, da sieht man von aussen noch die Wurzeln. Und an diesem untersten Teil ist der Bambus natürlicherweise dicker, was andererseits bedeutet, dass das innere Rohr gegen unten enger wird. Und daraus ergibt sich eine konische Form und deswegen klingt sie auch anders. Schwer zu sagen, wie die alten Instrumente geklungen haben, denn die Komusō-Shakuhachi war eher ein Wegwerfartikel. Von denen gibt es nur noch ganz wenige Exemplare, der Bambus wächst ja hinter jedem Haus, das ist nichts, was man aufbewahrt.

Morphologie und Ästhetik

Vom Aussehen her gibt es sehr unterschiedlich geformte Shakuhachi, je nach Wuchs des Bambus sind sie schlank, dick, gerade, gekrümmt. Gibt es so etwas wie eine Schönheitsvorstellung? Oder anders gefragt: Wenn man drei von der Klanqualität her ähnlich gute Instrumente zur Auswahl hat, für welches entscheidet man sich?

Es ist eher eine historische Frage und hat mit der eben angesprochenen Entwicklung des Instruments zu tun, dass der Bambus seit dem 18. Jahrhundert unterhalb der Erdlinie abgeschnitten wurde …

… wir sitzen ja gerade, während wir sprechen, neben einem Bambuswäldchen und hören sein Rauschen …

… wir sitzen im Garten bei meinem Bambushain … Der unterste Teil der Shakuhachi ist also unter dem Boden gewachsen und man schneidet die kranzförmig angeordneten Wurzeln ab, deren Reste nun wie eine Bürste herausstehen. Seit dem 18. Jahrhundert rücken diese Wurzelreste ästhetisch in den Mittelpunkt, wobei der Flötenbauer entscheidet, wie diese aussehen sollen. Man kann sie als runde Bürste stehen lassen oder ganz abschneiden. Um 1900 oder kurz danach, in der Epoche des japanischen

Imperialismus, hat sich die knorrige, dicke, «männliche» Variante mit Bürste durchgesetzt – mein Lehrer Kawase spielt aber eine schlanke, fast ohne Wurzelreste.

Also eher eine elegante Form …

… eher elegant, nicht so ‹macho›. Nach der Art der Bearbeitung des Wurzelstocks kann man die Shakuhachi übrigens zeitlich grob einordnen.

Es gibt sehr unterschiedlich gewachsenen Bambus. Als ich ein Jahr lang in der Werkstatt Kawases beim Instrumentenbauer Tanaka mitarbeitete, hatte ich mit locker gewachsenem und ausserordentlich hartem Bambus zu tun, den Unterschied spürt man sofort. Bambus ist ein ‹tricky material›, weil es aussen unerhört hart ist, viel härter als jedes Holz, beinahe säurefest, und gegen innen immer weicher wird. Die Schwierigkeit besteht darin, dass beim Bau einer Shakuhachi aussen nichts geändert wird – im Gegensatz zu den westlichen Flöten, die aus einem Holzblock geschnitten werden. Der Bambus ist, wie er ist. Als erstes schaut also der Instrumentenbauer das Stück Bambus genau an, das er ausgewählt hat, um zu entscheiden, ob er daran weiterarbeiten soll.

Selbst habe ich nie ein ganzes Instrument gebaut, ich habe nur repariert, was eigentlich fast interessanter ist als das Herstellen. Wir haben für die Chikuyūsha, eine japanische Shakuhachi-Gesellschaft, das ganze Jahr über kaputte Instrumente eingesammelt und repariert, alte, zum Teil sehr schöne Shakuhachi, die einen Riss hatten. Da lernt man sehr viel über Bambus.

14 Fuss einer Shakuhachi mit Wurzelresten. Foto: AG.

15 Shakuhachi mit glattem Fuss. Foto: AG.

16 Treffen der japanischen **Chikuyūsha**-Gesellschaft 2016. Foto: Archiv Gutzwiller. – Die Gesellschaft wurde 1894 von Kawase Junsuke I gegründet und wird heute von Kawase Junsuke III geleitet. Als Schüler wird man Mitglied der Gesellschaft, meist für das ganze Leben.
Vgl. http://www.chikuyusha.jp/en.html.

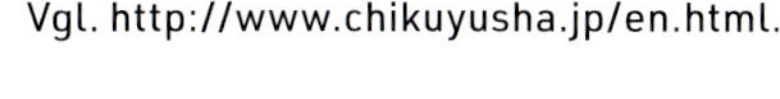

Bei der Wahl eines Instruments spielen, wie mir scheint, persönliche Präferenzen eine wichtige Rolle. Aber ein dunkler Farbton gilt wohl eher als Ideal. Und die Patina des Gebrauchs ist auch wichtig, die Shakuhachi soll nicht fabrikneu aussehen.

Genau, dunkel ist eher das Ideal. Die grünen Bambusstücke, die man für den Flötenbau verwenden möchte, werden längere Zeit getrocknet und bräunen dabei. Bei Kawase lagen sie dazu im Hof. Spielt man eine Shakuhachi, wird sie mit den Jahren immer dunkler, vor allem dort, wo die Finger liegen.

17 Das frische **Grün des Bambus**. Foto: Manfred Heyde.

18 Die dunkle Tönung der Shakuhachi.
Foto: raffi p.n. falchi.

脱 殼

19 Die Shakuhachi «**Dakkaku**» («shed shell») wird Hisamatsu Fūyō zugeschrieben. «Shed shell» meint die im Prozess der Häutung abgeworfene Schale.

Der japanische Erzähler **Jun'ichirō Tanizaki** (1886–1965) grenzt in seinem berühmten Essay *Lob des Schattens* die Ästhetik des alten Japans gegen den westlichen Geschmack ab. Im Gegensatz zu den glänzenden Gegenständen des Westens befinden sich laut Tanizaki die Dinge des japanischen Alltags mit ihren dunklen Lackierungen und «feinen Holzmaserungen» (S. 10) in einem «Grenzbereich» (S. 13) abgestufter Schatten und sind idealerweise in ein «verschwommenes Halblicht» (S. 13) getaucht. Während man im Westen die Dinge putze und auf Hochglanz poliere, freue man sich in Japan, «wenn der Oberflächenglanz verschwindet und sie mit dem Alter schwarz anlaufen» (S. 20), denn einem «hellen Glanz ziehen wir ein vertieftes, umwölktes Schimmern vor» (S. 22). «In China gibt es das Wort ‹Handglanz›, in Japan das Wort ‹nare›. Beide meinen den Glanz, der entsteht, wenn eine Stelle von Menschenhänden während langer Zeit angefasst, glattgescheuert wird und die Ausdünstungen allmählich ins Material eindringen» (S. 22).[8] – «nare» und «kareta» decken sehr ähnliche Bedeutungen ab, «nare» bedeutet «glatt», «eben», «angepasst», «kareta» eher «abgewetzt», «gebraucht».

Und spielt es eine Rolle, ob das Instrument einteilig oder zweiteilig ist?

Man will ja die Flöte so bauen, dass das oberste Nodium beim Blasen an der Unterlippe liegt und man mit der Unterlippe die Öffnung des Rohrs schliessen und den Atem auf die Blaskante lenken kann. Das gebräuchlichste Instrument heute soll sieben Nodien im Abstand 3 : 4 : 5 : 6 (= 18) haben und 54 cm lang sein. Einen Bambus zu finden, der so gewachsen ist, dass man ein auf D gestimmtes Instrument bekommt – also eine 1,8 («ein Fuss, acht Zoll») – und dass alle sieben Nodien genau so liegen, dass das oberste, siebte Nodium an der Unterlippe liegt, ist natürlich praktisch unmöglich. Deshalb schneidet man zwischen dem fünften und sechsten Nodium ein Stück heraus und bringt das Ganze auf die richtige Länge. Das Instrument besteht dann aus zwei Teilen, aber die wenigsten nehmen ihre Shakuhachi je auseinander.

Verzierungen am Instrument, das hast Du einmal gesagt, kommen vor, sind aber doch eher persönliche …

… Liebhabereien. Im *Shakuhachi Shikō* («Kurze Geschichte der Shakuhachi») von Kurihara Kōta, die Kawase Junsuke I im Jahr 1919 herausgegeben hat, sind 121 Instrumente aufgelistet, denen der Shakuhachi-Spieler Hisamatsu Fūyō (1791–1871) Namen gegeben hat. Die hier gezeigte «Dakkaku» ist aber nicht darunter.

Die berühmten Spitzengeigen haben ja auch Eigennamen, heissen ‹Virgin›, ‹Lady Blunt› oder ‹Lady Inchiqun›, wie das Instrument von Frank Peter Zimmermann.

Ja, ja, das ist dann in Ostasien die ‹Libelle am Morgen› (lacht), die wird mit Lack auf das Instrument aufgezeichnet. Wichtiger für die Ästhetik des Instruments ist aber das Ideal *kareta,* das auch in Jun'ichirō Tanizakis *Lob des Schattens,* der berühmten Schrift über die Ästhetik des ‹alten Japans›, eine wichtige Rolle spielt und ungefähr «gebraucht», «gereift», «nicht neu» bedeutet. Das heisst: Die Dinge, und das gilt für fast alles, nehmen gemäss dem Shintō-Glauben durch den Gebrauch Leben in sich auf, deswegen müssten die Instrumente eigentlich mit dem Besitzer zusammen verbrannt werden, weil sie sein Leben aufgenommen haben. Das könnte einer der Gründe sein, warum wir kaum alte Komusō-Shakuhachi besitzen. Andererseits steigert es den Wert, wenn ein bekannter Spieler darauf gespielt hat, dann hat das Instrument eben sein Talent aufgenommen. Die oben abgebildete «Dakkaku» wurde vor über 20 Jahren im Internet für 1 Million Yen angeboten – immerhin etwa 8000 Euro.

Diese Übertragung von Leben auf das Objekt wiederum berührt sich mit dem Thema des Einspielens eines Instruments: Man muss sich in sein Instrument im Wortsinn hineinspielen. Ich glaube aber nicht, dass das Instrument sich dadurch verändert.

Es gibt ja Musiker und Instrumentenbauer, die behaupten, dass sich das Instrument beim Einspielen physikalisch verändere.

Also bei der Shakuhachi konnte ich das nicht feststellen, ich weiss nicht, wie stark bei solchen Erfahrungen ein Placeboeffekt mitspielt und wie viel sich tatsächlich physikalisch verändert. Aber wenn man eine Shakuhachi zwei Jahre lang nicht spielt, ist sie sicher kaputt. Sie reisst, denn sie braucht Feuchtigkeit, auch jetzt, wo ich sie selten spiele, nehme ich sie alle paar Tage raus und führe sie sozusagen spazieren. Ich habe noch keine Instrumentensammlung mit einer alten Shakuhachi gesehen, die nicht gerissen war.

Die Shakuhachi-Urszene und andere musikalische Interessen

Gibt es eigentlich eine Art ‹Urszene›, durch die Du mit der Shakuhachi zusammengekommen bist? Eine Art Epiphanie, welche Deine Faszination auslöste?

Die gibt es natürlich schon. Es war im Herbst 1970 an der Wesleyan University. Ich besuchte eines der ersten Konzerte von Araki Kodō V, der dann mein erster Lehrer wurde. Was ich da hörte, hat mich einfach aus den Socken gehauen, um es salopp zu sagen: Da sitzt einer mit einem ‹primitiven› Instrument, einem Stück Bambus mit fünf Löchern, und spielt darauf Töne, die man einfach auf einer Böhm-Flöte nicht hinkriegt – allerdings stimmt das nicht ganz, mit sehr viel Übung bekäme man es auch hin. Aber es ist einfach nicht vorgesehen, mit einer Böhm-Flöte solche Töne zu erzeugen. Die Klangqualität, der Reichtum an Klangfarben, die ich da plötzlich hörte, war nur das eine. Das andere war die Musik selber, also Honkyoku, die mir wie von einem anderen Planeten zu kommen schien.

Araki Kodō V (*1938) ist einer der bedeutendsten Shakuhachi-Spieler, ein Nachfahre des Araki Kodo II (1823–1908), der eine wichtige Rolle dabei spielte, die Shakuhachi-Musik in den kulturpolitischen Unsicherheiten der Meiji-Reform zu bewahren. Araki V lebt seit vielen Jahren in den USA. – Genaueres zu Araki und seiner Tätigkeit an der Wesleyan University vgl. Kap. 2, S. 23, 31–35; Kap. 3, S. 45–48; Kap. 4, S. 62; Kap. 7, S. 92.

Honkyoku: die «eigentliche» Musik für Shakuhachi solo in der Fuke-Tradition (zur Fuke-Tradition vgl. Kap. 2, S. 31f, 34; Kap. 3, S. 46, 53; Kap. 4, S. 58–71).

Und vor Araki hattest Du noch nie Shakuhachi-Musik gehört?

Doch, hatte ich, im Rahmen einer Transkriptionsübung in Berlin, wo es darum ging, für fremde Musikstile grafische Notationsformen zu finden, die man auf fünf Linien nicht unterbringt.

Aber das war bloss ein Schnipsel dieser Musik gewesen?

Das war ein Schnipsel von ein paar Minuten, und ich habe versucht, was ich gehört habe, mit Grauzonen ungefähr hinzukriegen. Die Musik hat mir aber damals keinen besonderen Eindruck gemacht. Es war dann wirklich der Spieler selbst, der in Wesleyan seine Musik hervorgebracht hat. Und da wusste ich: Das will ich lernen, und so habe ich also die Shakuhachi gelernt, wegen der Klänge und wegen dieser absoluten Musik, die ich nicht einordnen konnte. Vor 120 Jahren hätte man so etwas einfach nicht für Musik gehalten, sondern für Zufallstöne, die ein Mann auf einem komischen Rohr bläst.

War denn Wesleyan, wo man Ethnomusicology studieren konnte, bekannt für Musik aus anderen Kulturen? War das eine Stärke dort?

Das war eine Stärke. Es gab damals auf diesem Gebiet zwei Unis, die UCLA (University of California Los Angeles) und die Wesleyan University in Middletown, Connecticut, die das anboten. Diese Universitäten schwammen damals im Geld. Es war Bob Brown, Professor an der Wesleyan University, der einen World-Music-Kurs eingerichtet hat mit Musikern aus aller Welt, aus Afrika, Korea, China, Nordindien, Südindien, Japan und Java. Sie waren fest an der Uni, die Shakuhachi-Spieler hatten Ein- oder Zweijahresverträge, vor Araki war Yamaguchi dort gewesen, nach Araki kam Kawase, die besten Leute also.

Du hast während des ersten «Lehrjahrs» bei Araki bereits an der Uni vor Publikum gespielt.

Ja, bei einem Schülerkonzert, also mehr einer Vorspielübung, spielte ich das *Shin Kyorei*, eines der zentralen Stücke der Kinko-Schule. Übrigens hat damals Araki gefunden, das Instrument, auf dem ich lernte, sei nicht gut genug, und hat mir für das Konzert sein Instrument geliehen. Also, eine gewisse Begabung war da, die Sache hat mich sehr fasziniert, offenbar war ich auch geeignet.

Die Shakuhachi ist ja schwierig zu blasen, es haben schon Anfänger nach einigen Wochen aufgegeben, weil sie praktisch keinen Ton hervorbrachten. Hast Du bereits in der ersten Stunde ordentlich Töne hingekriegt?

Ja, ich spielte ja Querflöte und das Prinzip ist eigentlich bei allen Flöten das gleiche, man bläst Luft auf eine Kante und bringt die Luftsäule ins Vibrieren und wir hören einen Ton. Später stellte ich fest, dass die Shakuhachi in Japan als schwierig gilt: «Oto ichinen, kubifuri sannen, korokoro hachinen». Was etwa heisst: «Um einen Ton hinzukriegen: ein Jahr; das Vibrato: drei Jahre; für den Doppeltriller Korokoro: acht Jahre.»

Für welche Musik hast Du Dich eigentlich sonst interessiert, zum Beispiel als Jugendlicher? Wie bist Du überhaupt zur Musik gekommen?

Ich bin in einem relativ unmusikalischen Haushalt aufgewachsen, wo aber der Musikunterricht ganz einfach zum Bildungsbürgertum gehörte. Es wurde nie erwartet, dass jemand Musiker werde, Gott behüte. Ich wollte aber immer Flöte spielen. Nicht Blockflöte. Flöte, ich wollte Flöte spielen. Mit etwa zwölf habe ich begonnen, sobald die Arme lang genug waren für die Flöte. Damals gab es noch nicht kleinere Instrumente für Kinder.

Und hattest Du ein Vorbild?

Nein, ich kannte niemanden, der Flöte spielte. So wurde mein Lehrer Adolf Kessler mein Vorbild, ich wollte so spielen können wie er.

Musikalisch bewegte ich mich in meiner eigenen Welt, Schlager existierten für mich nicht, ich hörte klassische Musik und später nachts über Langwelle «Voice of Amerika». Da kam Jazz, vor allem Swing.

An der **UCLA** lehrte der Ethnomusikologe Mantle Hood (1918–2005), der vor allem am Spiel des indonesischen Gamelan-Ensembles die Idee der Bi-Musicality entwickelte: Ethnomusikologen sollten eine andere Musik erlernen, ähnlich wie Liguisten eine andere Sprache beherrschen müssen (vgl. Kap. 2, S. 22, 29; Kap. 3, S. 45f).

Der Musikethnologe **Robert E. Brown** (1927–2005), ein Schüler Mantle Hoods, kam 1961 nach Wesleyan und baute dort das «World Music Program» auf mit Musikern aus der ganzen Welt (zu Bob Brown vgl. Kap. 2, S. 22, 29–31, 37, 39).

Shin Kyorei (*Der wahre Geist der Leere*) gehört zu den drei zentralen Stücken des Kinko-Repertoires. Der Legende nach wurde es bereits im 9. Jh. in China von einem Schüler Fukes komponiert und im 13. Jh. nach Japan gebracht.
Video/Audio: Andreas Fuyū Gutzwiller spielt Shin Kyorei.

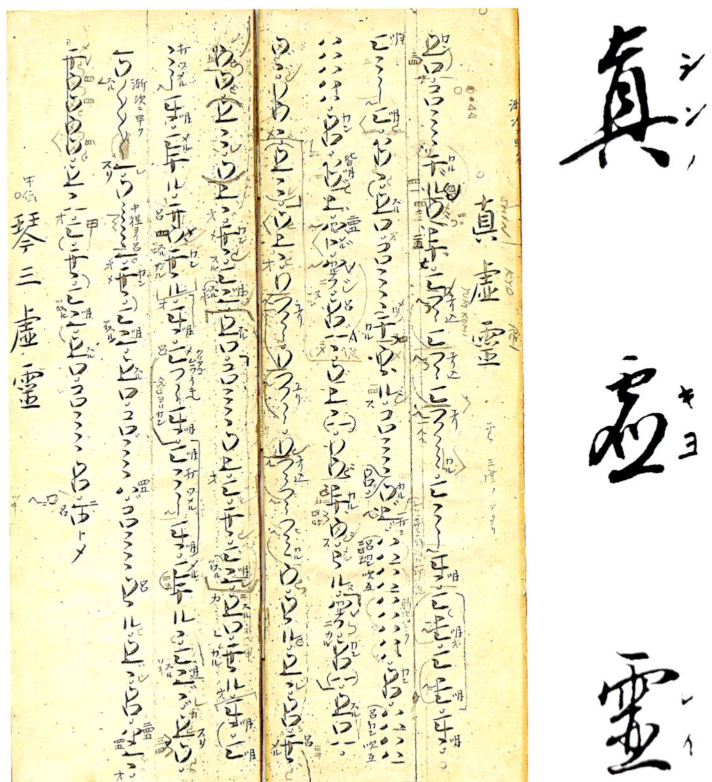

20 Das Stück *Sihin Kyo Rei* in den Noten der Araki-Tradition, mit handschriftllichen Eintragungen der Arakis. – **21** Der kalligrafische Titel *Sihin Kyo Rei* in der Ausgabe von Miura Kindō (1937).

Am Humanistischen Gymnasium in Basel haben wir eine Jazzband gehabt und New-Orleans-Jazz gespielt, ich spielte aber nicht Flöte, sondern Posaune, ganz einfach, weil das ein Instrument ohne feste Skala ist, auf dem man leicht Sliding notes machen kann.

Sliding notes gleiten kontinuierlich von einer Tonhöhe zur anderen. Sie sind im Blues, im Jazz, aber auch in der indischen Musik stilprägend.

In Berlin kam ich dann zum Theater, ich bin ja Gründungsmitglied der ‹Schaubühne›, damals am Halleschen Ufer, und dort bin ich schnell in die Musiksparte gerutscht und habe so ziemlich alles gemacht, auch komponiert.

Gutzwiller an der ‹**Schaubühne**› vgl. Kap. 2, S. 26–29.

Die «Tadasuke»

Schauen wir noch einmal auf Dein Instrument. Wenn ich mich richtig erinnere, stammt es auch aus der Werkstatt Kawases.

Ja. Es wurde mir verordnet. Mein Lehrer Kawase III hat alle Instrumente für mich ausgesucht. Nach meiner Rückkehr nach Basel habe ich meine erste Aufnahme gemacht, es war damals eine LP, und habe sie ihm nach Tokyo geschickt. Da muss ihm aufgefallen sein, dass ich auf einem längeren Instrument spielte als der üblichen «1,8», auf einem Instrument, das schon in den Vierzigerjahren angefangen worden und dann liegen geblieben war. Ich selbst habe es dann mit Tanaka in der Werkstatt fertiggemacht, ein interessantes Instrument.

Zu **Kawase Junsuke III** vgl. Kap. 3, S. 46–51; Kap. 4, S. 71; Kap. 7, S. 106f.

Als ich 1985 nach Tokyo reiste, fragte ich Kawase, ob er meine LP angehört habe. «Ja, ja, doch, doch», meinte er, aber sonst kein Kommentar. Nur: Ich solle am nächsten Morgen um neun in die Werkstatt kommen. Ich kannte ja die Werkstatt gut, die fertigen Instrumente sind in Schachteln gestapelt, die billigsten unten, die teuersten oben. Er hat dann weit oben ein Instrument herausgegriffen: «Die spielst Du nun.» Da habe ich eingewandt: «Ich kann die aber nicht bezahlen.» Er hat darauf nicht geantwortet und auch nie mehr davon gesprochen.

Mein Instrument ist ein ausgesprochen störrischer Esel, schwierig zu spielen, sehr tiefenlastig, dafür sind die hohen Töne schwer hinzukriegen, die muss man richtig üben. Es ist aber ein tolles Instrument, übrigens ein Nachbau des Instruments von Kawases Grossvater (Kawase Junsuke I), das um 1880 herum gemacht wurde. Sowohl die Innenseite – die kann man ja ausmessen – wie die äussere Erscheinung gleichen dem alten Instrument. Die Löcher sind grösser und auch der Innendurchmesser ist grösser als gewöhnlich, es braucht also sehr viel Luft. Aber man kriegt etwas zurück. Wir haben etwa zwei Jahre gebraucht, bis wir, also die Shakuhachi und ich (lacht), gefunden haben: «Wir machen das nun richtig.»

22 Gutzwillers LP *Der wahre Geist der Leere* (1984) enthält vier Kinko-Stücke: *Banshiki Jō, Shin Kyorei, Hifumi Hachigaeshi Shirabe, Sōkaku Reibo*. – **Audio:** Andreas Gutzwiller spielt *Shin Kyorei*.

23 Die Shakuhachi «Tadasuke», die Andreas Fuyū Gutzwiller seit 1985 spielt. Foto: raffi p.n. falchi.

2 Die Entdeckung fremder Musikwelten – Weltmusik, World music und Bi-Musicality

Auf einer sanften Anhöhe über Middletown am Connecticut River erstreckt sich auf 127 Hektar das Gelände der Wesleyan University mit über 300 Gebäuden: Bibliotheken, Aulen, Seminarräume, Sportanlagen, Büros und Unterkünfte. Die kleine Universität wurde 1831 von der methodistischen Bewegung gegründet und nach John Wesley (1703–1791) benannt, einem englischen Erweckungsprediger. Im 20. Jahrhundert löste sie sich vom kirchlichen Einfluss und erarbeitete sich einen Ruf als «energetic liberal arts community where critical thinking and practical idealism go hand in hand».[9]

Aktuell sind etwa 3200 Studierende eingeschrieben und über 400 Lehrende angestellt, die sich für ein produktives Lernklima einsetzen – so jedenfalls die Selbstdarstellung der Uni, denn Wesleyan sieht sich als «center of interdisciplinary learning, a reservoir of innovative research and creative scholarship […]. Distinguished scholar-teachers work closely with students, taking advantage of fluidity among disciplines to explore the world with a variety of tools.»[10] Aus diesem Geist einer offenen «liberal arts community» wurde Wesleyan in den Sechzigerjahren des 20. Jahrhunderts zu einem der Ursprungsorte für die Idee der «World music».

24 Wesleyan University in einer aktuellen Panoramaaufnahme.

25 Greetings from Wesleyan University, Middletown, Connecticut: Eclectic House, Olin Library, Honor College, Harriman Hall. Postcard between 1930 and 1945.

Wenn von «Weltmusik» oder von «World music» die Rede ist, laufen in unseren Köpfen ganz unterschiedliche Tonspuren. Bei einigen wenigen mögen im innern Ohr die buddhistischen Gesänge aus Ladakh erklingen, andere hören einen Song des Duos Amadou & Mariam, das Melodien der malischen Griots mit Techno und Jazzpop mischt. Bei den Gesängen aus Ladakh handelt es sich um eine religiöse Musik, die 2012 in die «Repräsentative Liste des immateriellen Kulturerbes der Menschheit» der UNESCO aufgenommen wurde, bei Amadou & Mariam um Crossover-Musik, die in der ganzen Welt gehört wird. Der Ausdruck «World music» steht also einerseits für die ganz in lokalen Kulturen verwobenen Musiken, zum anderen für die Lingua franca der globalisierten Musikproduktion, die der so genannten «Weltmusik 2.0» angehört. Der Begriff «World music» changiert zwischen der Einzigartigkeit bedrohter Traditionen und den rasch wechselnden Synthesen von Sounds aus aller Welt.

Als der deutsche Komponist und Musiktheoretiker Georg Capellen 1905 in seinem Aufsatz *Ein neuer exotischer Musikstil* zum ersten Mal überhaupt den Ausdruck «Weltmusik» verwendete, tat er dies aus einem Gefühl tiefen Zweifels heraus, denn die europäische Musik schien ihm an einem toten Punkt angelangt und er suchte vor allem in der orientalischen Melodik nach neuen Ausdrucksmöglichkeiten. «Durch diese Vermählung von Orient und Okzident», so meinte er, «gelangen wir zu dem neuen exotischen Musikstil, zur ‹Weltmusik›, die natürlich je nach der nationalen und individuellen Veranlagung des Schaffenden in den verschiedensten Nuancen schillern wird.»[11] Capellens wohl in Anlehnung an Goethes «Weltliteratur» entstandene Wortschöpfung machte vorerst kaum Karriere, denn die Weltwirtschaftskrise und der Zweite Weltkrieg bereiteten kosmopolitischen Utopien ein brutales Ende. Praktiziert wurde die Vermischung der Musikstile aber schon seit langem. In Telemanns *Ouvertüre für 2 Trompeten und Streicher in D-Dur* klingt im 2. Satz, der mit *Les Janissaires* überschrieben ist, türkische Janitscharen-Musik durch, ebenso in einigen Kompositionen Mozarts. Auch Ende des 19. Jahrhunderts waren asiatische Anklänge in Mode, etwa bei Debussy, der von den Klängen des indonesischen Gamelan verzaubert war, oder bei Saint-Saëns und Rimski-Korsakow. Im Jazz war die Mischung von Musiken und Stilen von Anfang an grundlegendes Stilprinzip.

Anfang der Sechzigerjahre des 20. Jahrhunderts prägte Robert E. Brown (1927–2005) den Ausdruck «World music». Der Multiinstrumentalist mit Schwerpunkt Perkussion ging 1953 für seine Doktorarbeit an die University of California, Los Angeles (UCLA), wo unter dem Einfluss von Mantle Hood sein Interesse für die Ethnomusikologie erwachte. Er studierte und spielte die südindische Trommel Mridangam, über die er auch seine Dissertation schrieb.[12] 1961 wechselte er an die Wesleyan University und schlug dort eine Neuausrichtung des Fachs Ethnomusicology vor. Sein Modell eines «World Music Programs» mit «Visiting artists», also mit Musikern aus verschiedenen Kulturen, die in den universitären Unterricht einbezogen waren, stiess an dieser Uni auf reges Interesse. Vor allem Richard Winslow, der 34 Jahre lang in Wesleyan unterrichtete und auch als Dekan amtete, tat viel für die Realisierung des Programms. An die Anfangszeiten dieser Reform erinnert sich Bob Brown so: «I began to bring in musicians from Asia – South India, Indonesia, and Japan – and then from Africa. The Western music side eventually expanded to include a historian, but it remained proportionately small by choice, in order to maintain the idea of a microcosm of the world of music. Indian, Indonesian, and African dancers and a shadow-play puppeteer were gradually added to the roster of visiting artists, and David McAllester brought a native American performer, as the department increased from four to about twenty-five.»[13]

So wurde Wesleyan mit dem Pionier Bob Brown und den bereits ansässigen Musikwissenschaftlern zu einem Mikrokosmos der musikalischen Kulturen der ganzen Welt und zum Zentrum einer sehr lebendigen Musikszene. «To those who were at Wesleyan during that decade», schreibt Bob Brown, «world music sprang to life as a vibrant and exciting reality. Brilliant performers emerged, and others sought careers as composers or writers or, indeed, as ethnomusicologists. Traditional ethnomusicology seemed to be just one possibility among a great variety of possibilities under the umbrella of world music. Musical events at Wesleyan and by the Wesleyan artists in New York started to spread the terminology and, indeed, the *idea* of world music to a wider public.» Diese Ausstrahlung in die USA und über sie hinaus kam auch dank der Zusammenarbeit mit dem Plattenlabel ‹Nonesuch› des New Yorkers Peter Siegel zustande.[14]

Es ging Bob Brown also nicht wie Georg Capellen um eine weltumspannende Universalmusik, sondern um eine musikalische Praxis, in der die vielen unterschiedlichen Traditionen in ihrer Eigenart hervortreten und allen zugänglich gemacht würden, denn «all music might be said to belong to all people». Dieser Austausch sollte nicht kolonialistisch-aneignend sein, sondern auf Gleichberechtigung beruhen. «The Wesleyan program was, and perhaps still is, unique, in that it tried to give equal time to representatives of six large musical/cultural areas: South Asia, East Asia, Southeast Asia, Africa, Europe, and North America.»[15] Das war die Idee eines Weltparlaments der Musiken.

Zum Prinzip der Gleichberechtigung kam ein weiterer Grundgedanke: Die praktische Musikerfahrung, das Erlernen eines Instruments,

26 Bob Brown (1927–2005), ca. 2004/05 in Indonesien. Foto: Danlee Mitchell.

eines Gesangsstils oder eines Tanzes, sollte die Basis für das Studium der Musik aus anderen Kulturen schaffen. Mit den Worten Bob Browns: «music precedes theory, […] without music as sound there is nothing to write about.»[16] Bob Brown knüpfte damit an Mantle Hoods Idee der Bi-Musikalität (Bi-Musicality) an. Wer sich mit der Musik einer fremden Kultur beschäftigen wolle, müsse, so Mantle Hood, eine gewisse praktische Kennerschaft auf diesem Gebiet erwerben. Nach Hoods Konzept sollte diese Praxis mit genauem und offenem Zuhören beginnen, denn westliche Ohren hätten eine ständige «tendency to ‹correct› unfamiliar intervals, usually without being aware of doing so. […] The most difficult conditions prejudice to overcome among Western musicians is the sense of perfect pitch. Such an individual must come to realize that in the world of microtonal inflections his sense of pitch is actually imperfect.»[17] Zuhören und nachsingen sei die beste Übung gegen solche Konditionierungen, meinte Hood.

Auch unsere Gewöhnung an Notationen bringe Schwierigkeiten mit sich, weil viele nichtwestliche Musiken mit der Imitationsmethode und nicht mit Noten erlernt würden. Um unnötige Blockaden zu vermeiden, gab Mantle Hood den Anfängern zuerst ein notiertes Stück zum Einüben, beim gemeinsamen Musizieren nahm er ihnen dann aber die Noten weg: «And then the fun begins», kommentiert er humorvoll. «Characteristically, everyone makes a strong start, but after a few phrases memory fails and finally the piece falters and dies.»[18] An diesem Punkt sind die Anfänger in der Regel bereit, sich auf die traditionelle Imitationsmethode einzulassen.

27 Mantle Hood (1918–2005) vor einem Gamelan.

28 Richard K. Winslow (1918–2017), Professor und Dekan an der Wesleyan University.

Insgesamt zielte Mantle Hoods Methode auf das Erlernen einer fremden Music «from inside». Das lässt sich nicht mit einem Workshop erreichen. Wer länger unter Anleitung eines Lehrers arbeitet und einen höheren Grad an Können erlangt, erwirbt schliesslich die Fähigkeit der Bi-Musikalität, so wie jemand durch ein längeres Sprachtraining bilingual wird.

Für die Verbreitung japanischer Musik in den Vereinigten Staaten waren die in Wesleyan eingeladenen Shakuhachi-Spieler von grosser Bedeutung. Deren Schüler unterrichteten später selber dieses Instrument in den USA oder liessen ihre Erfahrungen in Kompositionen einfliessen. 1967/68 unterrichtete Gorō Yamaguchi (1933–1999) als Artist in Residence, zusammen mit einer Koto- und Shamisen-Spielerin. Während seiner Wesleyan-Zeit nahm er mit dem Label ‹Nonesuch› die LP *A Bell Ringing In The Empty Sky* auf, die für die Kenntnisnahme der Shakuhachi in den USA richtungweisend wurde. Eines der damals aufgenommenen Stücke, *Tsuru No Sugomori* (*Kranich-Nest*), wurde mit Musik von J. S. Bach, Chuck Berry und anderen Künstlern und Künstlerinnen und Komponisten auf der «Voyager Golden Record» in den Weltraum geschickt – übrigens war auf Initiative von Bob E. Brown auch ein Stück javanischer Hofmusik dabei.[19] Ralph Samuelson, der als Jazzmusiker mit Saxophon und Flöte unterwegs war, entdeckte Gorō Yamaguchi und die Shakuhachi 1969, als er in Wesleyan die karnatische Flöte Südindiens lernen wollte; er wurde zu einer prägenden Figur der Shakuhachi-Szene in den USA.[20] 1969/70 übernahm Araki V (*1938) die Rolle des «Visiting artists», er erwarb zudem in Wesleyan den «masters degree in ethnomusicology». Bereits seit 1963 hatte er periodisch in den USA gelebt und eine Amerikanerin geheiratet. Es war nach einem seiner Konzerte, dass sich Andreas Gutzwiller schnell entschied, bei Araki die Shakuhachi zu erlernen. Auch der Komponist Richard Teitelbaum nahm bei Araki Unterricht und erklärte später, die Shakuhachi habe ihn gelehrt, «how to create music on synthesizer with sensitivity». Er hat mehrere Stücke für Shakuhachi und Computer komponiert.[21] Kawase Junsuke III, der Leiter der grössten japanischen Vereinigung von Shakuhachi-Spielern der Kinko-Schule (Sōke Chikuyūsha), folgte 1971 als Gastmusiker und wurde später Andreas Gutzwillers Lehrer in Tokyo.

Im Verlaufe der Siebzigerjahre nahm die Breite des «World Music Programs» in Wesleyan ab. Dabei spielten finanzielle Probleme in der Folge der Ölkrise und der Veränderungen auf dem Musikmarkt eine wichtige Rolle. Zudem setzte sich die Wendung zu mehr Innerlichkeit, wie man sie in der Literatur und der populären Philosophie seit den Siebzigerjahren feststellen konnte, auch in der Musik durch: New-Age-Musik zur Meditation und Entspannung und Publikationen wie *Nada Brahma – die Welt ist Klang* (1983) von Joachim-Ernst Berendt waren Ausdruck dieser Strömung. Der Begriff «World music» veränderte seine Bedeutung und steht in den Zeiten der Globalisierung vor allem für die unterschiedlichsten Strömungen von Crossover- oder Fusion-Musik. Das Studium und die Verbreitung autochthoner Musiken sind seitdem in den Hintergrund getreten.

Audio-Link: Yamaguchis Aufnahme des Stückes *Sokaku Reibo* von 1975, verfügbar unter: https://www.youtube.com/watch?v=uDs5Mi308Lo.

29 oben links: Gorō Yamaguchi.

30 oben: Araki Kodo V.

31 unten links: Kawase Junsuke III.

32 unten: Ralph Samuelson, Araki V und Andreas Gutzwiller in einem Studentenkonzert in Wesleyan (Dezember 1970).

Von Berlin nach Wesleyan – kolonialistische Musikethnologie, Theater an der Berliner «Schaubühne am Halleschen Ufer», World music

An der Wesleyan University in Middletown, Connecticut, sind die Shakuhachi und Du zusammengekommen. Aber wie bist Du überhaupt nach Middletown gekommen?

Ich habe zuvor neun Jahre in Berlin gelebt und dort an der Freien Universität Vergleichende Musikwissenschaft, also Musikethnologie, studiert, war studentische Hilfskraft am Völkerkundemuseum, wo sich die Sammlung von Béla Bartók befindet, auch die Sammlung meines Lehrers Kurt Reinhard mit Aufnahmen aus der Türkei war dort untergebracht. Als studentische Hilfskraft habe ich im Stundenlohn Etiketten beschriftet und Karteien der Lieder geführt, die Reinhard in der Türkei gesammelt hat.

Dieter Christensen, seit 1968 Leiter dieser Abteilung, ein Mann, der sehr geschickt mit Stipendien und Grants umgehen konnte, hatte an der Columbia University und in Wesleyan jeweils eine halbe Assistenzprofessur bekommen. Eines Tages sagte er zu mir: «Kommen'se doch einfach mit!» – und da sind ich und meine Frau mitgegangen, einfach so.

Dieter Christensen (1931–2017) studierte in Berlin Cello und Vergleichende Musikwissenschaft. Ab 1970 lehrte er in den USA, zuerst als Visiting Associate Professor an der Wesleyan University (Connecticut) und an der Columbia University, ab 1975 als Direktor des Center for Ethnomusicology (Columbia University). Er erforschte vor allem die Musik der Länder des Balkans, der Türkei und Mexikos.[22]

Zuerst habe ich in New York an der Columbia University vorgesprochen, wo man den deutschen Schweizer – ich bin ja in Deutschland geboren und habe mich nach neun Jahren Berlin eher als Deutschen empfunden – ganz interessant fand, aber ein Stipendium konnten sie mir nicht geben und die enorm hohen Studiengebühren konnte ich mir nicht leisten. In Wesleyan hingegen hat man gesagt: «Kommen Sie zu uns, Sie erhalten ein kleines Stipendium und können einen Transkriptionskurs unterrichten.» Damit kamen ich und meine Frau einigermassen über die Runden.

Was hast Du von Berlin an Musikethnologie mitgenommen? Welche Schwerpunkte wurden an der Freien Universität gesetzt?

Man interessierte sich in Berlin weniger für die Musik der «Naturvölker», eher für mehr oder weniger kultivierte Musiken, das heisst für China, Indien, die arabische Musik und die gesamte arabische Musiktheorie, al-Fārābī & Co. Ein Schwerpunkt war zudem die Musik von Gebieten, die einst deutsch kolonisiert waren. So wurden Dissertationen über die Musik der Salomoninseln geschrieben oder über Namibia, also ehemals Deutsch-Südwestafrika. Das koloniale Erbe, das ist schon interessant, wurde damals, vor 60 Jahren, bearbeitet, im Rückblick ist mir das sehr präsent.

Abū Nasr Muhammad al-Fārābī (um 872–950) kannte die Werke von Aristoteles und Platon und versuchte, deren Philosophie für das islamische Denken fruchtbar zu machen, auch für die Musiktheorie, indem er die Instrumente, die Intervalle und Modi der Musik der islamischen Welt theoretisch erfasste.[23]

Das geschah fast naiv?

Nein, ungebrochen kolonialistisch. Die Musikwissenschaftler haben sich für die fremden Musiker nicht besonders interessiert, das waren «Informanten», «Quellen». Kurt Reinhard, der in der Türkei herumgereist ist, hat die Musiker in ein Mikrofon singen lassen, das war auch zu meiner Zeit in den Sechzigerjahren noch so. Man hat gesammelt, man hat eingeordnet, aber der Musiker war allenfalls der «Dorfbewohner von da mit Namen soundso». Für die sozialen Kontexte waren die Ethnologen zuständig,

Kurt Reinhard (1914–1979) übernahm 1952 die Leitung des Phonogrammarchivs (1963 umbenannt in Musikethnologische Abteilung des Museums für Völkerkunde Berlin). 1957–1977 war er Professor für Vergleichende Musikwissenschaft an der Freien Universität. 1960 veröffentlichte er eine neue Klassifikation der Musikinstrumente nach morphologischen Kriterien. Besonders eingehend beschäftige er sich mit der Musik der Türkei. Zusammen mit seiner Frau publizierte er die zwei Bände *Musik der Türkei*, Wilhelmshaven 1984.[24]

die hat auch das Materielle interessiert. Und die Musik selbst war vor allem unter formalen Aspekten interessant.

Auf dem Feld der Geschichtswissenschaft wird ja nun seit Jahrzehnten betont, dass der eurozentristische Blickwinkel geöffnet werden müsse.

Der Eurozentrismus ist ein ständiger Begleiter der Ethnologie, die ja eben den Blick nicht auf die eigene Geschichte, sondern auf die Kultur anderer Völker wirft, und dieser Blick war immer ein Blick von innen nach aussen. Es ist der europäische Blick auf den Rest der Welt.

Werner Keil zur **Musikethnologie im Kolonialismus** in seiner *Musikgeschichte im Überblick,* 2018:
«Es waren insbesondere französische Gelehrte und Wissenschaftler, die sich im 18. Jh. intensiver mit der Musik des Orients und Chinas befassten und erste in europäischer Notenschrift festgehaltene ‹authentische› Melodien exotischer Herkunft überlieferten, so etwa Charles Henry de Blainville 1767 in seiner *Histoire générale, critique et philologique de la musique* [...]. Im englischen Sprachraum schrieb William Jones, ein Universalgelehrter und ehemaliger Kolonialbeamter in Indien, 1784 eine Monografie *On the Musical Modes of the Hindoos.*»[25]

Man hatte keinen anderen Blick zur Verfügung.

Wir haben ohnehin keinen anderen Blick, man kann gar nicht anders als ethnozentrisch auf die Welt blicken, die Frage ist nur, ob man das reflektiert oder nicht. Das ist die eigentliche Frage.

Du hast in diesem Zusammenhang einmal die Bemerkung gemacht, dass die Kolonialmächte und ihre kolonialistischen Ethnologen nicht nur fremde Kulturgüter geraubt, sondern sich auch für die immateriellen Güter der anderen Kulturen interessiert haben.

Dieses Interesse findet immer auf dem Rücken der Kolonisierten statt, das ist klar, unbestritten. Es hat aber immer Leute gegeben, die sich stark und ehrlich interessiert haben, Franzosen schon sehr früh für chinesische Musiktheorie, Engländer mehr für indische Musik. Und man muss den Europäern zugutehalten, dass sie die einzigen waren – ich hoffe, dass das jetzt richtig ist –, die sich für die Kultur anderer Völker interessiert haben, natürlich immer indem sie diese mit der eigenen verglichen und zu dem Schluss kamen, die eigene sei doch höherstehend.

Die Chinesen, die den Europäern in Sachen Ethnozentrismus in nichts nachstehen, haben sich nicht für die Kulturen Afrikas interessiert – jetzt interessieren sie sich sehr für Afrika, aus wirtschaftlichen Gründen. Die Kultur war ihnen egal. Andererseits war den Afrikanern auch die chinesische Kultur egal. Und die Japaner haben ohnehin Schwierigkeiten mit China, weil sie einerseits entscheidend geprägt sind von China, andererseits weil sie darauf bestehen, etwas total anderes zu sein als die Chinesen. Während seiner Zeit in Wesleyan war mein Shakuhachi-Lehrer Kawase nicht in einem einzigen Konzert mit anderer Musik, sei es europäische oder aussereuropäische.

Einige Europäer haben sich sehr dafür interessiert, was andere Leute tun, unter anderem was sie für Musik machen, was sie für ein Theater machen. Brecht und Beckett haben sich das Nō-Theater sehr genau angeschaut. Hier mit der Keule von «exploitation» (Ausbeutung) und «appropriation» (Aneignung) zu hantieren, tut den Leuten unrecht. Was ich an der Berliner Ethnologie zu kritisieren hatte, war, dass man sich eigentlich gar nicht für die Kultur, sondern nur für die Erzeugnisse der Kultur interessierte, einfach für die Musik, weniger für den, der sie macht, oder für die Umstände, in denen sie entstanden ist, für ihre Geschichte und wie sie vermittelt wird.

Das seit dem 14. Jh. in Blüte stehende **Nō-Theater** ist eine der ältesten Theaterformen der Welt. Die ursprünglich aus dem Tanztheater entstandenen Stücke sind handlungsarm, die männlichen Schauspieler sind eher Erzähler als dramatische Figuren.[26] – **Video:** Kurze Dokumentation (UNESCO-Welterbe): https://www.youtube.com/watch?v=lBl6FGVuFQo.

33 Freilicht-Aufführung eines Nō-Stückes in einem mobilen Theater, 2017. Foto: Yoshiyuki Ito, creative commons.

34 Akrobatikszene in einem Kabuki-Stück, 2010.
Foto: GanMed64, creative commons.

Das **Kabuki-Theater** ist als Vergnügung des Bürgertums am Anfang des 17. Jh.s entstanden und vereinigt Tanz, Gesang und Pantomime. Zuerst von jungen Frauen aus dem «Milieu» betrieben, wurde es zu einer erotisch aufgeladenen Kunstform für Männer mit Falsett.[27] – **Video:** Kurze Dokumentation über das Kabuki-Theater: https://www.youtube.com/watch?v=67-bgSFJiKc.

Gagaku: Die aus China und Korea stammende Hofmusik Japans.

Kontrapunkt: Technik, zu einer gegebenen Melodie (cantus firmus) eine neue Stimme («Gegenstimme») zu erfinden.

Zu der 1962 gegründeten «**Schaubühne am Halleschen Ufer**» gehörten auch Jürgen Schitthelm, Dieter Sturm, Leni Langenscheidt, Waltraut Mau und Klaus Weiffenbach. Weiffenbach und Schitthelm übernahmen mit der Zeit die organisatorische Leitung. Von 1962 bis 1968, den Jahren, in denen Andreas Gutzwiller beteiligt war, wurden etwa 30 Stücke zur Aufführung gebracht.[28]

Vielleicht hätte man das als ein nichtwissenschaftliches Vorgehen betrachtet.

Als Wissenschaftler muss man Distanz wahren. Kurt Reinhard hätte nie probiert, ein türkisches Instrument zu spielen, Ney oder so, auch wenn er Lust gehabt hätte, das hätte die Objektivität zerstört, die man dem Gegenstand seines Interesses gegenüber wahren muss. So ist es auch in anderen Kulturwissenschaften: Die Kunstgeschichtler bilden ja keine Maler aus, ob eine Studentin malen kann oder nicht, ist vollkommen egal, ebenso ob ein Literaturwissenschaftler gute Gedichte schreibt. Im Gegenteil. Ein Musikwissenschaftler wird kontaminiert, wenn er allzu gut Klavier spielen kann, und es ist vielleicht hinderlich, wenn er Beethoven erforschen will. In Berlin hat man versucht, den neutralen Naturwissenschaftler in den Geisteswissenschaften nachzubilden – und das Konzept hat natürlich versagt.

Wenn Du also in Berlin aussereuropäische Musik hören wolltest, musstest Du das auf eigene Initiative ausserhalb des Studiums tun.

Ja, es gab natürlich auch damals schon Konzerte mit Musik aus anderen Kulturen, es trat einmal ein Nō-Theater auf, es war sogar ein Kabuki-Theater da, auch ein Gagaku-Konzert konnte man hören – im Rahmen der Berliner Festwochen.

Grossen Eindruck hat mir ein abessinischer Kirchenchor gemacht, weil ich dort das erste Mal etwas gehört habe, was später den Namen Heterophonie bekommen hat – ich bin zwar nicht sehr glücklich mit dem Begriff, der einen Stil beschreiben soll, der irgendwie zwischen Homophonie und echter Polyphonie liegt. Polyphonie, also eine kontrapunktische Kompositionsweise – punctus contra punctum – mit Gegenbewegung, Gleichbewegung, Überschneidung usw., das ist eine westeuropäische Erfindung. Eine Heterophonie in einem Chor wie dem abessinischen entsteht dadurch, dass zwar alle das Gleiche singen, aber nicht auf die gleiche Art. Der Chor versucht nicht, zu einer Einheit zu gelangen, zu einer Verschmelzung der Stimmen, sondern man hört immer wieder einzelne Stimmen heraus, die eine Stelle ein bisschen anders singen, es entstehen gewissermassen Klangbänder, aus denen einzelne Ereignisse herausragen. Dabei ist aber schon klar, dass alle dasselbe meinen, aber sie ‹sagen› es alle ein bisschen anders.

Es gab also durchaus Angebote an aussereuropäischer Kultur, auch weil Berlin eine Art Kulturhauptstadt war und schwerstsubventioniert. Nur war im Wissenschaftsbild, in der Art, wie man Wissenschaft organisierte, wie man unterrichtete, die Musikpraxis sehr zurückgeblieben, praktisch ausgeblendet.

In Berlin hast Du, wie im ersten Gespräch angedeutet, neben dem Studium viel Zeit ins Theatermachen investiert, phasenweise wohl die meiste, zuerst im Studententheater, dann von 1962 bis 1968 in der jungen «Schaubühne am Halleschen Ufer», zu deren Gründungsmitgliedern Du gehörst. Du hast von dieser Tätigkeit ja auch gelebt.

Aus dem Studententheater der Freien Universität bildete sich eine Gruppe, die in einem Haus der Arbeiterwohlfahrt am Halleschen Ufer einen Kinosaal benutzen durfte, ein Saal mit einer sehr flachen

Bühne, ohne Seitenbühne, ohne Bühnenhaus, aber mit etwa 500 Plätzen. Guckkastenformat. Da haben wir die später legendäre Berliner Schaubühne gegründet, da haben wir die ersten Stücke gespielt. Jürgen Schitthelm, der Theaterwissenschaft studierte, und Dieter Sturm mit seiner unendlichen Bibliothek, der das Studententheater leitete und sich im SDS, im Sozialistischen Deutschen Studentenbund, engagierte, waren zwei prägende Figuren in dieser Gruppe. Die Gründung wurde möglich, weil Leni Langenscheidt, eine Frau der Gruppe, von ihrem Vater 10 000 DM erhielt und als Kredit zur Verfügung stellte, damals ein riesiger Betrag. Aber dieser Fonds schmolz ziemlich schnell, wir waren ständig in Finanznöten. Jürgen Schitthelm hat sich dann um die finanziellen Angelegenheiten gekümmert, Klaus Weiffenbach war meist für die Kulissen und die Kostüme zuständig.

35 Theater am Halleschen Ufer, ehemalige «Schaubühne am Halleschen Ufer», 2002. Foto: Andreas Praefcke.

Was für Stücke habt ihr aufgeführt?

Das erste war ein circensisches Volksstück von Ariano Suassuna, er war eine Art brasilianischer Dario Fo, inszeniert hat der polnische Regisseur Konrad Swinarski, der auch am Schiller Theater gearbeitet hat. Im Spielplan gab es einige Klassiker, wie Shakespeare, Goldoni oder Jarry, und viele sozialkritische Stücke von Marieluise Fleißer, Ödön von Horváth. Martin Sperr, Peter Weiss oder Peter Hacks standen auf dem Programm. Und natürlich Brecht. Mit Claus Peymann, der damals das Studententheater in Hamburg leitete, haben wir *Die Antigone des Sophokles* von Bertolt Brecht gemacht.

Ariano Suassuna (1927–2014) war ein brasilianischer Dramaturg, Theaterautor, Romancier und Lyriker. Er gründete 1959 das *Teatro Popular do Nordeste* in Recife. Zum Stück *Das Testament des Hundes oder Die Geschichte der Barmherzigen* (1955), mit dem die «Schaubühne am Halleschen Ufer» den Spielbetrieb am 21.9.1962 begann und in dem es um die listenreichen Taten der beiden Helden Grilo und Chicó geht, sagte der Autor: «Das *Testament des Hundes* habe ich auf der Grundlage von Balladen und Volksgeschichten der nordöstlichen Gebiete Brasiliens geschrieben. Das Spiel soll einer großen Linie der Einfachheit folgen. Mein Stück ist dem Zirkus und den Volkstraditionen näher als dem modernen Theater.»[29]

Die Schauspielerinnen und Schauspieler waren alle Profis, wir Studenten waren hinter der Bühne und in der Dramaturgie tätig, haben Stücke gelesen und darüber diskutiert, beim Aufbau mussten alle mithelfen. Es war alles primitiv, aber ziemlich erfolgreich.

Ihr habt in dieser Frühphase en suite gespielt, so lange also, bis praktisch niemand mehr in die Aufführung kommen wollte …

… manchmal kam schon kaum einer zur Premiere (lacht). Wir haben jede Saison vier bis sechs Produktionen gemacht, manche waren sehr erfolgreich wie *Kasimir und Caroline* von Horváth, mit diesem Stück haben wir an der Volksbühne Gastspiele gegeben, auch in Westdeutschland waren wir an kleineren Theatern zu Gast. Was wir an der «Schaubühne» praktiziert haben, kann man zum linken Realismus zählen, darum waren wir öfter am Schiffbauerdamm eingeladen, wo Frau Weigel das Szepter geschwungen hat.

Das **Theater am Schiffbauerdamm** ist die Spielstätte des «Berliner Ensembles», das 1954 von Bert Brecht und Helene Weigel gegründet wurde.

Und woher kamen die Schauspieler?

Die kamen vor allem aus dem Berliner Raum, viele haben auch bei Wenzel Lüdeckes *Synchron* gearbeitet und an anderen Bühnen gespielt, alles fand unter sehr prekären finanziellen Bedingungen statt. So richtig Berühmte haben wir selten gehabt, Harald Juhncke war einmal für eine Brecht-Produktion engagiert: Er hat auf der Bühne seine Spässe gemacht und unten sassen während der Proben fünf junge Schnösel im Parkett und haben einfach nicht gelacht. Wir fanden ihn nicht komisch.

Wenzel Lüdeckes Berliner Synchron engagierte ab 1949 die bedeutendsten Schauspielerinnen und Sprecher für die Synchronisation von Spiel- und TV-Filmen.

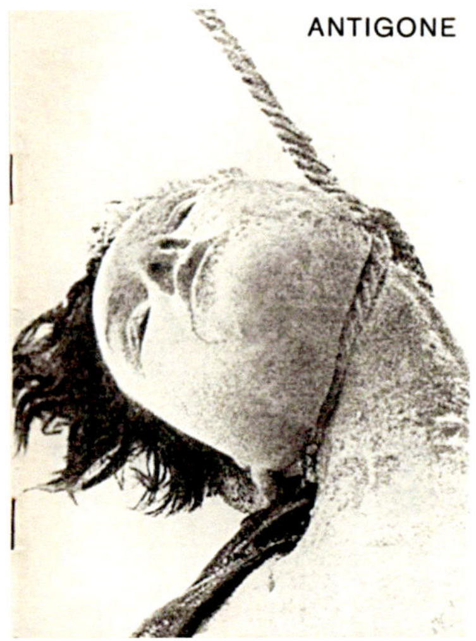

36 Programmheft zur Brecht'schen *Antigone* an der «Schaubühne».

Die ***Antigone des Sophokles*** von Bertolt Brecht wurde ab September 1965 an der «Schaubühne» aufgeführt. Der Regisseur Claus Peymann (*1937) wurde später Intendant in Stuttgart, Bochum, am Burgtheater Wien und beim Berliner Ensemble.
Brechts ***Mann ist Mann*** wurde ab Ende März 1964 aufgeführt in der Inszenierung von Hagen Mueller-Stahl.

Peter Weiss' ***Gesang vom Lusitanischen Popanz*** hatte am 6.10.1967 Premiere in der Regie von Karl Paryla.

Horváths ***Kasimir und Karoline*** (Regie: Hagen Mueller-Stahl), eine der erfolgreichsten Inszenierungen der jungen «Schaubühne», feierte am 6.4.1964 Premiere.

37 Programmheft für *Der Maulheld* (*Miles gloriosus*) von Titus Maccius Plautus (um 254 v. Chr. bis um 184 v. Chr.). Premiere: 6.5.1967

Und Du warst für die musikalische Ausstattung verantwortlich?

Ja, ich habe arrangiert, komponiert, einstudiert, dirigiert. Über manches legen wir besser den Mantel des Vergessens.

In Erinnerung geblieben ist mir Brechts *Antigone*, da gab es die Vorlage der Churer Uraufführung, inklusive Bühnenbild von Neher, und der Regisseur Claus Peymann hat das im Wesentlichen übernommen. Ich habe die gewaltigen Chöre im Sinne Brechts rhythmisiert und mit den Schauspielern einstudiert: «Ungeheuer ist viel. Doch nichts / ungeheurer, als der Mensch», so tönt in Brechts Stück Hölderlins Übersetzung des sophokleischen Texts. Das antike Drama, in dem Ödipus' Tochter Antigone ihren verstorbenen Bruder nicht begraben darf, es trotzdem tut und sich der Todesstrafe durch Suizid entzieht, wird ja bei Brecht gesellschaftskritisch gewendet: «In der Antigone wird nunmehr die Gewalt erklärt aus der Unzulänglichkeit; das elementar Menschliche, zu sehr gedrückt, explodiert. Und wirft das Ganze auseinander und in die Vernichtung», hat Brecht geschrieben.

Zum Teil habe ich für die Stücke Kompositionen einfach übernommen, zum Beispiel die Musik Paul Dessaus für Brechts *Mann ist Mann*. Da wir ja in einem ehemaligen Kinosaal spielten, gab es zuhinterst einen geräumigen Vorführraum mit riesigen 35-mm-Projektoren. In diesem Raum habe ich ein Tonstudio eingerichtet, alles selbst gebastelt und verlegt. Da habe ich die Musik für die Vorführungen auf Band aufgenommen.

Die Musik wurde also nicht live während der Aufführungen gespielt?

Das wäre viel zu teuer gewesen, wir sind ja ständig klamm gewesen. Ich erinnere mich an eine Ausnahme, an Peter Weiss' *Gesang vom Lusitanischen Popanz,* eine Auseinandersetzung mit der portugiesischen Kolonialherrschaft, in Knittelversen und freien Rhythmen geschrieben. Dazu gab es Musik des schwedischen Musical-Komponisten Bengt Arne Wallin, die wir benutzt haben, es werden ja die Verbrechen des Salazar-Kolonialismus in Gesängen vorgeführt. In diesem Stück haben wir auch die Filmprojektoren benutzt, um Kriegsszenen auf die Bühne zu projizieren.

Eine Mischform von Livemusik und Konserve war der Ton in Horváths *Kasimir und Karoline*. Der Autor hat ja genau angegeben, welche Musik in diesem Oktoberfest-Volksstück erklingen soll, zum Beispiel die Münchner Hymne *Solang der alte Peter* oder *Des Jägers Liebeslied* von Franz Schubert, oder es heisst in der Regieanweisung: «Hier spielt die Musik wieder, und zwar ein Marschlied.» Ich habe alle diese Musik mit Musikstudentinnen und -studenten geprobt und für die Aufführungen auf Band aufgenommen.

Für ziemliches Aufsehen und viel Empörung sorgte *Der Maulheld,* eine antike Komödie von Plautus, ein zotiges Possenspiel um einen grossprecherischen kleinasiatischen Offizier, einen Aufschneider, Dummkopf und Wüstling. In der Inszenierung von Hagen Mueller-Stahl und Hartmut Lange kamen riesige Phalli zum Einsatz, die herumbaumelten oder in erregtem Zustand mit einem Gürtel hochgeschnallt wurden. In der Presse gab es Lob für diese Phallusspässe, aber auch viel Empörung, bis in die Politik hinein, und wir waren natürlich mächtig stolz darauf. In diesem Stück habe ich eine Tonspur mit Lärm, Geklapper, Donnerblech und Geschrei zusammengestellt.

Manchmal habe ich komponiert. Ich erinnere mich, für *Tarellkins Tod,* eine russische Satire aus dem 19. Jahrhundert, einen vierstimmigen Choral geschrieben zu haben, der RIAS-Chor hat ihn sogar für eine Fernsehproduktion aufgenommen. Im Stück geht es um einen subalternen Beamten, der mit allen Tricks und Erpressungen selber mächtig zu werden versucht, aber vergeblich.

So etwa sahen meine Beiträge für die Schaubühne aus.

Und später hat es Dich nie mehr zum Theater gezogen?

Für mich war das Theater eine abgeschlossene Geschichte.

Glücklichwerweise, sonst wärst Du nicht nach Wesleyan gegangen und nicht zum Shakuhachi-Spieler geworden. Wir hätten Dich nie spielen gehört. – Was nun die Musikwissenschaft anbetrifft: Wenn man das Angebot in Berlin mit Wesleyan vergleicht, so sind da schon grosse Unterschiede festzustellen.

Wesleyan war eine echte Befreiung. Da lief sehr viel, sehr vielfältig, manches nicht sehr akademisch, aber es lief.

Das «World Music Program» der Wesleyan University in Middletown

In meinen Zwanzigern hat mich aussereuropäische Musik sehr fasziniert. Der Klang der Sitar hatte ich von den Beatles her noch im Ohr, und im Bangladesh-Konzert im Sommer 1971, das man am TV sehen konnte, spielte Ravi Shankar etwa eine Viertelstunde lang einen Raga. Ich habe mir damals Schallplatten mit nordindischer, mit japanischer und arabischer Musik gekauft und mit Freunden ausgetauscht. Meiner Erfahrung nach war das Interesse für solche Musik um 1970 ein Teil des Zeitgeists. Kann es sein, dass die Einrichtung des «World Music Programs» in Wesleyan auch Ausdruck des damaligen Zeitgeists war, einer Aufbruchstimmung, einer Öffnung gegenüber anderen Kulturen – oder war es eine rein akademische Entscheidung?

Ganz sicher war es auch Ausdruck des Zeitgeists – aber die Frage gleicht der nach dem Huhn und dem Ei. Die Chronologie ist schwer herstellbar und es ist schwer zu sagen, wer zuerst was erfunden hat und wer wen beeinflusst hat. Aber die amerikanischen Universitäten, die ja mit Colleges verbunden sind, sind immer sehr vom Zeitgeist beeinflusst.

Mantle Hooods Idee der Bi-Musicality ist früher formuliert worden als die von Dir erwähnten Beispiele, sie stammt vom Anfang der Sechzigerjahre. Bob Brown kam 1961 nach Wesleyan und richtete dort 1963 das «World Music Program» ein, wobei man gleich sagen muss, dass World music für Bob Brown etwas anderes bedeutet hat, als man heute darunter versteht, denn für ihn ging es um die authentische Musik, die in anderen Kulturen gespielt wird, und nicht um ihre Pop-Bearbeitung. Anders an der Art der Ethnomusicology, wie sie in Wesleyan betrieben wurde, war eben, dass diese Musiken auch

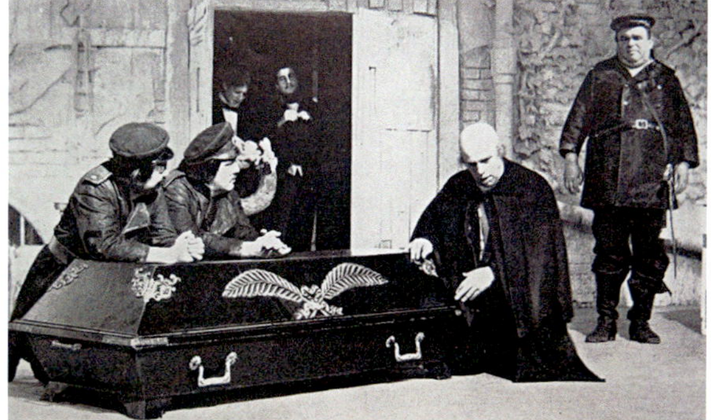

38 Szenenbild aus *Tarellkins Tod*. Regie: Konrad Swinarski, Premiere: 6.9.1964.

39 Wesleyan, Rückseite der College-Gebäude, 2008. Foto: Smartalic34, creative commons.

Das **Konzert für Bangladesh** am 1.8.1971 im Madison Square Garden in New York war der erste grosse Charity-Event der Pop-Geschichte. Es wurde von Ravi Shankar und George Harrison organisiert, um Gelder für die Millionen von Flüchtlingen zu sammeln, die ihre Heimat infolge des Abtrennungskriegs Ost-Pakistans von Pakistan verloren hatten. Neben den beiden Organisatoren spielten auch die Stars Bob Dylan, Ringo Starr und Eric Clapton.

«**Mantle Hood** was a seminal figure in the field of ethnomusicology and his influence was far reaching. He trained numerous young scholars who went on to found ethnomusicology programs at the University of Washington, Brown, UC Berkeley, Wesleyan University, and Florida State University, as well as programs and research institutes in many other countries.» Christopher Waterman, Dekan der School of the Arts and Architecture at UCLA, zum Tod von Mantle Hood.[30]

«From 1963 to his passing in 2005, **Bob Brown** was intimately associated with the Center for World Music, as Executive Director and as President. The Center was surely one of Bob's Ithakas, a home for his dreams, for he often expressed concern about limitations to cultural and arts studies in the context of modern American education: too little art in the public schools and too much abstraction in the universities.» Lewis Peterman, San Diego State University, zum Tod von Robert E. Brown.[31]

Zum **Koto** vgl. Kap. 1, S. 11.

Shamisen: Dreisaitige, mit einem Plektrum angeschlagene, bundlose Langhalslaute mit relativ kleinem viereckigem Korpus, wahrscheinlich von der chinesischen Sanxian abstammend.[32] – **Video/Audio:** Sumie Kaneko spielt Shamisen: https://www.youtube.com/watch?v=s7VD9spSwQ0.

Tabla: Paar einer höher und einer tiefer gestimmten kleinen Pauke aus Holz und Fell. – **Video:** Ravi Shankar erklärt das Tabla-Spiel von Alla Rakha: https://www.youtube.com/watch?v=Joyk_EMtzn0.

Mridangam: In Südindien gebräuchliche grosse, horizontal gespielte Holztrommel mit Fellen in Oktavabstand auf beiden Seiten. – **Video:** Sumesh Narayanan spielt ein Mridangam-Solo: https://www.youtube.com/watch?v=9ijNpSz1E_o.

Russell Hartenberger (*1944) studierte in Wesleyan afrikanische, nordindische, südindische und indonesische Musik. Er komponiert zeitgenössische Stücke und arbeitete mit bedeutenden Musikern zusammen (Steve Reich, Gil Evans, John Cage, Steve Gadd, Pablo Casals, Kronos String Quartet, Toru Takemitsu, Jack DeJohnette, Yo-Yo Ma). Bis 2010 war er Professor für Schlaginstrumente an der Universität von Toronto.[33] – **Video:** Kurzer Dokumentarfilm über und mit Russell Hartenberger (auf Englisch): https://www.youtube.com/watch?v=3mpoBVNFaGA.

kontinuierlich unterrichtet wurden. Man hat sie nicht nur anhand von Tonbandaufnahmen, Filmen und gelegentlichen Workshops von Musikern kennengelernt, sondern vor allem durch das «Visiting Artists Program». Musiker aus anderen Kulturen waren mindestens ein oder zwei Jahre lang am Ort und haben wirklich täglich unterrichtet und praktisch alle vierzehn Tage ein Konzert gegeben.

So entstand eine ausserordentlich lebhafte Szene. Entscheidend war, dass man diese Musiken eben lernen konnte, unklar war immer, bis zu welchem Grad. Im Gegensatz zu Berlin, wo man sich auf die Objektivität des Forschers berief, war in Wesleyan immer klar, dass man überhaupt nicht über eine Musik reden oder schreiben kann, wenn man sie nicht bis zu einem gewissen Grad selbst spielt und wenn man nicht die Sprache der betreffenden Kultur einigermassen beherrscht. Das war ein ganz grosser Fortschritt.

Und die Auswahl war enorm: Es war zu meiner Zeit ein Flötist aus China da, Japan war mit Koto, Shamisen und Shakuhachi vertreten, Nordindien mit Tabla und Gesang, Südindien mit Mridangam und Gesang, es gab Musiker aus Indonesien, Westafrika und Korea – also eine recht breite Vertretung aus der ganzen Welt. Das Programm existiert heute nicht mehr in der Breite. Es war damals sicher auch dem Zeitgeist verpflichtet und es war natürlich wunderbar, da zu studieren.

Aus heutiger Sicht würde man das alles wahrscheinlich etwas kritischer sehen, weil dort, wenn man es ganz böse ausdrücken will, eine Art musikalische Völkerschau präsentiert wurde. Das hat man damals überhaupt nicht kritisch gesehen. Es war einfach ein unglaubliches Angebot und es war auch eine sehr lebendige Atmosphäre auf dem Campus. Mir fiel aber schon auf, dass sich die einzelnen Kulturgruppen – sagen wir China, Indien, Japan, Afrika – überhaupt nicht füreinander interessiert haben. Die Japaner gingen nicht in indische Konzerte – umgekehrt auch nicht. Die Kommunikation war auf das Mindeste beschränkt. Es gab zwar gemeinsame Konzerte, wo indische und japanische Musiker am selben Abend auftraten, aber die Leute haben nicht miteinander gesprochen, zum Teil auch weil die Japaner gar nicht englisch sprachen.

Allein der Student Russell Hartenberger, ein ausgezeichneter Schlagzeuger, der sowohl indische wie afrikanische Rhythmik studierte, hat einmal das Experiment gewagt und seinen südindischen Mridangam-Lehrer ins Konzert seines ghanaischen Lehrers mitgenommen, und der indische Musiker fand ganz schlimm, was er hörte: «Die spielen ja immer dasselbe, diese Afrikaner!» Umgekehrt ebenso, der ghanaische Drummer Abraham Adzenayah fand das Konzert des indischen Musikers unmöglich: «Ich versteh's nicht, alles wechselt ständig, das geht alles viel zu schnell … Nein, nein, das geht so nicht.» Das war für sie natürlich alles genauso fremd wie für uns, aber es hat sie auch nicht interessiert.

Hat die Wesleyan University denn keine Gefässe angeboten, um Verbindungen zwischen den Musikkulturen zu schaffen? Hat sie alles parallel laufen lassen?

Die hat das parallel laufen lassen. Es war nicht vorgesehen, dass die Gastmusiker etwas unter sich austauschten, die meisten waren auch nur ein oder zwei Jahre da, dann gingen sie wieder zurück. Kawase beispielsweise, der fehlte natürlich ein Jahr in Japan, er konnte seine japanischen Schüler nicht betreuen. Das war ein Problem.

Vergleichen mussten also die Studenten?

Ja, sie waren das vergleichende Element, sie konnten das eine Instrument studieren und das andere, sehr viele haben mehrere Angebote gleichzeitig genutzt wie Russ Hartenberger. Wesleyan ist ein College mit aufgestocktem MA- und PhD-Programm, aber es gab dort auch College-Studenten, die für ein, zwei Jahre im Gamelan-Ensemble mitspielten. Es war gar nicht die Idee, dass dort professionelle Musiker ausgebildet werden sollten, obwohl es sich zum Teil so ergab, Jon Higgins zum Beispiel wurde ein ausgezeichneter Sänger in der südindischen Tradition, der auch einigen Erfolg in Indien hatte – ich selber bin schliesslich professioneller Shakuhachi-Spieler geworden. Das war aber nicht wirklich die Idee des Studiums, die Idee war, Musikethnologen auszubilden, die später Musikethnologie unterrichten oder an entsprechenden Stellen tätig werden konnten. Ralph Samuelson zum Beispiel, der auch bei Araki V Shakuhachi lernte, arbeitete später bei der *J. D. Rockefeller 3rd Foundation* am *Asian Cultural Council* und hat dort diverse Forschungs- und andere Projekte betreut. So etwa war die Idee, es war also keine Musikhochschule für aussereuropäische Musik. Und von diesem Programm ist eigentlich nichts mehr übrig geblieben. Wenn man heute auf die Webpage von Wesleyan geht, sieht man: Man kann noch Ethnomusicology studieren, wie an anderen Orten auch, aber das «Visiting Artists Program», das «World Music Program», das Bob Brown institutionalisiert hat, existiert nicht mehr.

In Europa galt diese Art von Ethnomusikologie als «Amerikanismus» und wurde nie ganz verstanden. Man befürchtete wohl zu grosse Nähe zum «Objekt» der Forschung oder man scheute den Aufwand und die damit einhergehende Spezialisierung, die einen Verlust an Generalität bedeuten kann. Bei einer Konferenz in Berlin am Internationalen Institut für Traditionelle Musik Mitte der achziger Jahre schlug mir einige Skepsis der deutschen Teilnehmer entgegen. Auch dieses Institut wurde 1996 geschlossen. Heute bietet nur das Konservatorium Rotterdam als Teil der Kunstfachhochschule Codarts noch einen Bachelor in World Music an.

Shakuhachi-Unterricht bei Araki V, Crashkurs in Japanisch

Unter den Gastlehrern des «World Music Program» in Wesleyan war Araki V, von dem Du im Herbst 1970 ein Konzert gehört hast, das Deiner Laufbahn eine neue Richtung gab. Du hast bei Araki V mit dem Unterricht auf der Shakuhachi begonnen.

Da Araki unterbeschäftigt war, habe ich viel mehr Stunden genommen als eigentlich vorgesehen war. Die Leute vom Music Department haben mich auch einmal gewarnt, ob ich denn nicht noch irgend etwas anderes machen wolle.

Araki hat auch Stücke unterrichtet, für die ich noch gar nicht reif war, auch Stücke für Koto, Shamisen und Shakuhachi, die er im Konzert spielen wollte und sozusagen mit mir geübt hat. Ich war total überfordert, aber es war wunderbar, wie wenn man im ersten Jahr Klavierunterricht mit den Goldberg-Variationen traktiert wird …

… und András Schiff ist der Lehrer …

40 Gamelan Ensemle im königlichen Palast (Kraton) in Surakarta, 2000. Foto: Giovanni Sciarrino.

Gamelan: Aus Schlaginstrumenten (Gong, Schlagstäbe, Schlagplatten, Trommeln), dem Streichinstrument Rahâb und der Längsflöte Suling vielfältig zusammengesetztes Ensemble für Instrumentalstücke und zur Begleitung von kultischen Tanzszenen und Schattenspielen auf Java und Bali.[34] – **Video/Audio:** Gamelan-Musik vom Genelec Music Channel: https://www.youtube.com/watch?v=UEWCCSuHsuQ.

Jon Borthwick Higgins (1939–1984) studierte in Wesleyan bei Tanjore Ranganathan und wurde einer der bekanntesten nichtindischen Sänger der südindischen karnatischen Musik. Er gründete an der Uni Toronto eine indische Abteilung und unterrichtete in Wesleyan (nach dem Wikipedia-Eintrag). – **Video/Audio:** Jon Higgins singt *Endaro mahanubhavulu:* https://www.youtube.com/watch?v=f85jW-s2yJs. – **Video/Audio:** Higgins wurde im Alter von 45 Jahren von einem Autofahrer im Drogenrausch getötet. Alvin Lucier schrieb *In memoriam Jon Higgins:* https://www.youtube.com/watch?v=WOE3lpUc7Is.

https://de.wikipedia.org/wiki/Internationales_Institut_für_Traditionelle_Musik
https://www.codarts.nl/en/worldmusic/

Video/Audio: Araki Kodo V (s. S. 17) spielt *Hifumi Hachigaeshi No Shirabe* am World Shakuhachi Festival in Denver 1998: https://www.youtube.com/watch?v=CdwHLCThCbk.

Gaikyoku («äussere Musik»): Musik mit einer Shakuhachi im Ensemble, in Abgrenzung zu «Honkyoku» (die «eigentlichen» Stücke) in der Fuke-Tradition für Shakuhachi solo. Gaikyoku-Stücke sind meist in deutlich schnellerem Tempo zu spielen (vgl. Kap. 5, S. 88f.).

… und Schiff ist der Lehrer und man versteht, dass er erstens wunderbar Klavier spielt und zweitens, dass er eine wunderbare Musik spielt. Rückblickend bin ich froh, dass ich in Wesleyan angefangen habe Shakuhachi zu lernen. Man hat die Shakuhachi-Lehrer angewiesen Honkyoku, die «eigene Musik» für Shakuhachi, zu unterrichten. Wir haben also direkt mit Honkyoku angefangen, was, wie ich später in Japan feststellte, durchaus unüblich ist. Bei den Gaikyoku-Stücken, die ich bei Araki gelernt habe, ist mir übrigens zum ersten Mal die Idee gekommen, dass in dieser japanischen Musik Modulationen vorkommen. Dass es tatsächlich Tonarten gibt, vergleichbar den unseren, habe ich erst später begriffen. Diese Tonarten kommen im selben Stück auf verschiedenen Stufen vor, interagieren miteinander auf eine Art, die der Methode der Modulation in unserer klassischen Harmonik sehr ähnlich ist.

Hast Du mit Araki darüber gesprochen?

Ich habe es versucht, aber die Idee hatte ich ja noch gar nicht präzis im Kopf. Araki arbeitete zum Teil noch mit alten handkopierten Noten, in denen die Töne nicht genau bezeichnet, sozusagen die Akzidentien (wie bei uns das Kreuz und das B) nicht eingetragen waren. Auf meine Frage, ob man die auch anders setzen könne, antwortete er: «Nein, das geht nicht.» Das heisst, er hatte eine präzise Vorstellung, wie die Tonarten – das sage ich von jetzt aus – ablaufen, ohne eigentlich eine Vorstellung von Tonarten zu haben.

Das klingt widersprüchlich, ist aber nichts Ungewöhnliches – die meisten frühen Jazzmusiker haben ja die wildesten harmonischen Übergänge gespielt, ohne eine Ahnung zu haben, wie das theoretisch zusammenhängt. Wenn man gute Ohren hat und die Gattung kennt, muss man dazu nicht eine Theorie entwickeln. Und so ist es in der gesamten japanischen Musikgeschichte: Es gibt keine Theorie der Komposition. Das heisst nicht, dass die Musik ohne Regeln ist, bloss sind die Regeln nicht in Worten fixiert, sind nicht theoretisiert. Man hat sie im Kopf. Und wer sie nicht im Kopf hat, hat Nachteile. Das ist natürlich ein Problem, denn die Absenz von Theorie ist kein Vorteil, im Gegenteil: Musiktheorie ist enorm hilfreich.

Zum «World Music Program» in Wesleyan gehörte aber nicht allein der Unterricht in anderen Musiken. Es gab viel mehr zu tun.

Teil des Curriculums war auch, dass man sich mit der Sprache und der Kultur befasste, aus der die Musik kam. So habe ich an der Yale University Japanisch gelernt, ganz einfach weil in Wesleyan nicht genügend Interessenten da waren für einen Kurs. Und so bin ich jeden Morgen nach New Haven in den Sprachunterricht gefahren. Für mich bedeutete es obendrein, Japanisch von Englisch aus zu lernen. Alle anderen hatten Englisch als Muttersprache, für mich war's die zweite Fremdsprache.

Zum Bimusikalischen kam also das Bilinguale. Was ist Dir von dieser Erfahrung des Japanischlernens in Erinnerung geblieben? Du hast andere Sprachen ja schon gekonnt. Was war anders beim Erlernen des Japanischen?

41 Von Wesleyan (Middletown) nach Yale (New Haven) in den Japanischkurs.

Das Japanische ist keine indoeuropäische Sprache und deshalb ist einfach alles anders.

Man beginnt bei Null.

Man beginnt bei Null. Frau Chaplin, die das Lehrbuch für den Unterricht in Yale mitverfasst hat, sagte darum zu Beginn: «Expect everything to be different, and be surprised at similarities.» Und es ist in der Tat so, es ist alles anders. Wahrscheinlich ist es so, wie wenn man Finnisch oder Ungarisch lernt. Die Strukturen sind anders, Subjekt – Objekt – Prädikat: das passt einfach nicht zum Japanischen. Am Anfang hat man das Gefühl, man müsse mit den nackten Fingern eine frisch verputzte Wand hochkrabbeln. Das ist aber kein Effekt der japanischen Sprache, es kommt einfach daher, dass es sich um eine völlig fremde Sprache handelt. Ich nehme an, im Chinesischen wäre es auch nicht anders.

Der Unterricht fand in einer Gruppe von acht oder neun Studenten und Studentinnen statt, und von Anfang an unterrichteten immer abwechselnd ein Lehrer und eine Lehrerin, weil Frauen ja anders Japanisch sprechen als Männer. Und diese Lehrerin und der Lehrer haben kein Wort Englisch mit uns gesprochen. Einmal in der Woche kam Samuel Martin vorbei, ein Spezialist für Koreanisch und Japanisch, und hat uns strukturelle Erläuterungen gegeben, ungeheuer intellektuell. Der Rest passierte auf Japanisch mit den Unterrichtsbüchern von Yale und abends ging es dann noch an der Wesleyan University ins Language lab, wo man mit Bändern die Lektionen durchüben musste: Aussprache, Grammatik, Wortschatz.

Handelte es sich um eine Art Zeigepädagogik? Ich habe einmal Deutsch für Fremdsprachige unterrichtet mithilfe eines Lehrbuchs, das mit Sätzen begann wie: «Das ist eine Tasse.»

Sore wa koppu desu …

Im Lehrbuch war die Abbildung einer Tasse zu sehen, ich habe darauf gezeigt und gesagt: «Das ist eine Tasse», und der Student oder die Studentin aus Korea oder Kosovo hat wiederholt: «Das ist eine Tasse.»

So ungefähr, nur ohne Bilder (lacht), denn wir waren ja an einer Universität. Ja, es funktionierte etwa so, wurde dann aber schnell sehr kompliziert. Das Lehrbuch, das für zwei Jahre gedacht war, wurde in einem Jahr durchgearbeitet, und damit nicht genug, es wurden auch noch die ersten zwei Bände über das Schriftsystem oben draufgepackt. Man machte den Yale-Studenten und mir armem, zugelaufenem Wesleyaner klar: Hier wird hart gearbeitet.

Hast Du eigentlich mehr für diese Kurse gearbeitet als für das Instrument?

So genau weiss ich das nicht mehr, es war einfach insgesamt eine sehr intensive Zeit. Ich hatte ja auch noch andere Dinge zu tun, etwa japanische Geschichte und Musikgeschichte, daneben gab es sehr gute Seminare über arabische Musik – in dem Zusammenhang mussten alle als Voraussetzung den Koran

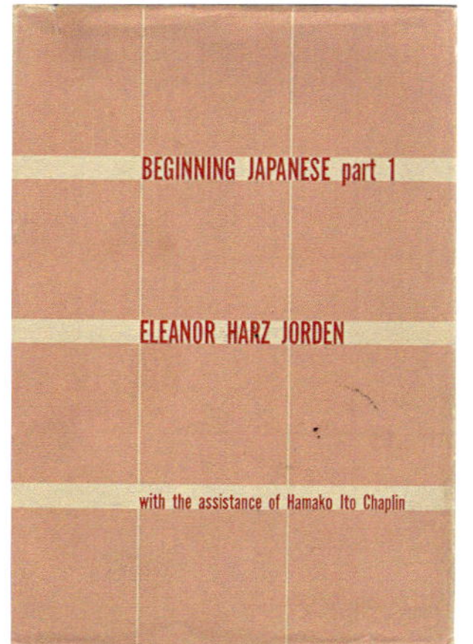

42 Das Yale-Lehrbuch für Japanisch, mitverfasst von Hamako Ito Chaplin, erschienen 1962. – «This textbook is concerned only with spoken Japanese. Reading and writing involve a different set of habits and are best begun after acquiring some basic control of the spoken language. It is suggested that students interested in studying written Japanese begin using an introductory reading text only after completing at least ten or fifteen lessons of this volume.»[35]

Samuel Martin (1924–2009) war Linguist an der Yale University und Spezialist für fernöstliche Sprachen. Während und nach dem Zweiten Weltkrieg war er als US-Offizier Übersetzer in Japan. Er prägte den Ausdruck «Sino-Xenic» für ein Regelwerk, das darlegte, wie chinesische Zeichen in Japan, Korea und Vietnam gelesen werden.[36]

43 Dissertation von Andreas Gutzwiller, 1974. – «Gutzwiller's scholarly treatise deals with the history of the shakuhachi from about 600 AD to the present, concentrating on the evolution of the Fukeshu (a branch of the Rinzai sect of zen Buddhism) and the Kinko Ryu. It examines in detail, gaikyoku, the non-religious music which was added to the shakuhachi repertoire in the 19th century. Gutzwiller also investigates the musical structures of the shakuhachi's insenpo scale, focusing on its melodic movement, modulation and timbre. He further presents a description of honkyoku, the original solo music for shakuhachi, showing how the principle of in and yo (yin and yang in Chinese) influences the construction of its phrases. The final section of this thesis analyzes the structure of honkyoku and presents a description of the traditional shakuhachi teaching process.»[37]

Richard Teitelbaum (1939–2020) studierte Komposition in Yale und Ethnomusikologie in Wesleyan, wo er mit den «Musicians in Residence» eine «World Band» gründete. Er lebte in Japan für das Studium der Shakuhachi, in Rom nahm er Privatunterricht bei Luigi Nono. Er arbeitete und spielte mit bekannten Jazzmusikern wie Anthony Braxton.[38] – **Video/Audio:** Richard Teitelbaum (Synthesizer) und Anthony Braxton (Saxophon) spielen *Duet* – Live at Merkin Hall, 1994: https://www.youtube.com/watch?v=1HZWeTegMIE.

Ralph Samuelson studierte Shakuhachi bei Yamaguchi und Araki V. Er unterrichtet Shakuhachi und ist als Musikethnologe tätig, u. a. von 1991 bis 2008 als Direktor des Asian Cultural Council. – **Video-Portrait:** «Alive and Composing: Ralph Samuelson»: https://www.youtube.com/watch?v=ZO-BaibMtA4U. – **Video/Audio:** Samuelson (Shakuhachi) spielt mit Teitelbaum (Synthesizer): https://www.youtube.com/watch?v=z1QSvwqe5p4.

Araki V lebte seit 1963 immer wieder für längere Zeit in den USA. Er hatte Lehraufträge an bedeutenden Universitäten wie Columbia, Michigan, Stanford, UCLA und Wesleyan, wo er zudem das Studium der Ethnomusicology mit dem Master abschloss. 1986 trat er im Metropolitan Museum in New York mit seinem «Shakuhachi Honkyoku Concert» auf. Heute lebt er in der Nähe von Denver.[39]

gelesen haben –, auch über indische Musik, das war alles auch da und ich habe es wirklich ausgenutzt, dass man das alles machen konnte und mich niemand daran gehindert hat.

An der Uni habe ich einen Transkriptionskurs gegeben, und schliesslich musste ich dafür besorgt sein, alle Voraussetzungen zu erfüllen, damit ich am Ende zur Prüfung zugelassen wurde, um «ins Feld zu gehen». Der PhD ist eigentlich etwas anderes als unser Dr. phil., weil es in den USA die letzte akademische Prüfung ist, es gibt keine Habilitation. Man erwartet vom PhD «a significant contribution to the field», was natürlich oft nicht stimmt, aber so ist die Anspruchshaltung. Da in Wesleyan in der Ethnomusikologie praktisch jeder ein neues Feld bearbeitete, war ohnehin alles «significant», da kam man gar nicht drum herum, wenn man einigermassen anständig arbeitete. Die Prüfung lief nach dem alten Verfahren ab: Man musste seine Dissertation öffentlich verteidigen. Sie lag vorher 14 Tage in der Bibliothek auf, jeder konnte sie also anschauen und dann bei der «Thesis Defense» den Finger hochheben. Das geschah bei mir 1974, ich musste dafür von Tokyo anreisen.

Im Studium ab 1970 war Deine Grunderfahrung also, dass Du auf beiden Feldern, dem Lernen des Instruments und der Sprache, bei null gestanden bist, alles war Neuland. Du hast einmal gesagt, dass Du am Anfang des Unterrichts bei Araki im Nichts herumgeschwommen seist und versucht habest, an einigen Stellen etwas Sicherheit zu gewinnen. Diese Erfahrung hast Du also zweimal gemacht, auch im Spracherwerb.

Ja, wobei die beiden Erfahrungen zusammenpassten, sie ergänzten sich. Alles ist fremd, die Musik ist sehr, sehr fremd, und die Sprache ist es eben auch. Das passte.

Gab es ausser Dir noch andere Studenten oder Studentinnen, die Shakuhachi gelernt haben?

Ja, Richard Teitelbaum war noch da. Sein Problem war, dass ihm beim Spielen schwindlig wurde (lacht). Ihn habe ich später in Japan wieder getroffen, wo er auch Shakuhachi machen wollte, aber er ist dann völlig in der Tokyoter New Music Scene aufgegangen und hat vor allem komponiert. Ich habe auch einmal eines seiner Stücke aufgeführt, eine Bearbeitung im aleatorischen Stil von John Cage nach *Hi Fu Mi Hachigaeshi,* dem ersten Stück der Kinko-Sammlung.

Und dann gab es natürlich noch Ralph Samuelson, der etwa zwei Jahre vor mir angefangen hat und dann ebenfalls zur gleichen Zeit wie ich in Japan war. Er hat in Wesleyan noch bei Yamaguchi gelernt und dann in Japan bei ihm weitergemacht. Wir haben zwei, drei Jahre im gleichen Ort gewohnt, in Kamakura, nur wenige Strassen voneinander entfernt.

Wie war Araki als Lehrer? Er hat sich Dir ja mehrere Stunden pro Woche widmen können.

Ein Vorteil war: Er sprach fliessend Englisch – allerdings hat er sehr wenig über Musik gesagt. Das habe ich später auch in Japan so erlebt, was aber weniger mit allfälligen Sprachschwierigkeiten zu tun hatte als damit, dass man nicht über Musik redet. Es gibt dafür keine Tradition. Musik ist gewissermassen ein in sich geschlossenes Kommunikationsmittel. Bei unserem Musikunterricht hier in Europa fällt mir auf, dass die Lehrkräfte viel reden. Es gab am Konservatorium in Basel einen Flötisten, der unterrichtete, ohne je überhaupt eine Flöte anzufassen. In Japan ist es umgekehrt: Der Lehrer spielt immer mit und er liebt es nicht, dass Fragen gestellt werden. Du musst üben, üben und darauf vertrauen, dass du es irgendwie mitkriegst. Die Methode der totalen Imitation bedeutet natürlich auch, dass die Wahl des Lehrers ungeheuer wichtig ist. Wenn man einen schlechten Lehrer imitiert, kommt nichts Gutes dabei heraus.

Zur **Methode der Imitation** vgl. Kap. 3, S. 45–47, 52f.

Hast Du Dich mit Araki auch ausserhalb des Unterrichts getroffen?

Ja, doch, mit Araki hatte ich schon einen persönlichen Kontakt. Seine Frau Charlotte, eine resolute Amerikanerin, hatte bereits zwei Mädchen, Zwillinge, und hat praktisch gleichzeitig mit meiner Frau Claudia noch einen Sohn bekommen, Hanzaburō. Dieser Hanzaburō lebt wie sein Vater heute in den USA und firmiert als Kodō VI. Wir waren bei Arakis zu Hause zu Besuch und sie kamen zu uns.

Aber der Unterricht war davon streng getrennt. Wie übrigens auch in Japan. Wir waren sehr befreundet mit Kawase, sein Kind war praktisch gleich alt wie unseres, wir haben zusammen Ferien gemacht. Aber die persönliche Beziehung überschneidet sich nicht mit dem Unterricht. Das ist wichtig. Bei uns duzen sich Lehrer und Schüler, das wäre in Japan das Ende des Unterrichts, da gibt es den Meister und den Schüler, und was die privat zusammen machen, ob sie saufen oder sonst was tun, ist gleichgültig, wenn der Unterricht anfängt, wird der Schalter umgelegt, auch sprachlich. In Japan spielen die Sprachebenen eine grosse Rolle, im Unterricht wird eine andere Sprachebene benutzt. Das war auch in dem Jahr bei Araki gespürt so, wo englisch gesprochen wurde.

Der Avantgardekomponist **John Cage** (1912–1992) war von 1952 bis zu seinem Tod eng mit Wesleyan verbunden. Er arbeitete mit Mitgliedern der Musikfakultät zusammen, komponierte und führte seine Werke auf dem Campus auf. Wichtige Bücher sind im Verlag der Universität erschienen, etwa die programmatische Schrift *Silence* (1961). Seine in Wesleyan entstandenen Manuskripte von Kompositionen und Büchern werden im Archiv der Universität aufbewahrt.[40]

Das breite Angebot an Musik in Wesleyan

Nun war Wesleyan nicht nur vom «World Music Program» her sehr anregend, sondern auch weil dort moderne Komponisten arbeiteten, wie Teitelbaum und Leute um John Cage. Die Neue Musik war also auch da, und wenn man dort studiert hat, hat man auch daran teilnehmen können.

Ja, und die klassische Musik war natürlich auch da, aber getrennt vom «World Music Program». Fast alle amerikanischen Universitäten haben fabelhafte Chöre. Der Chor von Wesleyan hat einmal a cappella eine Renaissance-Messe gesungen – und das ist nicht nichts und es war ganz ausgezeichnet. Sie haben aber auch eine Operette von Gilbert und Sullivan mit virtuoser Klavierbegleitung aufgeführt. Da wurde also nicht nur indisch getrommelt und Shakuhachi gespielt.

Es gab zudem verschiedene Jazzensembles, aber vollkommen separat. «Jazz» durfte man aber nicht sagen – «Afroamerican Music» sagte man. Diese Musiker hatten ihre ganz eigenen Programme und Rituale, und keiner von ihnen hat sich für afrikanische Musik interessiert, für überhaupt keine andere Musik. Es war eine seltsame Enklave, was sehr viel sagt über die Rassentrennung in den USA, und

44 Der Erstdruck von John Cages *Silence*. Wesleyan University Press, 1961.
45 John Cage, November 1988. Foto: Rob C. Croes.

zwar von beiden Seiten her. Die Afroamerikaner wollten nichts mit den anderen zu tun haben, auch musikalisch nicht.

Spielte dabei eine Rolle, dass es eine Zeit der Emanzipation der Afroamerikaner in den USA war und in dieser Hinsicht vielleicht Trommelspieler aus Afrika für die Afroamerikaner nicht an der «Front» der Befreiung standen?

Ja. Ich war ja unvorbereitet, mit der amerikanischen Variante des Rassismus konfrontiert zu werden. Man hatte davon gelesen, aber wenn man es dort erlebte, war es doch noch etwas anderes. Ich hatte einen afrikanischen Austauschstudenten in meinem Transkriptionskurs und habe dabei erkannt, dass ein Afrikaner, der in Amerika studierte, einfach ein Afrikaner war, der in Amerika studierte, das war etwas völlig anderes, als ein Afroamerikaner zu sein, dessen Vorfahren als Sklaven nach Amerika gekommen sind.

Du hast mir kürzlich ein Stück von Alvin Lucier aus dem Internet vorgespielt, das Dir damals in Wesleyan grossen und bleibenden Eindruck gemacht hat. Solche Musik gehörte auch zu Wesleyan.

Richard K. Winslow, der Dekan des Musical Department in Wesleyan, war selber Komponist. Von ihm stammte die Verbindung zur Neuen Musik, zum Beispiel zu John Cage. *Silence,* eine der wichtigsten Schriften Cages, wurde von der Wesleyan University Press als Erstdruck publiziert. Und Alvin Lucier war damals der Chair for Contemporary Music. Es gab sehr viele Konzerte mit Neuer Musik. Es gab ohnehin jeden Abend mindestens ein Konzert, auch einiges an zeitgenössischer Musik von der Gruppe um Cage herum.

Die Komposition von Lucier heisst *I'm Sitting in a Room* und der Komponist spricht am Anfang live darüber, was nun passieren wird und dass seine Sätze gerade von einem Tonband aufgenommen, dann abgespielt und von einem anderen Gerät wieder aufgenommen werden. Das von Gerät 2 Aufgenommene wird erneut abgespielt und von Gerät 1 wieder aufgenommen. Das wäre Fassung 3. Der Vorgang wiederholt sich, alles analog, sodass sich mit der Zeit Fehler und Verzerrungen einschleichen und verstärken. Beim ständigen Abspielen und neu Überspielen wird der Raumklang immer dominanter, sodass die Eigenresonanzen des Raumes aufsteigen und sich immer mehr durchsetzen. Die Sprache verschwindet vollkommen, und zwar ziemlich schnell, weil sich die Frequenzen, die für unser Sprachverständnis wichtig sind, in einer anderen Lage befinden als die Resonanzen des Raumes. Nach einigen Minuten sind nur noch wechselnde Töne hörbar, sehr oft harmonisch. Diesem Prozess zuzuhören, er dauert etwa 45 Minuten lang, ist sehr faszinierend.

Die Aufführung, die ich gehört habe, war begleitet von einer Arbeit von Luciers Frau, einer Fotografin, die den Raum fotografiert hat und den Abzug des Fotos wieder fotografiert hat, das heisst, sie hat fotografisch dasselbe gemacht wie ihr Mann phonografisch. Leider nicht so interessant, weil am Ende nur fliessende Grautöne entstanden sind, denn so etwas wie Resonanz gibt es im Optischen offensichtlich nicht, oder auf ganz anderer Stufe. Jeder Raum hat aber wegen den unterschiedlichen Proportionen und Grössen einen anderen Eigenklang. Den hat Lucier hörbar gemacht.

Richard K. Winslow (1918–2017) machte Wesleyan in der ganzen Welt bekannt als Zentrum für Ethnomusikologie und Neue Musik. Musik umfasste für ihn viel mehr als die Kompositionen berühmter europäischer Männer wie Johann Sebastian Bach oder Wolfgang Amadeus Mozart. «What about all those singers, instrumentalists, and composers from China and India, from Asia and Africa? How do we rate the achievements in all these musics from cultures we know nothing about?», fragte er in einem Interview. Zu John Cage, mit dem er eng zusammenarbeitete, meinte er: «He had a sense that classical music was dead end.»[41]

Alvin Lucier (*1931) verbrachte nach einem Kompositionsstudium zwei Jahre in Venedig, Rom und Darmstadt (1960–1962) und lernte viele Werke der Neuen Musik (Stockhausen, Cage, Berio) kennen. Von 1970 bis 2010 lehrte er in Wesleyan. 2017 nahm er an der *dokumenta 14* teil. Im Programm der Ausstellung schreibt Brandon LaBelle über Alvin Lucier: «Klang als physikalisches Phänomen: Mit diesem Ansatz hat Lucier das Feld der experimentellen Musik um zusätzliche Aspekte bereichert – nicht selten in Form von forschungsbasierten Inszenierungen, die dem Akt des Hörens gewidmet waren – und gleichzeitig durch seine singuläre Vorgehensweise die Neue Musik erweitert. […] Seine Kompositionen führen zu einer grundlegenden Theorie des Klangs, die zeigt, wie wir uns die akustische Welt aneignen können, wie wir hören können, was erst noch erklingen muss.»[42] – **Video/Audio:** *I'm Sitting in a Room* von Alvin Lucier: https://www.youtube.com/watch?v=fAxHlLK3Oyk.

Das Projekt eines «Word Music Centers» (WMC) in Portugal

War denn Wesleyan der einzige Ort, wo ein «World Music Program» angeboten wurde?

Zu jener Zeit war Mantle Hood an der University of California Los Angeles (UCLA) sehr aktiv, dann gab es noch Angebote in Ann Arbor in Michigan, das war aber doch eher akademisch. Sonst hat sich das Modell in den USA nicht stark verbreitet. In Europa passierte einiges in Rotterdam und Amsterdam, Holland hat ja eine koloniale Vergangenheit, eine sehr vielfältige Bevölkerung und Musikkultur.

Während der Zeit am Pariser IRCAM 1979 habe ich auf Einladung von Hans-Martin Linde einen Workshop in Basel gegeben. Daraus ist am Ende eine langjährige Zusammenarbeit und auch das «Studio für aussereuropäische Musik» entstanden. Eigentlich war ja nicht geplant, dass an der Musik Akademie Basel indische Musik, Gamelan und Shakuhachi unterrichtet würden, das hat sich mit der Zeit zufällig ergeben, denn Thomas Kessler hatte ein Gamelan erworben und schon an der Musik Akademie gespielt, und der Sarod-Spieler Ken Zuckerman war locker an die Musik Akademie angegliedert. Aus all diesen Angeboten haben wir das «Studio für aussereuropäische Musik» gebastelt – anders kann man es nicht sagen, denn es war nie klar, wo in der Hierarchie der Musik Akademie es angesiedelt war, und ich war immer sehr bestrebt festzuhalten, dass niemand weiss, was es genau ist, denn ich war auf diese Weise unmittelbar der Direktion unterstellt und nicht an eines der drei Institute der Musik Akademie angebunden. Und das ist so geblieben, bis ich 2005 in Pension ging.

So konntest Du das Programm der jeweiligen Situation anpassen.

Ja, und ich war vollkommen frei. Ich habe immer darauf geachtet, dass ich einige «Milchkühe» hatte, also Workshops, die Geld einbrachten, damit wir Sachen machen konnten, die wir wichtig fanden, aber die ganz sicher defizitär waren, etwa Musik aus Zentralasien oder Gruppen aus Ägypten, aus China. Zu jener Zeit, in den Achtzigerjahren, war das relativ einfach, man musste nicht eine Gruppe aus der Mongolei einfliegen lassen, denn diese Musiker waren ohnehin in Europa und in den USA unterwegs und unsere Informationen stammten von der Organisation «Musik der Welt in Basel», diese Leute wussten Bescheid, wer sich gerade wo befand. So konnte man mit relativ geringen Kosten sehr interessante Projekte anbieten, Workshops, Konzerte, die man sich sonst gar nicht hätte leisten können.

War denn immer neben dem Konzert ein Workshop oder ein Lehrteil dabei?

So weit wie möglich. Manchmal war das schon eher eine Alibiübung, etwa wenn jemand zeigte, wie eine mongolische Pferdekopfgeige gespielt wird und lange erklärt hat, wie das Instrument gestimmt ist. Am besten waren natürlich Angebote wie die von Ali Akbar Khan, der auf Einladung von Ken Zuckerman jedes Jahr eine Woche nach Basel kam und unterrichtete. Mit ihm kamen auch sehr gute Tabla-Spieler, bei denen man eine Woche lang lernen konnte. Ich habe ja etwa zehn Jahre lang als Nebenhobby Tabla gespielt. Der Meister Swapan Chaudhuri hat dann am Morgen eine Stunde lang Aufgaben gegeben,

Der praktische Teil des Schwerpunkts **Ethnomusicology** beschränkte sich in Ann Arbor im Wesentlichen auf das Gamelan. Auch das von Bob E. Brown 1973 an der Universität von Illinois gegründete «Center for World Music» konzentriert sich stark auf das Gamelan-Ensemble.

Am 1977 eröffneten «**Institut de Recherche et Coordination Acoustique/ Musique**» (IRCAM) von Pierre Boulez forschte Andreas Gutzwiller zusammen mit Gerald Bennett zum Tonsystem der Shakuhachi (vgl. Kap. 5, S. 80–85; Kap. 6, S. 87, 90).

Hans-Martin Linde (*1930) lehrte ab 1957 historische Flöteninstrumente und Ensemble an der Schola Cantorum Basiliensis und leitete von 1976 bis 1979 die Musik Akademie Basel.

Thomas Kessler (*1937), der Pionier der elektronischen Musik in der Schweiz, baute an der Musik Akademie Basel das «Elektronische Studio Basel» auf. Für Andreas Gutzwiller schuf er *Irasshaimasee* für Shakuhachi und Live-Elektronik. – **Video:** Ein kurzes Porträt von und mit Thomas Kessler: https://www.youtube.com/watch?v=ScMNU89_u6I.

Charlie Richter übernahm 1986 den Gamelan-Unterricht und 2005, nach der Pensionierung Gutzwillers, die Leitung des «Studios für aussereuropäische Musik».

Der in den USA geborene **Ken Zuckerman** studierte die Sarod beim indischen Meister Ali Akbar Khan und begleitete diesen auf vielen Tourneen. Er unterrichtet an der Musik Akademie Basel klassische nordindische Musik sowie die westliche Laute.[43] – **Video/Audio:** Ken Zuckerman spielt mit Zakir Hussain (tabla) den Raga *Chandranandan:* https://www.youtube.com/watch?v=AvDvoScSbUE.

Unter dem Label «**Musik der Welt**» finden und fanden in vielen Städten Europas Festivals mit Musikern und Musikerinnen aus nichteuropäischen Kulturen statt. Es entstand dadurch ein internationales Netzwerk von Veranstaltungen. Andreas Gutzwiller arbeitete im Leitungsteam von «Musik der der Welt in Basel» mit.

Ali Akbar Khan (1922–2009) war Komponist und virtuoser Sarod-Spieler in der Tradition der nordindischen, hindustanischen Tradition. Als junger Mann spielte er am Hof des Maharadschas von Jodhpur. 1955 lud ihn Jehudi Menuhin nach New York ein, wonach er oft als Solist und Lehrer im Westen auftrat, auch zusammen mit seinem Schwager, dem Sitar-Spieler Ravi Shankar (s. Kap. 2, S. 29f.).[44] – **Video/Audio:** Ali Akbar Khan spielt

verschiedene Ragas mit Swapan Chaudhary: https://www.youtube.com/watch?v=_znXkV13VBI.
Swapan Chaudhuri ist einer der bedeutendsten Tabla-Spieler und arbeitet sowohl mit den indischen Meistern wie mit westlichen Musikern zusammen (Stevie Wonder, Mark O'Connor, John Handy, Larry Coryell).[45]

Kim Dong-Won (1965) studierte traditionelle koreanische Perkussion und ist Sänger, Improvisator, Komponist und Lehrer. Er lehrt auch Salumnori, eine in den späten Siebzigerjahren entstandene Form der koreanischen Trommel- und Tanzkunst für die Bühne.[46] – **Video/Audio:** Improvisation von Kim Dong-Won an der Musik Akademie Basel im April 2010: https://www.youtube.com/watch?v=CHRUV_Q1DB8.

Der 1962 im iranischen Qazvin geborene **Madjid Khaladj** begann sein Studium der hölzernen Bechertrommel Tobak im Alter von sieben Jahren. 1980 übersiedelte er nach Paris und begann seine Laufbahn als Begleiter der wichtigsten persischen Musiker.[47] – **Video/Audio:** Madjid Khaladj spielt *So Be in All Eternity*, Ba Music Records: https://www.youtube.com/watch?v=J5M1pN5FanA.

46 Cover der Publikation zum Symposium *Teaching Musics of the World*, Basel, 1993.

Huib Schippers studierte englische Literatur, erlernte über viele Jahre das Sitar-Spiel, gründete 1990 die «World Music School» in Amsterdam und betätigte sich als Musiker, Lehrer, Journalist und Kulturmanager. Er war von 2003 bis 2015 Direktor des «Queensland Conservatorium Research Centre» in Brisbane, Australien. Seit 2016 ist er Direktor und Kurator des Smithsonian Center for Folklife and Cultural Heritage Washington.[48]
Bergen Peck arbeitete in den Neunzigerjahren als Berater am Aufbau des «Liverpool Institute of Performing Arts» (LIPA) von Paul McCartney mit und für das «International Centre for African Music and Dance» (ICAMD).

einzelne Stücke, am Nachmittag hat man diese mit einem Assistenten geübt und am nächsten Morgen kam das nächste Stück dran. Das war sehr intensiv, zumindest eine Woche lang, wobei ganz klar ist, dass man kein Instrument, keinen Gesangsstil lernt mit Workshops, das geht eigentlich nicht.

Aber es gibt einen Direktkontakt und mit Wiederholungen gibt es eine gewisse Kontinuität.

Ja. Am besten funktionierte es mit dem koreanischen Trommler Kim Dong-Won. Er kam einmal im Jahr nach Basel, hatte aber eine Stellvertreterin hier, Suzanne Nketia, die das Jahr durch die Samulnori-Trommeln und -Tänze weitergeführt hat, sodass Kim Dong Won, wenn er wieder kam, und er kam etwa drei oder vier Jahre hintereinander, daran anknüpfen konnte. Ebenso fruchtbar war die Zusammenarbeit mit dem iranischen Perkussionisten Madjid Khaladj, der in Paris lebt und mehrmals im Jahr nach Basel kam.

Die Schwerpunkte bildeten aber die Musiken, die wir drei Ansässigen unterrichteten: Gamelan, Shakuhachi und die indische Musik. Weil wir aber nicht die einzigen waren, die so etwas in Europa anboten, auch in Amsterdam und Rotterdam hatte sich eine ähnliche Szene entwickelt, gab es im Juni 1992 eine internationale Konferenz im holländischen 's-Hertogenbosch, sie hiess «Teaching World Music». Ein Jahr später habe ich in Basel die Konferenz «Teaching Musics of the World» veranstaltet, an der über 30 Fachleute aus aller Welt teilnahmen, auch die Gründerväter Bob Brown und Mantle Hood waren da. Gesprochen wurde über das vertiefte Erlernen von Musiken anderer Kulturen, über World Music an den Universitäten, im Unterricht von Kindern und Jugendlichen von Gamelan bis Salsa, über Unterrichtsmethoden, Materialien und soziale Projekte mit World Music. Damals haben wir den Plan gefasst, ein europäisches Institut zu errichten, an dem tatsächlich World Music unterrichtet würde. Daran habe ich fast zehn Jahre lang gearbeitet, zuerst mit dem führenden Haupt in Holland Huib Schippers …

Was war er von Beruf?

Er war Anglist, aber auch ein ausgezeichneter Sitar-Spieler, hat in Indien Konzerte gegeben. Sonst war er ein Quereinsteiger, wie ich in Holland mehrere getroffen habe, Leute, die das und jenes machten und alles sehr intensiv. Er unterrichtete an der Musikschule Amsterdam, wo indische, türkische und indonesische Musik für Laien angeboten wurde. Unsere Idee war, ein europäisches Institut zu gründen, wo es möglich sein sollte, solche Musiken bis zu einem Grad zu erlernen, den man erreichen kann, ohne dass man in das betreffende Land selber geht.

Ein solches Institut liess sich nur mit EU-Geldern gründen und deshalb suchten wir einen Standort in einem Randgebiet, in Irland, Portugal, Spanien oder Griechenland. Huip Schippers und ich haben in Brüssel einer Kommission unsere Pläne vorgetragen, insgesamt haben wir etwa 1 Million Euro für das Projekt bekommen.

Wir sind dann zu dritt in Spanien gelandet, Huib Schippers, Bergen Peck und ich, und haben in der Nähe von Sevilla in einem kleinen Ort ein wunderbares altes Sanatorium entdeckt. Die Gemeinde war begeistert, dass wir dort ein Musikzentrum errichten wollten, wir haben beim Bürgermeister vorgesprochen, alle waren Feuer und Flamme … bis sie gefragt haben: «Was wollt ihr da genau unterrichten?» – «Nun», haben wir gesagt, «es werden Musiker aus Indien, aus Afrika kommen …» – «Ach, so», haben sie gemeint – und das Interesse erlosch schlagartig.

Wie es der Zufall wollte, entdeckte Bergen Peck, der damals schon in Portugal lebte, wo er jetzt als Übersetzer tätig ist, im Süden des Landes eine kleine Stadt, nämlich Serpa, ein ausserordentlich interessanter Ort, weil er völlig abgelegen war und die Zuständigen ein Projekt suchten, um die Wirtschaft aufzurichten, es durfte auch ein Projekt mit Kunst sein. Wir sind also direkt von Sevilla rüber nach Serpa gefahren und wurden freundlich empfangen, von einem kommunistischen Bürgermeister mit Stalinschnauz und einer Stadtentwicklerin, die an unserem Projekt interessiert war. Sie zeigte sich unserem Projekt gegenüber sehr aufgeschlossen und hat uns unterstützt, sie war übrigens die Tochter eines der Anführer der Nelkenrevolution von 1974.

Wir haben dann in Serpa in einem alten Kino Konzerte veranstaltet, haben dort ein Sekretariat eingerichtet mit einer Sekretärin, die vorher in Düsseldorf gearbeitet hatte und gut Portugiesisch und Deutsch konnte, haben ausserhalb des Ortes eine wunderbare Villa mit einem riesigen Umschwung gefunden, die sich ein reicher Serpaner, der in Brasilien Geld gemacht hatte, dort hingestellt hatte, ein Schlösschen mit Deckenmalereien und Kacheln. Total vernachlässigt, aber aufbaubar. Dieses Anwesen hätte uns die Stadt für das «World Music Center» (WMC) zur Verfügung gestellt. Die Pläne gingen sehr weit, bis zu einem Architekturwettbewerb, wie man um die bestehenden Gebäude herum einen Campus errichten könnte. Das Projekt des namhaften portugiesischen Architekten Manuel Salgado wurde für die Realisierung ausgewählt.

Und habt ihr auch schon Lehr- oder Studienpläne ausgearbeitet?

Ja. Die Frage bei den Studiengängen war: Was bieten wir für wen? Wollen wir Musiker ausbilden? Das kann man nicht. Wenn jemand indische Musik lernen will, geht er nach Indien. Unsere Idee war, dass es eigentlich um Musiklehrer und Musiklehrerinnen gehen solle, die ihrerseits dann aussereuropäische Musik unterrichten. Es gab damals ja durchaus Verlage, die Unterrichtsmaterialien zur World Music publizierten, auch für die Gymnasialstufe.

Es kam dann aber zu Differenzen unter uns. Der Begriff «World Music», den Bob Brown geprägt hatte, hatte sich völlig verändert. Einerseits kam die Fusion-Music auf, das Überlagern, das Ineinandergreifen der Musikkulturen, andererseits geriet damals auch die Idee einer möglichen Authentizität unter Beschuss. Es galt nur noch «Change and Diversity», nichts war mehr «echt». Mit dieser Haltung hatte ich schon meine Mühe.

Und euer Projekt eines «World Music Centers» kam schliesslich nicht zustande.

Es ergaben sich mit der Zeit auch Schwierigkeiten mit Lissabon, wo man nicht so gern sah, was wir in Serpa machen wollten. Zudem wurde eine Nord-Süd-Spannung spürbar, denn alle, welche in Serpa etwas entwickeln wollten, stammten aus dem Norden Portugals und wir Initiatoren kamen sogar aus der

47 Serpa in Südportugal, Ort des Projekts für ein «World Music Center».

48 Die Villa in Serpa, Ort des geplanten WMC.

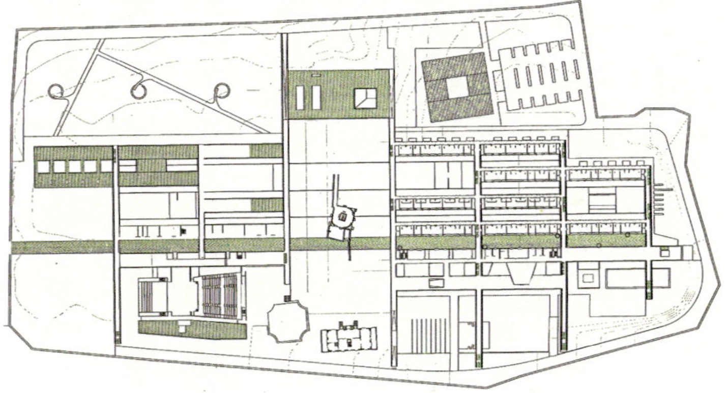

49 Das Projekt von Manuel Salgado für das WMC in Serpa.

Lehr- und Studienpläne des WMC: Das modulare Projekt sah Kurse unterschiedlicher Intensität und Dauer für jährlich 2400 Studentinnen und Studenten in fünf Feldern vor: Performance & Creation; Educational Theorie & Practice; Theoretical Studies; Production, Management & Policy; New Media & Recording. Die Programme sollten sich an MusikstudentInnen, MusikerInnen, Lehrkräfte, MusikwissenschaftlerInnen, Amateure und Kinder richten.[49]

Schweiz, aus Holland und England. Da entstanden Spannungen mit lokalen Interessen und so wurde letzten Endes die Sache immer komplizierter und immer weiter verschoben, bis um etwa 2000 das Interesse an aussereuropäischer Musik generell erlahmte.

In ganz Europa ist die Szene, auch die ehemals rege Konzerttätigkeit, zusammengefallen, das Interesse sank und die vielen Musiker, die herumgereist waren und von denen ich an der Basler Musik Akademie profitiert hatte, die waren nicht mehr da. Der Blick verengte sich und die Szene ist in kurzer Zeit, in den Nullerjahren, total zusammengebrochen. Da hatte unser Projekt keine Chance mehr, wir haben Konkurs angemeldet.

Warum ist dieses Interesse an autochthoner Musik erloschen?

Über die genauen Gründe kann ich wenig sagen, ich kann nur beschreiben, was geschah. Ich war ja öfter an Universitäten in Deutschland und Schweden eingeladen, um Konzerte und Kurse zu geben. Das hörte völlig auf. Ich war Mitglied in zwei Berufungskommissionen, an den Universitäten von Münster und Zürich, beide Ausschreibungen endeten letztlich als Nullnummer. In der Schweiz gibt es keine Dozentur für Musikethnologie mehr. Es gibt noch wissenschaftliche Stellen, es gibt das Archiv. Der wahrscheinlich einzige Ort für Ethnomusikologie in Deutschland ist Würzburg, da lehrte Max Baumann. Der letzte Mohikaner.

Das einstige **Musikethnologische Archiv** der Universität Zürich wurde 2008 als Institut aufgelöst, die Bestände wurden an das Völkerkundemuseum der Universität Zürich übertragen. Dieses Ethnologische Tonarchiv umfasst rund 6500 Tonträger und 6000 Bücher und Zeitschriften aus den Bereichen der aussereuropäischen Musik und der europäischen Volksmusik, sowie eine wachsende Sammlung von Originalaufnahmen aus ethnografischen Feldforschungen.[50]

Auch die Konferenzen zu «Teaching World Music», die wir zum Teil mit grossem Erfolg durchgeführt hatten, die letzte in Südafrika, hörten auf. Es war alles ausgebrannt.

Dieses Fazit ist düster. Gibt es gegenwärtig vielleicht doch auch Tendenzen, welche eine Öffnung des Interesses für andere Musikkulturen wieder erhoffen lassen?

In der westlichen Musik Europas und Nordamerikas sehe ich das überhaupt nicht. Auf dem Gebiet der Shakuhachi gibt es im Moment auf informeller Ebene sehr viele Kontakte, eine ausserordentlich lebhafte Shakuhachi-Szene ist hier in Europa entstanden, etwa um die European Shakuhachi Society (ESS), die aber etwas ganz anderes macht, als wir damals. Diese Gruppen haben die Shakuhachi als Instrument des Zen wiederentdeckt, es geht da also weniger um die Musik als um Selbstverwirklichung mithilfe von Musik. Ich finde das durchaus legitim, das kann man machen. Es ist einfach nicht das, was ich gemacht habe.

«The aim of the **European Shakuhachi Society** is to create an environment where many of the different schools and styles of shakuhachi playing can be explored and their differences celebrated – no matter whichever approach to the instrument one chooses to take. ESS is an educational charity and aiming to take up the role as an umbrella organisation for all shakuhachi groups in Europe and thereby creating a space where players can meet across ryūha (schools) and physical borders.»[51]

Westwärts in den Fernen Osten

Gehen wir zum Schluss noch einmal zurück nach Wesleyan, in die Zeit, als Du entschieden hast, nach Japan zu gehen, um Dich bei Kawase Junsuke III vertieft mit der Shakuhachi-Musik zu beschäftigen. An einer Weltkarte hast Du schon deutlich gemacht, wie weit östlich von Japan, wo einst die Shakuhachi strandete, der Pazifik sich dehnt. Interessant finde ich nun, dass Du die Unendlichkeit des Pazifiks genau von der anderen Seite her, von Connecticut aus, in westlicher Richtung überquert hast, den Fernen Osten immer im Westen vor Augen. Das hiess auch, dass Du zuerst vom Osten der USA, von Wesleyan aus, quer durch den Kontinent nach Kalifornien gefahren bist, und zwar haben das Du und Deine Frau mit eurem kleinen Sohn in einem 2CV gewagt. Welche Erfahrungen habt ihr dabei gemacht?

Es war vor allem eine Erfahrung von Weite. Wir waren mit unserem Citröen «Dyane» unterwegs, der es mir ja auch ermöglicht hatte, von Wesleyan aus in Yale Japanisch zu lernen, das waren doch etwa 30 Kilometer hin und 30 zurück, und das jeden Tag mit besagter «Dyane».

Hast Du die in den USA gekauft?

Die habe ich in Wesleyan von einem Freund gekauft, der gegenüber wohnte. Ron war Assistant Professor for English Literature und stammte aus einem Armenviertel Chicagos, ein Afroamerikaner, er war mit Neva, einer Frau russischer Abstammung, verheiratet. Es war eine wunderbare Nachbarschaftsbeziehung, wir hockten ständig zusammen. Abgesehen davon, dass wir uns sympathisch waren, sagt unsere freundschaftliche Beziehung wohl auch etwas über die damalige Situation aus. Die Afroamerikaner und die weissen Amerikaner waren noch tief in die Erblast der Sklaverei verstrickt, wie auch heute noch, der Bürgerkrieg hatte ja damals erst vor 100 Jahren gewütet, die Bürgerrechtsbewegung war voll im Gang. Dass wir als junge Weisse aus Europa nicht unmittelbar Teil dieser üblen Erbschaft waren, hat wohl die Freundschaft zu Ron und Neva möglich gemacht.

Ron hatte die «Dyane» von einem Sabbatical in Frankreich mitgebracht und erzählte mir, er habe sie nur durch den Zoll gebracht, weil der amerikanische Zöllner ein Afroamerikaner gewesen sei. Die Anekdote zeigt etwas über das Amerika jener Zeit: Ron hat das Ding quasi schwarz mithilfe eines afroamerikanischen Zöllners nach Amerika gebracht, hat sich mit einem Freund eine Chicago-Nummer besorgt und ist damit nach Connecticut gefahren. Als er dann das Auto an mich verkaufte, hatte ich das Problem, dass ich eine Nummer von Connecticut brauchte. Auf dem Fahrzeugprüfamt sagte man mir klipp und klar: «No, Sir, das Ding ist hier nicht zugelassen. Erstens ist es zu leicht, zweitens hat es das falsche Glas, drittens nicht die richtigen Lampen und viertens: überhaupt.» Da habe ich geantwortet: «Ich sehe das ja alles ein, aber ich brauche das Fahrzeug unbedingt, ich studiere in Wesleyan und muss damit nach Yale fahren, um dort Japanisch zu lernen.» – «Aha», antwortete da der Beamte, «Sie müssen damit nach Yale. Okay!» – und Stempel drauf. Er war überhaupt nicht stur.

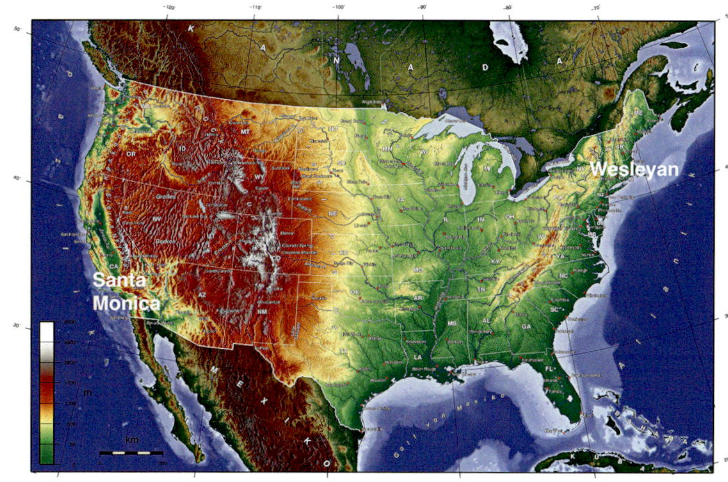

50 Richtung Westen in den Fernen Osten: Von der Wesleyan University nahe der Ostküste über die Plains und die Rocky Mountains nach Santa Monica in Kalifornien – und dann in den Fernen Osten nach Japan.

Auch die Universitätsverwaltung war nicht stur. Das Japanischlernen hat mir sozusagen Geld eingebracht. Weil es an der Wesleyan University nicht genug Studenten für einen Japanischkurs gab, hat man mich in einen Kurs in Yale eingekauft, in New Haven, den hat die Universität bezahlt. Und da es keine öffentlichen Verkehrsmittel nach Yale gab, hat mir die Universität auch die Fahrt entschädigt, das waren jeden Tag etwa 40 Meilen, berechnet für einen amerikanischen Riesenschlitten. Ich habe monatlich die Entschädigung bekommen, brauchte nur anzugeben, an welchen Tagen ich nach Yale gefahren war, die Verwaltung hat nicht einmal verlangt, dass jemand in Yale gegenzeichnet. Man hat den Studenten vertraut, das war Teil des «Honors System».

So hast Du am Ende das Auto damit bezahlen können.

Ich habe nicht nur das Auto damit bezahlt, wir haben einen Teil unseres Lebensunterhalts damit bestritten, weil das derart grosszügig berechnet war. Ähnlich grosszügig hat auch der Mann vom Fahrzeugprüfamt entschieden: «Aha, der braucht das Auto unbedingt, es entspricht zwar überhaupt nicht den Bestimmungen, ist aber fahrtüchtig und er braucht's.» Diese Grosszügigkeit war aussergewöhnlich, man hatte damals wirklich das Gefühl, man komme in eine offene Gesellschaft, wenn man in Wesleyan studierte. Auch die Bibliothek war 24 Stunden offen und jeder hat die Bücher selbst ausgecheckt, hat selbst die Zettel für die ausgeliehenen Bücher ausgefüllt.

51 Der Citroën Dyane war eine Weiterentwicklung des sehr schlichten 2CV. Foto: © BrokenSphere, Wikimedia Commons. – Mit einer solchen «Dyane» durchquerten Andreas Gutzwiller, seine Frau Claudia und der kleine Sohn Sebastian im Sommer 1972 die Vereinigten Staaten von Wesleyan bis Santa Monica.

Und mit dieser «Dyane» seid ihr im Sommer '72 …

… quer durch ganz Amerika gefahren, in einem langsamen Rhythmus, damit wir mit dem kleinen Sohn nicht mehr als drei bis vier Stunden pro Tag unterwegs waren. Dann haben wir ein billiges Motel gesucht, sind dort geblieben, haben noch die Gegend angeschaut und sind am nächsten Morgen weitergefahren. Die Reise dauerte fast drei Wochen. Da erfährt man die Weite des Landes, wenn man sich so langsam bewegt, man fährt durch die Great Plains und sieht weit vorne ganz klein die Rockys. Man sieht sie etwa drei Tage lang, bevor man sie endlich erreicht, auch dank der Höchstgeschwindigkeit von etwa 80 oder 85 Stundenkilometern. Die Strassen waren leer und man musste aufpassen, denn es geht immer geradeaus, es gibt keine Abwechslung, man kann in den Plains leicht hinüberkippen, die Orientierung verlieren.

Und dann habt ihr eines Tages mit eurer «Dyane» die Rockys überquert.

Ja, und irgendwann musste ich bei den Zündkerzen den Abstand neu justieren, ich begriff, dass wir auf etwa 4000 Metern Höhe angekommen waren und das Auto darum nicht mehr lief, denn so hoch oben ist der Sauerstoffgehalt viel tiefer. Insgesamt erfährt man auf einer solchen Reise wirklich einen ganzen Kontinent, man durchquert einen Kontinent. Wir fuhren auch durch das Death Valley, das Monument Valley mit seinen Sandsteinsäulen, die man aus den Western kennt, mit den Mesas, die in die Tiefe abbrechen …

... wie bei John Ford oder in den Italowestern. Und wann sieht man zuerst den Pazifik? Noch von den Bergen aus?

Nein, nein, der ist noch zu weit weg. In Santa Monica sind wir dann an der Küste angekommen, wo sich uns im Abendlicht ein ganz unglaubliches Bild bot: Wir sind auf einen Pier zugegangen, der weit ins Meer hinaus in den Westen reichte in Richtung Asien, und ganz vorne sass ein junger Mann – und spielte auf einer Shakuhachi. Ich traute meinen Augen nicht, es war vollkommen surreal. Er spielte bloss einzelne Töne, kein ganzes Stück. Ich bin dann zu ihm hingegangen und habe erfahren, dass es ein Instrument von Monty Levenson war, einem bekannten Shakuhachi-Bauer. Es war aber bloss ein Plastikguss nach einem alten Instrument, für etwa 20 Dollar.

52 Santa Monica Beach mit Pier. Postkarte der Siebzigerjahre.

«**Monty H. Levenson** has been making shakuhachi continuously since 1970. He maintains workshops at his home in the hills of Mendocino County, California as well as in Japan at the small farming village of Kitagawa (Tokushima Prefecture) on Shikoku Island.»[52] Monty Levenson entwickelte eine eigene Technik, im Gussverfahren Repliken von guten Shakuhachis herzustellen. Dafür annoncierte er im damals weit verbreiteten Underground-Magazin *Whole Earth Catalogue*.

Der *Whole Earth Catalogue*, erstmals erschienen 1968, war ein Magazin der US-Gegenkultur mit Essays, Anleitungen und Produkteannoncen. Herausgeber war Stewart Brand, der später den Begriff «Personal Computer» erfunden hat. Für Steve Jobs war das Magazin die erste Suchmaschine.[53]

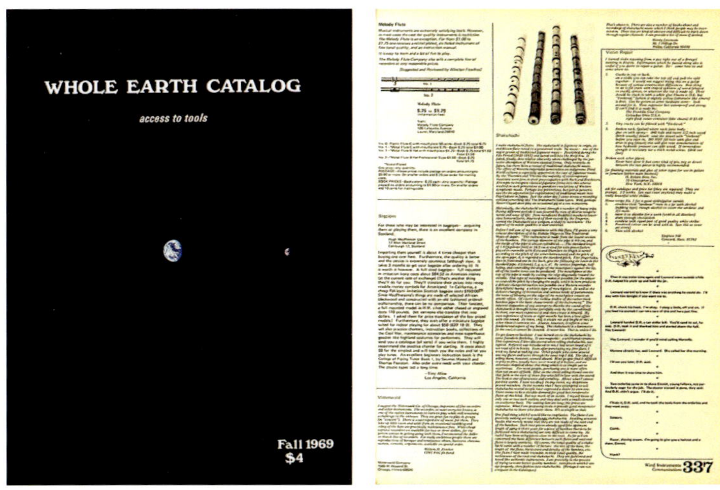

53 Cover des *Whole Earth Catalogue* von 1969.
54 Annonce von Monty Levenson im «Whole Earth Catalogue».

3 Eine fremde Musik lernen – Imitation und Bi-Musicality

Man wird niemandem beibringen können, wie man Fahrrad fährt, indem man Formeln über Zentrifugalkräfte, dynamisches Gleichgewicht und den gyroskopischen Effekt der sich drehenden Räder auf ein Blatt schreibt und erklärt, dass beim Fahren «Rotationsachse und Drehimpulsachse mit der Symmetrieachse der Figur zusammenfallen»[54] müssten. Kein Erwachsener und kein Kind wird auf diese Weise lernen Fahrrad zu fahren. Die Mutter oder der Vater wird dem Kind vielmehr am Anfang vorführen, wie es geht, das Kind wird alle Bewegungen beobachten, dann setzt man es auf ein passendes Rad, hält es an Lenker und Sattel im Gleichgewicht und lässt es in die Pedale treten, damit es die physikalischen Kräfte am eigenen Leib spürt. Nach einer Weile wird es in der Bewegung ein labiles Gleichgewicht finden, man wird Lenker oder Sattel lockerer halten, einen Moment lang loslassen. Schliesslich wird das Kind eine Strecke frei fahren und später selber aufsteigen und losfahren können. Viele unserer Fertigkeiten lernen wir genau so, durch Imitation, Unterstützung und Ausprobieren: sprechen, eine Schraube in eine Holzlatte drehen, Wörter schreiben, einen Computer bedienen, ein Feuer anzünden.

Die Methode des Imitationsunterrichts hat in Japan eine lange Tradition, viele Kunsthandwerke werden so weitergegeben, das Töpfern, die Blumensteckkunst Ikebana, die Faltkunst Origami. Auch im Musikunterricht ist diese Methode zentral. Im Westen wird sie aber meist abwertend beurteilt, man hat gleich Bilder mit 50 oder gar 100 japanischen Kindern vor Augen, die auf ihren industriell gefertigten Kindergeigen mit einer Vorgeigerin unisono eine japanische Weise spielen. Das widerspricht unseren Ansprüchen an Individualität und Originalität und lässt uns an mechanisches, seelenloses Reproduzieren denken. Könnte es sich bei dieser Meinung um ein Missverständnis handeln?

Andreas Gutzwiller, der von 1972 bis 1979 in Japan lebte, um die Shakuhachi zu studieren, hat 1991 in seinem Aufsatz *Unterrichtsmethoden der traditionellen japanischen Musik* zu diesem Bewertungsproblem Folgendes geschrieben: «Es ist unglücklich, dass der traditionelle japanische Unterricht von den wenigen, die ihn bisher beschrieben haben, wenig verstanden worden ist. Er ist weit davon entfernt ‹einfallslos› zu sein, wie ihn der Musikethnologe Malm genannt hat. Er kann nicht mit westlichen Methoden verglichen, sondern nur daran gemessen werden, ob er sein Ziel erfüllt, nämlich den Musiker auf seine zukünftige Aufgabe vorzubereiten. Dass er das tut, dafür ist schon allein die Existenz traditioneller Musik, die sich gegen starke westliche Konkurrenz zu wehren hat, Beweis genug. Die Konzentration auf ein bestimmtes, zumeist stilistisch geschlossenes Repertoire bereitet den Schüler auf seine zukünftige Rolle innerhalb der Schule (*ryūha*) vor, während die lange Zeit, die er als Schüler verbringt, die Unterordnung unter seinen Lehrer und dessen Weigerung, Fragen zu beantworten, deren Lösung der Schüler nicht zumindest schon ahnt, als notwendig zu seiner Charakterbildung erachtet werden. Die Musik selbst schreibt diesen Weg vor.»[55]

Auf der ganzen Welt werden traditionelle Musiken so vermittelt, zuweilen mit Noten, oft aber auch ohne. Das Arrangement beim Erlernen der Shakuhachi ist insofern aussergewöhnlich, als «Lehrer und Schüler sich im Abstand von ungefähr zwei Metern gegenüber sitzen. Zwischen ihnen auf einem niedrigen Tisch liegen, dem Schüler zugewendet, die Noten; vom Lehrer aus gesehen also stehen sie auf dem Kopf.»[56] So wird gespielt. Die rituelle Sitzhaltung der beiden gleicht einem Tetraeder: Die in einem Winkel von etwa 30° geöffneten Knie dienen als Stütze, das Gesäss hockt auf den Fersen oder einem niedrigen Schemel. «Während der Unterrichtsstunden spielt der Schüler nie allein. Lehrer und Schüler spielen immer *unisono*.»[57]

Das folgende Gespräch wendet sich den Fragen zu, wie die traditionelle Imitationsmethode in der Praxis angewendet wird, wie das Unterrichtssystem aufgebaut ist, welche Freiheiten die Imitation zulässt und wie die Erfahrung des Erlernens einer fremden Musik mithilfe der Imitationsmethode das westliche Musikverständnis bereichern könnte.

55 John Singer taking lesson with Yamaguchi Gorō Sensei in 1983.

Die Imitationsmethode

Im Herbst 1970 hast Du in Wesleyan bei Araki V mit dem Shakuhachi-Spielen angefangen. Praktizierte er, auch an dieser westlichen Universität, die traditionelle Imitationsmethode?

Araki praktizierte die reine Imitationsmethode, und zwar in dem Modus, der viele irritiert: Lehrer und Schüler spielen gleichzeitig, also ganz anders als die Inder, die eher vorspielen und nachspielen, so wie ich es später mit Ali Akbar Khan erlebt habe: Er spielte zwei Takte vor, dann spielte der Schüler nach, dann folgten die nächsten zwei Takte. In der japanischen Imitationsmethode muss man einfach mitspielen. Es wird dabei gar nicht erwartet, dass man alles mitbekommt, sondern es geht um das Mitschwimmen.

Am Anfang fühlt man sich wie ein Kind, das von Mutter und Vater irgendwohin mitgeschleppt wird. Man hat keine Ahnung, wohin es geht, das Tempo ist viel zu hoch, aber das ist eigentlich egal. Man stolpert, man steht wieder auf, man macht weiter. Das ist, was die Lehrer wollen. Sie wollen, dass man weitermacht. Das Verstehen kommt dann irgendwie und irgendwann, beim einen schneller, bei anderen dauert es länger, und es gibt im Unterricht keine Kritik und kein Lob. Kawase hat mich in den acht Jahren, die ich bei ihm in den Unterricht ging, nicht ein einziges Mal gelobt, er hat aber auch nichts kritisiert.

Die Imitationsmethode und das Konzept der Bi-Musicality, das in Wesleyan verfolgt wurde, hängen übrigens eng zusammen. Das «World Music Program» brachte das Lernen der Musik einer anderen Kultur überhaupt als Thema in den Fokus der Ethnomusicology, erst spät also, vorher war die Frage völlig aussen vor, die traditionelle Musikethnologie hat sich schlicht nicht dafür interessiert, wie eine Musik unterrichtet und gelernt wird. Nun wurde man als Student in Wesleyan plötzlich selber zum

Ali Akbar Khan s. Kap. 2, S. 37f.

Bi-Musicality (Mantle Hood: *The Challenge of «Bi-Musicality»*, 1960): «The Western musician who wishes to study Eastern music or the Eastern musician who is interested in Western music faces the challenge of ‹bi-musicality›. [...] However, in Japan the musicians of the Imperial Household in Tokyo would seem to be truly ‹bi-musical›. They have undergone rigid training since childhood, not only in the Gagaku dances and instrumental techniques, but also in the performance of Western music of the Classical period. In their capacity as official court musicians, they required to perform both Gagaku and western classical music.
Occidentals [...] have usually limited their interest in non-Western music to passive observation, working with informants and museum studies. There may well be a multiplicity of reasons what in this instance basic musicianship or fundamentals of music have been bypassed; but keeping in mind the court musician of Tokyo we should eliminate the argument that an alien musical expression has cultural or racial characteristics which make it inaccessible.»[63]

Versuchskaninchen und erfuhr am eigenen Leib, wie in Indien, China oder Japan unterrichtet wird. Es ging also darum, bis zu einem gewissen Grad Bi-Musicality zu erwerben und eine andere Musik zu verstehen, indem man sie machen lernte.

Dazu gehört, dass die Schüler keine Fragen stellen und die Lehrer kaum Erklärungen geben. In einem Aufsatz von 1992 hast Du geschrieben, der Imitationsunterricht sei gekennzeichnet durch die «Abwesenheit aller Erklärungen, die an den Verstand des Schülers appellieren und über den Bereich technischer Anweisungen hinausgehen».[58] *Das ist für uns Westler doch sehr ungewohnt.*

Ein Student, der ein oder zwei Jahre nach mir von Wesleyan nach Japan kam, hat Kawase Löcher in den Bauch gefragt, wie man das als Amerikaner halt so machte. Er wollte alles genau erklärt haben. Kawase hat relativ geduldig geantwortet, immer wieder, mit der Zeit aber aufgehört, den Studenten zu unterrichten: Er sei gerade beschäftigt, nein, heute gehe es nicht, beschied er. Da hat sich der Student ratlos an mich gewandt, ob ich vielleicht wisse, was los sei, und ich wiederum habe Kawase gefragt, warum er dem Studenten keinen Unterricht mehr gebe. Da meinte er bloss: «Wieso? Ich hab' ihm doch alles erklärt.»

Wunderbar, das tönt wie eine Zen-Anekdote. – Kawase III war nach Araki Dein Lehrer in Wesleyan. Gab es Unterschiede? Kam es je vor, dass Kawase eine bestimmte Stelle eines Stückes anders gespielt hat als Araki?

Das gab es schon, aber er hat dabei nie gesagt: «Diese Passage spielt man anders, als Araki es macht», sondern einfach: «Das spielt man *so*.» Genauso wie Araki gesagt hat: «Das spielt man *so*.» Jeder einzelne ist sozusagen ein Pfeiler seiner Tradition.

Aber es gibt schon musikalische Unterschiede zwischen den beiden Musikern?

Ja, unbedingt, es sind zwei sehr unterschiedliche Shakuhachi-Spieler. Kawase hat einen viel rauheren, geradezu aggressiven Stil in Honkyoku, Araki ist weicher und zurückhaltender. Aber das sind Personalstile, die nichts damit zu tun haben, dass man ein anderes Verständnis der Musik hätte. Man spielt einfach anders. Und Honkyoku gibt relativ viele Freiheiten im Tempo und in der rhythmischen Gestaltung, auch in den Tonhöhen. Die Unterschiede der beiden Musiker rühren daher, dass Kawase ein anderer Mensch ist. Und Yamaguchi vertritt noch einmal eine andere Variante derselben Schule, vor allem mit seinen Sliding notes. Seine Nayashis, also die Glissandi, klingen wie ein Schleifen, bei Kawase sind es fast Tonschritte. Aber keiner würde den anderen dafür kritisieren. Er würde höchstens sagen: «Wir machen das *nicht* so.»

In Wesleyan wurde Dir bald klar, dass Du die Shakuhachi vertieft in Japan studieren wolltest, und Du hast dann bei Kawase in Tokyo weitergemacht. Warum bei ihm? Hat er Dich als Lehrer mehr überzeugt als Araki? Hättest Du Dich auch für Yamaguchi entscheiden können?

Abwesenheit aller Erklärungen (Gutzwiller, *Unterrichtsmethoden*, 1992): «Die Abneigung gegen Erklärungen reflektiert eine spezifische Haltung des Lehrers gegenüber dem Fortschritt, den ein Schüler macht oder machen soll. Der Fortschritt ist allein Sache des Schülers, er fällt, streng genommen, nicht in den Verantwortungsbereich des Lehrers. Der Lehrer hat lediglich dafür zu sorgen, dass der Schüler in die Lage kommt, Fortschritte machen zu können. [...] Aber jeder Versuch, durch äusserliche Mittel Wachstum herbeizuführen – und dazu gehören z. B. Erklärungen – wird verglichen mit der berühmten Stelle im Werk des chinesischen Philosophen Mencius, in der er die Bemühungen eines einfältigen Bauern beschreibt, der das Wachstum seiner Reispflanzen dadurch zu beschleunigen versuchte, dass er an den Halmen zog, so dass sie entwurzelt wurden und abstarben.
[...]
Der Unterricht findet ausschliesslich im Medium der Musik statt, und jede Frage nach dem Warum wird, falls sie gestellt wird, von manchen Lehrern als eine verhüllte Kritik an ihren Fähigkeiten betrachtet. Der Unterricht wird immer so durchgeführt, dass der Lehrer das Stück, das gerade unterrichtet wird, mit dem Schüler zusammen spielt. Nur die sehr fortgeschrittenen Schüler spielen allein. Dadurch hat der Lernende ständig die Gelegenheit, das Richtige zu hören. Er nimmt sich so aus dem, was er hört, das heraus, was er versteht, und versucht, es zu spielen. Der japanische Schüler ist sich durchaus bewusst, dass er bei seinem gegenwärtigen Ausbildungsstand vieles von dem, was der Lehrer spielt, gar nicht verstehen kann, und dass für lange Zeit seine Version des Stücks die eines Anfängers sein muss. Die Idee jedoch, die hinter der tiefverwurzelten japanischen Abneigung – nicht nur des Musikunterrichts – steht, verbal rationale Erklärungen abzugeben, ist die Erkenntnis, dass Verstehen immer bedeutet ‹machen können› und nicht ‹wissen, wie es gemacht wird›.»[64]

Nayashi: Wiederholung oder Anspielen eines Tones mit einem Glissando von unten.

Nein. Kawase wurde mir in Wesleyan ja einfach vorgesetzt. Araki verliess Ende 1971 die Uni und zog nach Seattle, wo seine Frau herkommt. Er ist in Japan nie mehr richtig aktiv geworden. Ich bin dann ja quasi gleichzeitig mit Kawase nach Japan gegangen. Mit Yamaguchi hätte ich erst eine Beziehung aufbauen müssen und er hätte sich wahrscheinlich nicht darauf eingelassen, weil ich ja schon bei Kawase Unterricht gehabt hatte. Es gab keinen triftigen Grund, nicht mit Kawase weiterzumachen, kommt dazu, dass die beiden stilistisch nicht weit auseinanderliegen. Die Väter von beiden sind ja Schüler von Araki II – zudem ist Yamaguchis Frau eine Cousine von Kawase. Es ist *ein* Clan.

Du hast in der Schweiz die Schulen besucht und Querflötenunterricht genommen, alles nach westlichen Methoden, also didaktisch vom Einfachen zum Schwierigen aufsteigend und zudem die Individualität und Kreativität der Lernenden fördernd. Im Imitationsunterricht muss man sich als Schüler ziemlich unterordnen und darf nicht zu viele Fragen stellen. Wie bist Du damit zurechtgekommen? Hast Du je eine Art Rebellion dagegen verspürt?

Es ist ja nicht so, dass unser hiesiger Musikunterricht frei von Unterordnung wäre. Aber oft will man einfach das lernen, was ein Lehrer unterrichtet, auch ich wollte als zwölfjähriger Flötenschüler genau das können, was mein Lehrer konnte. Die Imitationsmethode, also das reine Nachmachen des Lehrers, ist zunächst einmal eine grosse Hilfe. Wie lernen wir denn Sprache? Durch Imitation dessen, was Mama und Papa reden. Und genau so habe ich in Yale Japanisch gelernt, durch Imitation: Es wurde nicht *ein* Wort erklärt, es wurde einfach gemacht. Die Methode der Imitation ist eigentlich sehr bequem und gar nicht so fremd. Man muss sich einfach darauf einlassen, und wenn man einen guten Lehrer hat, kann man dabei sehr sicher sein. Rebellion habe ich nie empfunden.

Die Imitationsmethode ist gerade in Japan auf einen unbestimmten Zeitraum angelegt. Das war für mich ein Problem, weil ich nicht wusste, wie lange ich Stipendien bekam und im Land bleiben konnte. In Europa kennen wir Lernziele, die festlegen, was im ersten, zweiten, dritten und vierten Jahr gelernt wird. So etwas gibt es im traditionellen Unterricht, gleich welcher Kunstrichtung, überhaupt nicht: Das Lernen dauert eben so lange, wie es dauert. Kawase hatte einmal einen in meinen Augen sehr unbegabten Schüler und da habe ich ihn gefragt, ob er überhaupt Fortschritte erkennen könne. Er hat nur gemeint: «Es dauert halt länger.» Und vielleicht schafft man es auch nie, weil man nicht genug Lebenszeit hat. Dieses Lernen ist auf sehr lange Dauer angelegt.

Eigentlich ist das sehr human im Vergleich zu einem System mit festen Lernzielen und Relegationen.

Ja, es ist eine humane Methode. Es gibt natürlich schon Hürden dabei. Die Hürden stehen in Ostasien immer am Anfang, ob das nun in der Grundschule, an der Universität oder in einem Zen-Kloster sei. Wenn man an einer Universität eine Aufnahmeprüfung bestanden hat, dann kann man eigentlich sicher sein, dass man auch das Schlussexamen schafft. Deswegen muss die Anfangshürde sehr hoch sein.

Das ist natürlich für den Shakuhachi-Unterricht oder irgendeine traditionelle Kunstrichtung ein Problem. Denn was für eine Hürde könnte man da an den Anfang setzen? Die gibt es eigentlich nicht.

Gorō Yamaguchi (1933–1999), einer der grossen Vier der Kinko-Schule und Haupt der Chikumeisha-Shakuhachi-Vereinigung, wurde wegen seiner weichen Phrasierung und der ausgefeilten Technik weltweit bekannt. 1967 und 1968 unterrichtete er zusammen mit seiner Frau, der Koto-Spielerin Namino Torii, an der Wesleyan University in Middletown. Er war Professor an der Hochschule der Schönen Künste in Tokyo, 1992 wurde er von der japanischen Regierung als jüngster Ausgezeichneter zum Ningen Kokuhō erklärt, zum «Lebenden Nationalen Kulturschatz».[65] –
Video/Audio: Gorō Yamaguchi spielt *Yūgure-No-Kyoku* (*Ein Stück für die Abenddämmerung*): https://www.youtube.com/watch?v=6Zm35Pjj1NY&list=PLkQoKnps4kkQLkdqEz6DDGAzZbl9Mf95S.

Zur **Sprachunterrichtsmethode** in Yale vgl. Kap. 2, S. 32f.

Lernen durch Imitation (Gutzwiller, *Die Shakuhachi der Kinko-Schule*, 1983): «Analog zum Lernen einer Sprache, das unmittelbar in der betreffenden Sprache geschieht und ohne irgendein metasprachliches Bezugssystem auskommt, findet der Musikunterricht in Japan ausschliesslich im Medium der Musik statt.»[66]

Lernen auf lange Dauer (Gutzwiller, *Unterrichtsmethoden*, 1992): «Der japanische Musikschüler betrachtet seine Tätigkeit weniger als einen vorläufigen Zustand, den es so schnell wie möglich zu durchlaufen gilt, sondern als einen tendenziell lebenslänglichen Prozess. Es kommt in der Tat häufig vor, dass jemand bis in sein hohes Alter bei seinem Lehrer oder dessen Nachfolger Stunden nimmt.»[67]
Gutzwiller, *Die Shakuhachi der Kinko-Schule*, 1983: «In der Auffassung des konservativen *shakuhachi* Spielers ist der Unterricht ein ‹Weg›, *michi*, dessen Ziel in sich selbst liegt. Der Weg hat, streng genommen, kein Ziel, sondern ist ein nicht endender Prozess.»[68]
Gutzwiller, *Die Shakuhachi der Kinko-Schule*, 1983: «Die überwiegende Anzahl der Schüler eines Musikers sind Amateure, die für lange Zeit eine bestimmte Musik lernen, da es in Japan üblich ist, nicht nur in seiner Jugend Musikstunden zu nehmen, sondern sein Leben lang Schüler zu sein.»[69]

So baut man eine künstliche: Wenn jemand einen Lehrer anruft und sagt, er möchte gerne in den Unterricht kommen, wird der antworten, es tue ihm furchtbar leid, er könne keine neuen Schüler mehr nehmen. Man ruft ein zweites Mal an und der Lehrer wiederholt: «Nein, es hilft nichts, ich kann jetzt wirklich keinen neuen Schüler mehr aufnehmen.» Man ruft ein drittes Mal an und betont, man brauche nun unbedingt eine Möglichkeit … «Jaaa», sagt dann der Lehrer, «vielleicht ist da etwas zu machen.»

Es braucht solche künstlichen Anfangshürden, denn wenn man einmal im Unterricht bei einem Lehrer drin ist, so bleibt man für immer drin. In der Realität wird das zwar nicht so streng gehalten, man kann unter Umständen schon austreten, aber das gilt als Makel. Im Zweifelsfall bleibt man eben Mitglied, geht aber nicht mehr zum Unterricht. Man ist dann draussen, aber nicht sehr weit weg.

Die Organisation des Hauses (Ie 家)

In dem bereits genannten Aufsatz über die «Unterrichtsmethoden der traditionellen japanischen Musik» hast Du geschrieben: «Der Umstand, dass auch heute noch jeder Lehrer eines traditionellen Instruments einer bestimmten Schule angehört, macht die Wahl eines Lehrers zu einer viel wichtigeren Entscheidung, als das im Westen der Fall ist, da die Wahl praktisch eine lebenslange Zugehörigkeit zu der betreffenden Schule bedeutet.»[59] Ist mit «Schule» eine «Ryūha», also eine der Honkyoku-Stilrichtungen gemeint, zum Beispiel Kinko-Ryūha, oder ein Lehrer mit seiner «Organisation», seinem «Haus»?

Eigentlich der Lehrer. Kinko-Ryūha ist eine Stilrichtung, die von verschiedenen Lehrern unterrichtet wird. «Ryū» meint die Strömung, also die Richtung der Kinko-Tradition, und «ha» ist der «Zweig». Die Hauptfamilien dieser Stilrichtung leben alle in Tokyo, sie ist im Grunde immer noch regional konzentriert. Dazu gehören die vier grossen Lehrer Kawase, Araki, Yamaguchi und Aoki, wobei Araki gar nicht mehr in Japan lebt. Wenn man bei einem dieser Meister als Schüler eintritt, dann tritt man sozusagen in sein «Haus» (Ie 家) ein, in die Familie, und ist dann dem Vorsteher dieses Hauses verbunden, auch ökonomisch. Man ist also einer Person verpflichtet und diese Verbindung bleibt lebenslang.

Natürlich ist diese Bindung heute ziemlich gelockert, mehr noch als zu der Zeit, als ich in Japan war. Wenn man den Wohnsitz wechselt, wird man mit Erlaubnis des Lehrers bei einem anderen Lehrer weiter Unterricht nehmen, und es gibt durchaus auch Shakuhachi-Spieler, die andere Richtungen einschlagen. Der Sohn Kawases lernt jetzt Nezasa-Ha, eine nordjapanische Honkyoku-Schule. Das heisst: Die festen Bindungen lösen sich langsam auf.

Wie funktioniert ein solches «Haus» ökonomisch? Wie bezahlt man? Was bekommt man dafür?

Das Haus Kawase funktioniert etwa so: In der Hand der Familie ist der Instrumentenbau, der Notendruck und der Unterricht. Die Konzerte, die Kawase III gegeben hat, waren allesamt Sankyoku-Konzerte, in denen er Musikerinnen begleitet hat und wofür er sicher Geld bekommen hat. Ich hatte aber

Eminente Bedeutung der Lehrerwahl (Gutzwiller, *Unterrichtsmethoden,* 1992): «Vom westlichen Standpunkt aus betrachtet bedeutet das, dass die musikalische Freiheit des Individuums gewissen Einschränkungen unterworfen ist. Zwei Dinge sind jedoch zu bedenken: Erstens, dass die Beschränkungen des Musikers, hat er erst einmal seinen Platz in einer solchen Schule gefunden, durch die soziale Sicherheit, die der Zunftcharakter der Schule vermittelt, aufgewogen wird. Zweitens, dass in Japan die Bewahrung alter Tradition schon vor dem Einströmen westlicher Musik einen ungleich höheren Stellenwert hatte, als das im westlichen Musikleben der Fall war.»[70]

Aoki Reibo II (1935–2018) wurde 1975 Haupt der Reibo-kai-Shakuhachi-Vereinigung, also der Spieler, die mit dem Haus Aoki verbunden sind. Ein reicher, kraftvoller Ton und eine solide Technik zeichnen sein Spiel aus, sowohl in den klassischen Kinko-Stücken wie auch bei Werken zeitgenössischer Komponisten der Neuen Musik. Von Aoki gibt es zahlreiche Tonaufnahmen, das *Shika no Tone* zusammen mit Goro Yamaguchi gilt als vorbildlich.[71] – **Video/Audio:** *Shika no Tone* (*Ruf der fernen Hirsche*), gespielt von Aoki und Yamaguchi: https://www.youtube.com/watch?v=sQdzKhJHqe4.

Nezasa-Ha: Dieser am Anfang des 19. Jh.s entwickelte Stil entstand innerhalb einer der zahlreichen Sekten des Fuke-Ordens und zeichnet sich durch ein stark hechelndes Vibrato aus. Als Begründer gilt Kesshu Kanga, der Vorsitzende des Enpo-ji-Tempels in Numata.[72]

Sankyoku (wörtlich: «Musik für drei»): Trio-Musik, in der Regel für Koto, Shamisen und Shakuhachi.

keine Einsicht in die Bücher und weiss nicht, wie viel die verschiedenen Zweige eingebracht haben, ob das Geschäft nicht in einer schwarzen Null endete und das Geld eventuell ganz anderswo verdient wurde.

Die Schüler bezahlen den Monatsbeitrag Gessha und können dafür im Prinzip beliebig oft in den Unterricht kommen. Bei uns in Europa ist der Austausch eindeutig kommerziell definiert: Ich bezahle so und so viel und bekomme dafür so und so viele Stunden. In Japan ist das offen. In der Regel gibt man zudem dem Meister zweimal im Jahr ein Geschenk, wie wertvoll es ist, kann offen sein oder vereinbart werden, im Hause Kawase war es das Doppelte der Gessha. Solche Geschenke waren übrigens auch in anderen Bereichen üblich, etwa gegenüber philosophischen Lehrern.

Ich hatte, was die Bezahlung angeht, eine Sonderstellung. Im Nachhinein habe ich erfahren, dass ich einiges weniger bezahlen musste als die anderen, eben weil ich von Wesleyan nach Tokyo mitgekommen war. Auch war das Verhältnis unserer Familien ziemlich eng, Kawases Sohn war ja praktisch gleich alt wie unserer, wir haben auch zusammen Ferien gemacht.

Gibt es nicht noch weitere Einnahmequellen? Muss nicht ein Schüler, der selber unterricht, seinem Meister Abgaben leisten? Im Prinzip entstünde so eine Abgabenpyramide.

Es ist tatsächlich eine Pyramide. Die Schüler, die selber unterrichten, bezahlen zunächst einmal mit einer Prüfungsgebühr dafür, dass sie unterrichten dürfen, und dann für jeden Schüler, den sie unterrichten. Solange ich in Basel gegen Bezahlung unterrichtet habe, musste ich meinem Lehrer Kawase für jeden meiner Schüler eine jährliche Abgabe zahlen. Ich bin nicht sicher, ob das Geld in der dritten Lehrergeneration immer noch nach ganz oben fliesst, aber grundsätzlich ist es schon so, dass in Japan das Geld von unten nach oben fliesst (lacht). Es ist darum ganz wichtig, dass man alt wird. Wer jung stirbt, hat vielleicht einen guten Ruf, hat es aber zu nichts gebracht. Es geht darum, diese Pyramide aufzubauen, nur auf diese Weise funktioniert das System.

Gibt es nicht auch eine Stufung von Prüfungen, was natürlich eine weitere Einnahmequelle ist?

Leider Gottes ist das so. Es gibt vier Stufen: Sho, Chū, Oku und Kai. Im Grunde besteht die Prüfung in der testierten Zahl gelernter Stücke. Auf einem Testatblatt werden die gelernten Stücke mit einem Stempel zitiert und bestätigt, und wenn man eine bestimmte Anzahl beisammen hat, rückt man in die nächst höhere Stufe auf – und bezahlt dafür.

Kawase I, der Grossvater meines Lehrers, hat übrigens vor langer Zeit alle diese Zertifikatsstufen abzuschaffen versucht, weil sie kontraproduktiv sind. Banal gesagt: Der Unterricht ist zu billig und die Prüfungen sind zu teuer, weswegen es natürlich für die Lehrer die Versuchung gab und gibt, die Diplome zu früh abzugeben, weil man damit etwas verdienen kann – statt seriös zu unterrichten. Das System ist nicht gut.

Die Stufe, die Du erreicht hast, nennt sich Shihan.

Andreas Gutzwiller unterrichtete von 1980 bis 2005 an der Musik Akademie Basel, anschliessend noch etwa zehn Jahre privat.

Diese **Zertifikate** kosteten in den Siebzigerjahren 10 000, 20 000, 30 000, 50 000 und 100 000 Yen (also etwa 75, 150, 230, 375 und 750 Euro).[73]

初傳級曲目
生田流之部
八千代獅子
萬歳
袖之露
新高砂
夕空
四段砧
新松盡
深夜之月
山田流之部
菊水
六段之調
大内山
六段替手
菊之露
瀧盡
小簾之戸
松風
奈賀良之春
茶湯音頭
郭公
江之島
黒髪
曙六段
金剛石
水と器
八段之調
新道成寺
乱輪舌
夕顔
千鳥之曲
朧月
住吉
鶴之聲
浪花獅子
八千代獅子替手
銀世界
鳥追
摘草
露衣
新雪月花
かざしの雪
袖香爐
巌上之松
萬歳獅子
新巣籠
神楽
三つの景色
椿盡
海人小舟
松上之鶴
年　月　日初傳修了免狀交付濟之印

56 Vorgedrucktes Testatblatt, auf dem der Lehrer mit seinem persönlichen Stempel die gelernten Stücke bestätigt.

57 Shihan-menjō-Zeremonie 2010 mit Ursula Fuyūmi Schmidiger (hinter ihr verdeckt Andreas Fuyū Gutzwiller) und dem Sekretär der japanischen Chikuyūsha. Rechts vorne Saitō Shūsuke, rechts hinten Kawase Junsuke III. Im Hintergrund eine Kalligrafie von Kawase Junsuke I (1870–1959): *Chikurei* (Bambusgeist).
Fünf Schülerinnen und Schüler von Andreas Gutzwiller haben in Japan das Lehrdiplom erhalten: Ueli Fuyūru Derendinger, Jürg Fuyūzui Zurmühle, Andrea Fuyūan Hofer, Wolfgang Fuyūgen Hessler, Ursula Fuyūmi Schmidiger.

Es gibt keine Prüfungen in unserem Sinn. In den traditionellen Kunstarten ist es einfach so, dass der Meister beschliesst, ein Schüler oder eine Schülerin sei nun reif für die nächste Stufe – und er oder sie wird dann zur Kasse gebeten.

Wann hat Kawase entschieden, dass er Dir den Rang des Shihan verleiht?

Ich entspreche nicht dem üblichen Muster: Ich habe 1975 alle Grade auf einmal bekommen.

Und was bedeutet der Grad Shihan?

Eigentlich ist es ein Lehrdiplom, schlicht und einfach. Shihan wird zwar immer als «Meisterdiplom» übersetzt, mir ist aber «Lehrdiplom» lieber, denn es beinhaltet die Berechtigung, die Stücke weiterzugeben. Man wird offiziell Teil der Traditionslinie.

Irgendwo habe ich gelesen, Du seist der erste Nichtjapaner gewesen, der diesen Grad erhalten hat.

Das stimmt schon, aber es hat sich vorher einfach noch nie jemand wirklich so darum bemüht wie ich, es war keine Genieleistung (lacht). Es lief auch völlig ohne Zeremonie ab.

Ganz unspektakulär?

Allerdings, vollkommen unspektakulär. Später dann, als meine Schüler Andrea Hofer, Wolfgang Hessler und Ursula Schmidiger in Tokyo ihre Prüfungen ablegten, mussten wir alle im vollen Ornat zur Zeremonie antreten und es wurde Sake vom Meister zum Schüler gereicht, ein Ritual, das eigentlich von einer alter Heiratszeremonie herrührt. Es symbolisiert Verbundenheit.

Imitation und Interpretation

Wir haben nun eine Vorstellung, wie ein «Ie», ein «Haus», als Gesamtorganisation funktioniert. Wie ist denn der Unterricht selbst organisiert?

Der Unterrichtsraum des Hauses, der zugleich auch Übungsraum ist, wird morgens aufgeschlossen und spätabends geschlossen. Jeder hat Zutritt. Man darf dort auch üben, denn viele Schüler können das zuhause nicht tun, weil die Wohnungen viel zu klein sind und die Shakuhachi den Nachbarn mit der Zeit schon auf die Nerven gehen kann (lacht).

Drei Tage in der Woche gibt der Lehrer am Nachmittag oder gegen Abend Unterricht. Die meisten Schüler sind Studenten und Angestellte und haben nicht viel Zeit, sie gehen in den Unterricht, wenn ihre Arbeit zu Ende ist. Man kommt ohne Anmeldung, nicht zu einer bestimmten Uhrzeit. Wenn man eintritt, ist der Lehrer meist am Unterrichten, man wartet und kann dabei eine Unterrichtseinheit beobachten, die oft nur kurz ist, etwa zehn Minuten lang, und man darf nach dem eigenen Unterricht weiter dableiben. Man hört auf diese Weise Stücke, die man noch nie gespielt hat, und Stücke, die man nicht mehr spielt. Und man ist nie allein. Dieses offene System, mit dem man auch Schülern zuhört, die besser spielen, ist eine gute Lernform.

So verlief der Unterricht normalerweise. Ich hatte in dieser Hinsicht eine Sonderstellung, denn ich war ja mit Kawase nach Japan gekommen, weshalb ich neben dem offenen Unterricht und dem Gruppenunterricht auch Einzellektionen bekam, zuweilen sehr lange, wenn wir ganze Stücke spielten.

Hast Du während der Jahre bei Kawase eine Art Entwicklungskurve durchlaufen, Momente erlebt, die Du im Rückblick als Übergang oder Sprung im Lernprozess erkannt hast, als eine Reifung, als eine neue Stufe des Könnens?

Du meinst, ein Erweckungserlebnis?

Ja, so etwas wie ein kleines Shakuhachi-Satori, wenn Dir ein Licht aufgegangen ist …

Ich eigne mich nicht für Satori. Meistens habe ich erst hinterher gemerkt, dass sich etwas verändert hat, zum Beispiel dass die schwierigen hohen Töne leichter ansprachen. Aber das Erlebnis eines Sprungs habe ich nie gehabt. Dazu eine Anekdote mit dem alten Kawase Junsuke II, dem Vater meines Lehrers. Er wohnte im Nebenhaus und kam manchmal herüber und einmal sagte er zu mir: «Ah, ich habe gehört, dass Du da ein Stück spielst, das ich schon lange nicht mehr gespielt habe. Spielen wir es doch zusammen» – in Wirklichkeit wollte er einfach hören, wie weit ich bin.

Das Zusammenspiel war sehr eindrücklich, sein alter Stil war zerfurcht und klobig, ganz wunderbar. Und einmal sagte er: «Dein Ro ist zu laut.» – «Ah», dachte ich, «mein Ro ist zu laut.» Ich habe nicht verstanden, was er meinte, aber darauf geachtet, was da an meinem Ro zu laut sein könnte. Dann ist das Ro in den Hintergrund getreten, weil wir andere Dinge probiert haben, aber beim nächsten Zusammenspiel sagte er: «Jetzt ist das Ro richtig.» Ich hatte wieder keine Ahnung, was er gemeint hat, und ich hatte auch keine Ahnung, was ich anders gemacht hatte. Das sind seltsame Erlebnisse, wenn man etwas lernt, ohne es zu merken. Der Kopf arbeitet ja immer weiter, auch wenn man nicht mehr an einer Sache ist, erst im Nachhinein merkt man, dass etwas geschehen ist.

Konntest Du bei Kawase beobachten, dass er je nach Haltung bestimmte Passagen anders gespielt oder im Tempo variiert hat? Und könnte man sagen, dass sich hier der Spielraum der Interpretation auftut?

Ich habe diese Abweichungen jeweils unter «Tagesform» abgebucht. Man spielt ja nicht immer genau gleich, aber der Spielraum der Abweichung ist sehr eng. Es gibt immer leichte Intonations- oder Temposchwankungen. Kawase spielt eigentlich gar keinen Individualstil, als Lehrer hat er einen Standard unterrichtet, der besagt: «So spielt man ein Stück im Hause Kawase.» «Man» – nicht «er», nicht «ich».

Kawase Junsuke II (1906–1977) studiert die Shakuhachi bei seinem Vater Kawase Junsuke I (1870–1959) und übernahm nach dessen Tod im Jahr 1959 den Vorsitz der Schule.

Ro: Der tiefste Ton auf der Shakuhachi, bei geschlossenen Grifflöchern; auf einem normal grossen Instrument in westlicher Notation ein d1.

Einfühlungsvermögen des Lehrers (Gutzwiller, *Unterrichtsmethoden*, 1992): «Vom guten Lehrer wird grosses psychologisches Einfühlungsvermögen verlangt, das ihn befähigt, genau den glücklichen Augenblick zu erkennen, wann eine weiterführende Erklärung auf fruchtbaren Boden fällt. Erkennt der Lehrer diesen Augenblick nicht, so besteht Gefahr, dass das Suchen des Schülers in unfruchtbare Frustration umschlägt und nicht wiedergutzumachenden Schaden anrichtet.»[74]

Er zeigte, wie es «richtig» ist. Und das habe ich damals eigentlich vom Unterricht auch erwartet. Heute interpretiere ich, wenn ich spiele, und die Art, wie ich spiele, ist meine europäische Art.

Gibt es denn in der Imitationsmethode so etwas wie Interpretation?

Die Imitationsmethode hat die Eigenheit, dass sie den Begriff der Interpretation unbeachtet lässt. Es gibt da schlicht keine Interpretation. Als Schüler muss ich bemüht sein, genauso zu spielen wie mein Lehrer, dann mache ich es richtig – ob das dann gut oder falsch ist, ist eine andere Frage. Da besteht schon die Gefahr, dass man sich als Schüler nur noch anpasst. Auf der anderen Seite gibt es natürlich auch in China und in Japan die Erkenntnis, dass eine totale Imitation gar nicht möglich ist: Ich *kann* nicht wie mein Lehrer werden, ich bin immer ich selbst. Und genau hier steckt die Frage, wo in der japanischen Musik der Raum der Interpretation ist: Er liegt darin, dass man eben nicht ist wie jemand anderes.

Die einzige Textstelle, die ich in der Shakuhachi-Tradition je zu diesem Thema gefunden habe, ist eine Aussage von Hisamatsu Fūyō im *Hitori Mondō* (1832) über die notierte Form der Stücke. Zur Frage: «Ist es also erlaubt, von der notierten Form der Stücke abzuweichen?», schreibt Hisamatsu: «Nein, von der notierten Form abzuweichen, ist ein Vergehen. Von Anfang an nach eigenem Gutdünken zu spielen, ist falsch.»[60] Und auf die Frage: «Wenn du spielst, weichst du von der Notation ab?», antwortet er: «Ich weiche nicht ab, aber [mein Spielen, AG] ist sehr verschieden [von dem anderer]. Du bist ein Mensch und ich bin ein Mensch. Dein Körper, deine Haare, deine inneren Organe sind wie die [anderer Menschen] und doch bist du sehr verschieden [von anderen]. Also denke selbst nach über den Unterschied zwischen Abweichen von der Notation und nicht Abweichen.»[61]

Das ist wohl das Äusserste, was man in der japanischen Ästhetik der damaligen Zeit, also um 1830, über die Frage der Interpretation finden kann. Prinzipiell ist die Tradition fixiert und man muss sie erhalten, aber zugleich kann man sie nicht unverändert erhalten. Das heisst: Es entsteht eine unbewusste Interpretation, man sucht zwar nicht nach etwas Neuem, aber man kann gar nicht anders, als etwas Neues zu machen, weil man ein anderer Mensch ist. So weit ist man damals gedanklich gegangen.

Das war auch sinnvoll in einer Zeit, als die eigene Erinnerung der einzige Gradmesser für die Weitergabe der Musik war. Mit den heutigen Aufnahmetechniken ist die Situation natürlich eine ganz andere. Zu meiner Zeit in Tokyo haben übrigens viele Schüler während des Unterrichts ein Aufnahmegerät neben das Pult gelegt, was völlig gegen den Geist des Unterrichts geht, denn das Entscheidende ist eben, dass ich mir aus dem Unterricht das herausnehme, was ich im Moment im gemeinsamen Spiel gerade aufnehmen kann. Wenn ich eine Aufnahme zuhause wieder anhöre, ist die Situation eine ganz andere. Es gibt beim Lernen immer Dinge, die man vergisst, die kommen dann aber wieder. Das Vertrauen darauf, dass sie wiederkommen, das hatte ich schon.

Insofern beinhaltet das, was man bei der Imitationsmethode Anpassung oder Unterordnung nennt, auch eine gewaltige Entlastung, eine Befreiung.

Aufnahmebereitschaft des Schülers (Gutzwiller, *Die Shakuhachi der Kinko-Schule*, 1983): Die Haltung des Schülers sollte «eine entspannte Aufnahmebereitschaft sein, die sich nicht auf etwas bestimmtes richtet, sondern die alle Eindrücke, nicht nur die im engeren Sinn musikalischen, wirken lässt und darauf vertraut, dass diese aufgenommen werden, gleichgültig, ob das bewusst oder unbewusst geschieht.»[75]

Hisamatsu Fūyō (1791–1871) war de facto der direkte Nachfolger der Kinko-Linie und von grosser Bedeutung für die Kinko-Tradition. Sein *Hitori Mondō* (*Lehrgespräch mit sich selbst*, 1823) besteht wie ein Katechismus aus Fragen und Antworten. Das Beharren auf der Notation hatte mehr mit der Sorge um die Erhaltung der Tradition zu tun als mit Notentreue. Das geht aus seiner Äusserung zur Frage hervor: «Wenn jemand jedes einzelne Stück ohne Abweichung von der Notation spielen kann, ist er dann nicht ein guter Spieler?» Seine Antwort lautete: «Keineswegs! Jemand, der die Stücke ohne Abweichung spielt, hat zwar ein gutes Gedächtnis, aber das genügt nicht für einen guten Spieler. [...] Jeder kann ein Stück im Monat auswendig lernen, aber nicht die Anzahl der [gelernten] Stücke macht einen guten Spieler, sondern wie er ein Stück spielt.»[76] Hisamatsu betrachtete die Shakuhachi als «ein Werkzeug des Zen»,[77] welches «das ganze Universum und das Prinzip von *Yin* und *Yang* repräsentiert».[78]

In Europa haben wir ein etwas gestörtes Verhältnis zur Interpretation. Wenn man, wie üblich, als Student oder Studentin bei der Abschlussprüfung eine eigene Interpretation eines Werkes vorlegen muss, so wird man sozusagen zu einer Individualität gezwungen, die möglicherweise noch gar nicht da ist. Wenn jemand mit Achtzehn oder Zwanzig die Goldberg-Variationen «neu interpretieren» soll, ist das nicht so einfach, ausser man ist ein Genie – und dann ist ohnehin alles erlaubt. Ansonsten ist es oft zu viel verlangt.

Auf der anderen Seite wird in Japan in dieser Hinsicht zu wenig verlangt. Es gibt zu wenig Korrektive, zum Beispiel fällt das Konzert als Test praktisch weg, das Musizieren spielt sich immer zwischen Lehrer und Schüler und später zwischen dem Schüler und seinen Schülern ab. Dies führt schon zu einer Art Inzucht und man wird in der Honkyoku-Musik eigentlich nie herausgefordert, die Musik einem Publikum nahezubringen, das nicht zu den Insidern gehört. Dieser Spiegel fehlt völlig.

Umgekehrt fasziniert an der Honkyoku-Musik doch auch, dass sie, vielleicht ähnlich wie der gregorianische Choral, eine Garantie auf Stetigkeit, auf Kontinuität beinhaltet. Und das ist ja auch etwas Faszinierendes, dass da ein Werk vorliegt, mit dem man nicht beliebig …

… herumjonglieren kann. Ja, das ist so. Die Lehrer sind die Hüter der Tradition. Wenn man dazu eine Parallele bei uns suchen wollte, müsste man sich folgendes fiktives Szenario vorstellen: Chopin, 1835, und dazu die Chopin-Schüler, die das Werk Chopins zu bewahren haben – die gibt es ja auch wirklich. Noten dürften nur von ihnen herausgegeben werden, Stücke dürften nur von ihnen unterrichtet werden, es würden selbstverständlich die veralteten Pleyel-Flügel im Originalzustand weiter produziert, damit man das seltsam verschwommene Klangbild hinbekommt, das Chopin so sehr geliebt hat – die Konkurrenz bei Érard war damals schon viel weiter. Und das alles wäre bis heute so geblieben, das heisst, wenn ich nun die *Nocturnes* lernen wollte, müsste ich mich an einen Lehrer dieses Chopin-Clans wenden, der die Chopin-Welt weitergibt in direkter Abstammung von Frédéric …

… und man müsste nach Mallorca fahren und auf jenem Flügel in Valldemossa spielen …

… es ist ein Klavier und klingt einfach grauenhaft, aber Chopin hat darauf wunderbare Stücke komponiert.

Westliches und östliches Ideal (Gutzwiller, *Das Porträt,* 1981): «Lobt man im Westen die Frische, die Neuartigkeit, die Originalität einer Interpretation, so ist in honkyoku beinahe das Gegenteil das Anzeichen einer reifen Wiedergabe der Musik: eine gewisse Unpersönlichkeit oder besser: Entpersönlichung der Interpretation, ein Stil, bei dem die Person des Spielers in der Musik verschwindet und nicht umgekehrt die Musik in der Person. Dieses Ideal steht dem westlichen Ideal meisterhafter Interpretation sehr fern. Im europäischen Konzertsaal habe ich so etwas noch nie gehört. Manchmal kann man es in der Kirche antreffen, in der Art, wie ältere katholische Priester die Messe singen.»[79]

Hüter der Tradition (Gutzwiller, *Die Shakuhachi der Kinko-Schule,* 1983): «Imitation, die den gesamten Bereich japanischer Kunstausübung durchzieht, setzt, um sinnvoll zu sein, voraus, dass das Ziel der Ausübung weniger in Erneuerung liegt als im Bewahren einer schon bestehenden Tradition. Wenn in der europäischen Musik seit dem 15. Jahrhundert ein Musiker von Rang auch etwas Neues zu bringen hat, um als solcher anerkannt zu werden, so ist dieses Kriterium für den japanischen Musiker weitgehend ohne Bedeutung.»[80]

Valldemossa: Chopin verbrachte mit George Sand den Winter 1838/39 in der Kartause von Valdemossa, vollendete dort die Reihe der *24 Préludes op. 28* und komponierte weitere wichtige Musikstücke.

Ein Europäer im Japan der Siebzigerjahre

Du hast ja parallel zum Shakuhachi-Unterricht an Deiner Dissertation gearbeitet. Auf welche Materialien hast Du Dich dabei gestützt? Hat Dir Kawase dabei geholfen?

Koizumi Fumio (1927–1983) war ein japanischer Ethnomusikologe und Professor an der Tokyo Geijutsu Daigaku (Universität der Schönen Künste und der Musik), wo sich auch seine Schriften und seine Sammlung befinden. Er war ein Spezialist für die traditionelle japanische Musik und führte Feldforschungen in vielen Ländern Asiens, in Südamerika und entlang der alten Seidenstrasse durch (Indien, Iran, Naher Osten).[81]

Gar nicht, er hatte überhaupt nichts damit zu tun. Aber Koizumi Fumio, der in Wesleyan japanische Musik- und Kulturgeschichte unterrichtet hatte und wieder in Tokyo arbeitete, war sehr involviert. Er hat mir geholfen, die Geschichte der Shakuhachi von Nakatsuka Chikuzen[62] zu verstehen, dazu hätte mein Japanisch nicht ausgereicht. Mit seinen Zusammenfassungen konnte ich wenigstens grob die Richtung erkennen und das Material verarbeiten.

Hatte denn Kawase keine Quellen?

Von **Hisamatsu Fūyō** (1791–1871) stammen die einzigen Schriften eines frühen Shakuhachi-Spielers über den geistigen Hintergrund der Musikpraxis der Fuke-Sekte (vgl. Gutzwiller 1983, S. 23). Die von Kawase publizierten Schriften sind: *Hitori Mondō* (*Lehrgespräch mit sich selbst*, 1823), *Hitori Kotoba* (*Monolog*, vor 1830) und *Kaisei Hōgo* (*Die Predigt von der Stille des Meeres*, 1838). Publiziert sind sie auf Japanisch und in deutscher Übersetzung in Gutzwillers Monografie *Die Shakuhachi der Kinko-Schule*.[82]

Doch, die drei Aufsätze von Hisamatsu Fūyō, die als Newsletter der Chikuyūsha publiziert worden waren, habe ich von ihm. Aber nach dem Fortschritt meiner Arbeit hat sich interessanterweise die Fremdenpolizei mehr erkundigt als Kawase (lacht). Ich musste jedes Jahr in Yokohama vorsprechen und die Beamten wussten genau Bescheid, was ich in meinem Wohnort Kamakura machte. Und einmal hat mich einer sogar nach dem Fortschritt meiner Dissertation gefragt.

Wollten sie wissen, wie lange Du noch in Japan bleibst?

Gutzwillers Dissertation *SHAKUHACHI: Aspects of History, Practice & Teaching* wurde 1974 an der Wesleyan University (Connecticut) publiziert (vgl. Kap. 2, S. 34). Seine grosse Studie *Die Shakuhachi der Kinko-Schule* erschien 1983 im Verlag Bärenreiter in der Reihe *Studien zur traditionellen Musik Japans*.

Ich musste mich ohnehin jedes Jahr melden. Nach Abschluss meiner Dissertation konnte ich dann dank der Unterstützung der Uni Köln noch länger in Japan bleiben, um die Langfassung meiner Studie über die Kinko-Schule zu schreiben.

Das war die ökonomische Grundlage für den langen Japanaufenthalt?

Ja. Die ersten Jahre bezahlte der Schweizer Nationalfonds, der war sozusagen für die Dissertation zuständig. Heute wäre es nicht mehr denkbar, dass da irgendeiner beim Nationalfonds um Unterstützung nachfragt, um eine komische japanische Flöte zu erlernen und eine Dissertation darüber zu schreiben. Damals sagten die Zuständigen aber: «Interessant, machen Sie das!» Das waren noch Zeiten!

«**Kamakura** ist eine ca. 50 km südwestlich von Tokyo an der Sagami-Bucht gelegene Stadt, die im Norden, Osten und Westen von fünf Bergen umgeben ist. Sie war von 1185 bis 1333 der Regierungssitz Japans. Hauptanziehungspunkte für viele in- und ausländische Touristen sind die zahlreichen gut erhaltenen Tempel und Schreine aus jener Epoche. [...] Am bekanntesten ist der Kōtoku-in mit der ab 1252 errichteten monumentalen Bronzestatue des Amida-Buddha, gewöhnlich *Daibutsu* genannt».[83] Es handelt sich vor allem um Zen-Tempel der Rinzai-Schule, aus der auch der Fuke-Orden hervorgegangen ist; die bekanntesten sind der Kenchō-ji und der Engaku-ji.

Gewohnt habt ihr drei, Du, Deine Frau und euer kleiner Sohn, nicht in Tokyo, sondern in Kamakura, etwa 50 km südlich von Tokyo. Wie ist es dazu gekommen?

Kamakura liegt in einer anderen Provinz, war im 12. Jahrhundert sogar kurz die Hauptstadt Japans. Es war lange eine relativ kleine Stadt, ist aber nach dem Krieg rasant gewachsen und teuer geworden. Wir haben aber auf der «falschen Seite» gewohnt, wo das Wohnen etwas billiger war. Auf den Ort sind wir durch Ralph Samuelson gestossen, der ein Jahr früher nach Japan ging als wir, er wohnte bereits in Kamakura. Ich habe dann, bevor ich am Bahnhof zum Makler ging, noch die Lektion «Wie miete ich eine Wohnung?» repetiert. Erst wollte der Makler nicht auf meine Anfrage eingehen, er habe nur einfache japanische Häuser, etwas mit Bad und WC habe er nicht. Nach Zögern hat er uns dann doch einiges gezeigt und das zweite Angebot hat uns gefallen. Wir sind sehr schnell dahin gezogen und sehr lange geblieben. Es war ein für japanische Verhältnisse eher grosses Haus, mit einem Raum mit Holzboden im Parterre, acht Tatami gross, glaube ich, Küche und Bad separat, im ersten Stock gab es noch drei kleine Zimmer.

Du hast damals schon in Japan unterrichtet. Geschah das im Rahmen des Hauses Kawase?

Nein. Einmal machte ich in einem Vorort Tokyos eine Vertretung für Kawase, an einer der Familie verbundenen Schule. Der Unterricht verlief wirklich nach der alten Praxis, abends in der Gruppe, wo einer nach dem anderen kam und ich mit ihm Stücke spielte. Der Höhepunkt war, als mir ein sehr alter Herr gegenübersass, der seine ersten Stunden am Anfang des Jahrhunderts beim Grossvater meines Lehrers genommen hatte. Das muss man sich vorstellen: Er sass mir gegenüber und spielte Honkyoku auf eine äusserst seltsame Art und Weise, und ich kann nicht sagen, ob er so seltsam spielte, weil er so alt war oder weil man einst so gespielt hat. Das war wirklich ein memorables Erlebnis.

Ein anderes memorables Erlebnis hatte ich, als ich mehrmals in einem «Shakuhachi Kurabu», also einem Shakuhachi-Klub, unterrichtete, an einer rechtsradikalen Universität. Kawase hat mich da hingeschickt: «Da lernst Du was.» Und da habe ich tatsächlich etwas gelernt. Es waren alles äusserst zackige Leute, am Bahnhof wurde ich von zweien abgeholt, der eine hat den Weg freigemacht, auch wenn gar niemand da war, der andere hat mein Gepäck getragen. Wenn es regnete, war ein dritter dabei, der einen Schirm über mich hielt und selber neben mir im Regen lief. Beim Unterricht waren etwa 20 Leute anwesend, in einem Karree sitzend, mir gegenüber sassen die Anfänger, und je näher einer bei mir sass, desto länger hatte er Shakuhachi gespielt. Der Unterricht war eine Tortur, ich sass vorne in der Mitte des Hufeisens und einer nach dem anderen kam zu mir, um zu spielen, nicht sehr lange, vielleicht nur fünf Minuten. Nach einer Stunde gab es Tee, aber an Aufstehen war nicht zu denken, alles spielte sich auf dem Boden ab, auf den Knien. Ich weiss nicht, was diese harten jungen Männer von mir gelernt haben, ich habe einiges gelernt über die Unterrichtsmethode und was sie für den Lehrenden bedeutet. Im Grunde verlief dieser Unterricht ähnlich wie ein Kampfsporttraining, wo jeder einmal vortritt, ein paar Schläge mit dem Meister wechselt und dann wieder zurücktritt. Das Zackige dieser Leute war schon sehr beeindruckend.

Kann es sein, dass sie die Shakuhachi ideologisch benutzt haben für ihren Glauben ans «Alte Japan» und ihre altjapanische Kamikazegesinnung?

Genau.

58 Kamakura liegt etwa 50 km südlich von Tokyo am Meer. Karte von Tokyo und Umgebung mit Eisenbahnverbindungen.

Musik als «Kampfsport»: In der Meiji-Zeit (1868–1912) stieg mit dem Erstarken des Nationalismus das Interesse an traditioneller Kunst. Die Shakuhachi, das Instrument der Komusō-Samurai, konnte erst noch mit kriegerischen Tugenden und dem mythisch überhöhten Schwert des Kriegers in Verbindung gebracht werden. Die einst kritische Kraft des Zen-Buddhismus, welcher die Lehre der Nicht-Unterscheidung, der Ichlosigkeit, der Infragestellung alltäglicher Begriffe und Logiken und den Sinn für Paradoxien beinhaltete, wurde von vielen Zen-Strömungen in der Zeit des Imperialismus im Sinne der Samurai-Ideologie (Bushido, der Weg des Krieges) als Haltung bedingungsloser Ergebung umgedeutet. So kam es zu einer Allianz von Zen und Militarismus im Zeichen des «mitfühlenden Tötens». Solche Ideen faszinierten nach dem Zweiten Weltkrieg auch die rechtsnationalen Kräfte.[84]

Die Shakuhachi in Europa – die Entwicklung eines eigenen Unterrichtsstils

Du hast gewissermassen die Shakuhachi nach Europa gebracht und mehr als 30 Jahre lang in Basel unterrichte, zuerst 25 Jahre an der Musik Akademie, dann privat. Wie hast Du den Imitationsunterricht an westliche Verhältnisse adaptiert? Hast Du Deine eigene Form mit der Zeit entwickelt oder hattest Du einen Plan?

Ich hatte einen Plan, der ist aber schiefgegangen (lacht). Ich hatte zunächst die Idee, das Prinzip des offenen Unterrichts zu übernehmen und habe zwei Nachmittage festgelegt, an denen die Schüler einfach vorbeikommen konnten. Es hat sich aber bald herausgestellt, dass sie sich untereinander absprachen und dass schön einer nach dem anderen kam. Damit war die Idee erledigt. Am Anfang kamen vor allem Studenten und Studentinnen des Konservatoriums in den Unterricht, und niemand hatte so viel Zeit und Geduld, sich einen Nachmittag lang hinzusetzen.

Es entstand dann eine Mischform. Aus Japan habe ich übernommen, nie Übungen als Hausaufgaben aufzugeben, wie das sonst in unserem Unterricht üblich ist. Auch mit Korrigieren habe ich mich zurückgehalten. Die Imitationsmethode ist nicht besser als eine andere Methode, es ist einfach eine andere Tradition. Unsere hiesige Methode pusht die Schüler zu stark, die Imitationsmethode lässt sie eher hängen. So ist zum Beispiel «Motivierung» in der japanischen Pädagogik ein Fremdwort – die Leute sind ohnehin übermotiviert, während man hier in Europa die Schüler «motivieren» sollte. Dieser Gedanke ist der Imitationsmethode absolut fremd.

So kommt es auch, dass viele Westler, die in Japan eine traditionelle Kunst erlernen wollen, enttäuscht sind, und die japanischen Lehrer, welche die Westler unterrichten, sind auch immer alle enttäuscht, weil sie andere Erwartungen haben. Der westliche Student sagt: «Was soll das? Der Lehrer unterrichtet ja gar nicht. Der malt einfach seine Zeichen.» Und der japanische Kalligraf sagt: «Auf was wartet der eigentlich? Warum tut er nichts?» Das ist die Falle, in die beide hineinlaufen. Ich habe versucht, diese Pole in meinem Unterricht einigermassen auszugleichen.

In meiner Erinnerung warst Du nicht sehr freigebig mit Erklärungen, wie ich sie mir manchmal gewünscht hätte, wenn ich einfach nicht kapiert habe, mit welchem Finger man einen bestimmten Ton spielt. Mit der Zeit hast Du dann vielleicht einmal mit dem Daumen gewunken. Aber eigentlich fand ich das gut, weil ich selber suchen musste, wie ich es hinkriege.

In der Shakuhachi-Musik mit ihren zum Teil völlig unbestimmten Tönen hat die Imitationsmethode natürlich den grossen Vorteil, dass sie die Ohren schult. Man muss gut zuhören, man muss einfach noch genauer hinhören, denn man hat nichts anderes als das, was man hört. Die Noten geben vage die Richtung an und der Rest ist Zuhören. Das habe ich beizubehalten versucht. Aber man kann eine Methode nie direkt auf ganz andere Verhältnisse übertragen. Im Übrigen nehme ich an, dass die allerwenigsten Shakuhachi-Lehrer in Japan heute noch so rigide unterrichten wie vor 50 Jahren, denn nur durch Unter-

Shakuhachi-Unterricht im Westen (Gutzwiller, *Das Porträt,* 1981): «Ob und in welcher Weise shakuhachi in eine Bildungsstätte westlicher Musik integriert werden kann, wird sich ergeben. In diesem Punkt übrigens unterscheidet sich die Situation hier in keiner Weise von der in Japan. Auch dort wird shakuhachi erst seit drei Jahren an einem einzigen Konservatorium unterrichtet. Ich hoffe natürlich, dass interessierte Studenten Zeit und Musse finden können, neben der Arbeit in einem auf ein Diplom angelegten Studienplan auch etwas mit der nötigen Intensität zu betreiben, dessen Bezug auf diese Arbeit nicht unmittelbar ins Auge springt. [...] Ich glaube, darin liegt, ganz abgesehen vom Wert der shakuhachi-Musik, der didaktische Wert des Unterrichts dieses Instruments: dass nämlich der Schüler zu einem radikalen Umdenken gezwungen wird, wenn er mit dieser Musik, ihren ästhetischen Idealen und ihrem geistigen Hintergrund in intensiven Kontakt kommt.»[85]

Motivierung und Selbstmotivation (Gutzwiller, *Die Shakuhachi der Kinko-Schule,* 1983): «Der japanische Meister unterrichtet kaum, sondern er lässt den Schüler lernen. Es ist gar nicht seine Aufgabe, aktiv zu unterrichten, sondern dem Schüler stets das Richtige vorzuhalten und im Übrigen in den Lernprozess des Schülers so wenig wie möglich einzugreifen. [...] Von einem guten Meister wird die Lösung einer beinahe unlösbaren Aufgabe verlangt, nämlich zu lehren, ohne zu unterrichten, zu lenken, ohne einzugreifen.»[86]

Die Ohren schulen (Gutzwiller, *Das Porträt,* 1981): «Ich werde am Konservatorium Basel [...] versuchen, durch musikalische Konzentrationsübungen die Schüler in das ‹Tondenken› der shakuhachi einzuführen. Es wird sich dabei nicht darum handeln, Elemente von honkyoku auf westlichen Instrumenten nachzuspielen, sondern darum, das Bewusstsein der Schüler für gewisse grundsätzliche Gegebenheiten des Atmens und der Tonproduktion zu schärfen.»[87]

richt kann man Geld verdienen und dazu braucht man viele Schüler. Die japanische Musikwelt besteht im Grunde aus Unterricht, für beide Seiten. Und die Gefahr besteht, dass man in Japan ein «keiko buki» wird, ein Unterrichtsspieler, einer, der nie irgendeiner Kritik ausgesetzt wird.

Denn der Unterricht ist nicht dazu da, sich auf einen Auftritt vorzubereiten.

Nein, das ist der Musik nicht immanent, Shakuhachi war nie eine Konzertmusik. Aber wir leben heute in einer Konzertwelt. Ich spielte immer sehr gerne Konzerte, fand es stets eine Herausforderung, vor ein Publikum zu treten, das wahrscheinlich keine Ahnung hat von dem, was es erwartet, und zu versuchen, ihm eine Ahnung zu geben, auch wenn es womöglich die Musik missversteht. Aber die Menschen sind da, im Saal, und sie wollen etwas von mir. Und das, so finde ich, fehlt in Japan. Dadurch ist das musikalische Niveau zu tief. Das Spitzenniveau der Spitzenpianisten, das ist eben eine Sache für nur wenige, der Rest sitzt im Zuschauerraum. Und in Japan ist generell das Niveau der Musiker eher tief, auch bei Koto und Shamisen ist es so, dafür engagieren sich sehr viele aktiv im Unterricht.

Zum Thema «**Shakuhachi und die Bühne**» vgl. Kap. 7, S. 92–108.

Wie im Breitensport. – Ich habe übrigens als Lehrer von Deinem Unterricht abgeschaut, dass ich im Unterricht mehr riskieren konnte, ich habe viel früher in einem Klassenturnus gewagt, schwierigere Themen anzusprechen, schwierigere Texte zu lesen. Das hatte mit Deinem Ausspruch zu tun, als ich nach vielleicht einem knappen Jahr zum ersten Mal den schwierigen Triller Korokoro spielen sollte und völlig überfordert war: «Es braucht mindestens acht Jahre, um diesen Triller zu lernen, darum muss man ganz früh damit beginnen», hast Du gesagt. Das hat mich so beeindruckt, dass ich einer Anfängerklasse einen Text von Novalis vorgelegt habe und die Hälfte in die Verzweiflung trieb. «Das ist viel zu schwierig», wurde gestöhnt. Und ich habe sinngemäss einfach Deinen Ausspruch wiederholt.

Man muss dann nur mit schwierigen Texten weitermachen. Ich hatte einmal eine Schülerin, die an Primarschulen musikalische Grundkurse unterrichtete und den Kindern die schwierigsten, irrwitzigsten Stücke gebracht hat – bis die Eltern protestiert haben. Darauf entgegnete sie ihnen: «Die Kinder verdienen das Beste.» Nicht irgendwelche simple Kindermusik. Her mit Bach, her mit Vivaldi, her mit Mozart! Im Grunde ist dies die Idee beim japanischen Imitationsunterricht: Es gibt keine Fingerübungen, es gibt keine Präliminarien, es gibt keine Etuden. Es gibt nur das Beste, und das gleich von Anfang an. Natürlich stolpert man und macht vieles falsch, aber man wird gleich mit der ganzen Musik konfrontiert, um die es geht.

Lernen ohne Präliminarien (Gutzwiller, *Unterrichtsmethoden*, 1992): «Das bedeutet aber auch, dass der Unterricht weniger den Charakter hat, Vorbereitung zu sein auf ‹das wahre Musizieren› ausserhalb des Unterrichts, sondern dass der Musikunterricht selber schon Musizieren ist, und zwar vom ersten Augenblick an.»[88]

4 Honkyoku – eine Musik ohne Geschichte?

Während der Tang-Dynastie (617/618–907), einer Blütezeit des chinesischen Kaisertums, zog einer der vielen vagabundierenden Mönche durch die Provinzen, lärmte auf den Marktplätzen mit seiner Schelle, tippte dem einen oder anderen an die Schulter und bat um eine Münze oder zeigte auf die Umstehenden und sagte zu ihnen:[89]

«Ming t'ou lai, ming t'ou ta;
an t'ou lai, an t'ou ta;
Ssu fang pao mien lai, hsuan feng ta;
hu kung lai, lien chia ta.»[90]

Die Menge wird sich gefragt haben, ob sie es mit einem Witzbold, einem Provokateur, einem Spinner oder einem echten Irren zu tun habe, denn die Sätze bedeuten ungefähr:

«Kommst du aus dem Hellen, schlage ich dich mit dem Hellen;
kommst du aus dem Dunkel, schlage ich dich mit dem Dunklen;
kommst du von allen Seiten, bin ich ein Wirbelwind;
kommst du aus dem leeren Himmel, bin ich Dreschflegel.»[91]

Wir wären wohl sehr verblüfft, wenn sich ein Fremder mit solchen Worten an uns wenden würde.

Dieser Fremde war Zhenzhou Puhua und er lebte vielleicht um das Jahr 800 – es ist nicht ganz klar, ob er überhaupt gelebt hat. Der stärkste Beleg seiner Existenz liegt darin, dass er in den *Aufzeichnungen des Linji* (*Línjì-lù*) vorkommt. Der exzentrische Zhenzhou Puhua lebte also vor allem als Überlieferung. Die Anekdoten erzählen von seinen Wanderungen und Begegnungen, etwa diese: Als der grosse Linji einmal mit zwei seiner Schüler diskutierte, ob Puhua ein gewöhnlicher Mann oder ein Erleuchteter sei, trat dieser gerade ein, und so stellte Linji dem Gast unverblümt diese Frage. Darauf antwortete Puhua: «Sag *du* es mir zuerst! Bin ich ein gewöhnlicher Mensch oder ein Erleuchteter?» Da rief Linji aus: «Katsu!», was er und seine Anhänger oft taten, wenn sie jemanden aufwecken oder überraschen wollten. Puhua antwortete darauf: «Und Du, Linji, bist ein kleines, lästiges Kind.»[92] Ein anderes Mal lief Puhua auf dem Markt herum und bettelte um ein Gewand. Da liess ihm Linji einen Sarg machen. Drei Tage schleppte Puhua den Sarg mit sich herum, am vierten verliess er damit die Stadt, legte sich hinein und bat einen Vorbeikommenden, den Deckel festzunageln. Als sich die Neuigkeit verbreitete, zogen viele Leute vor die Stadt und öffneten den Sarg: Puhuas Leib war verschwunden, aber vom Himmel her ertönte das Geläut von Puhuas Handschelle.[93]

In Japan gilt dieser legendäre Puhua unter dem Namen Fuke als Begründer des Shakuhachi-Spiels, weil, so heisst es, sein Schüler Chang Po eine Flöte gebaut habe, die den erleuchtenden Ton von Puhuas Handglocke imitieren konnte. Diese Flöte soll die Shakuhachi gewesen sein. Da über Fukes tatsächliches Leben nichts Gesichertes bekannt ist, verliert sich also diese Gründungsgeschichte des Instruments im Nebel der Vergangenheit. Sehr viel später, im 17. Jahrhundert erst, werden die Shakuhachi-spielenden Komusō (dt. etwa: «Mönche der Leere») in einem Regierungsdekret historisch greifbar. Und im 18. Jahrhundert ragt der Komusō Kurosawa Kinko (1710–1771), der die Grundlagen der Honkyoku-Musik schuf, als moderne Gründerfigur hervor. Die Suche nach der Geschichte der Shakuhachi muss also in dieser Epoche, im 17. und im 18. Jahrhundert, ansetzen, nicht bei Fuke.

Allerdings wissen wir auch über diese relativ nahe Vergangenheit wenig Präzises. Viele Dokumente sind verloren gegangen oder liegen vergessen in Familienarchiven. Könnte es also sein, dass es eine «Geschichte der Shakuhachi-Musik» gar nicht gibt? Könnte es sein, dass die Musiker, welche der Shakuhachi-Tradition folgen, an einer Geschichte ihrer eigenen Musik gar nicht so sehr interessiert sind?

Solchen Fragen widmet sich das folgende Gespräch.

«Der leere Himmel» – buddhistische Tradition oder ‹Fuke-Fake›?

In den Publikationen über die Shakuhachi wird immer wieder auf den chinesischen Mönch Zhenzhou Puhua, der in Japan Fuke Zenji genannt wird, als Gründervater verwiesen. Hat der Bezug auf diese merkwürdige Figur und auf seinen legendären Ausspruch in Deiner Ausbildung als Shakuhachi-Spieler je eine Rolle gespielt? Den Shakuhachi-Spielern sind ja diese Verse bekannt:

«Myō tō rai, myō tō da;
an tō rai, an tō da;
shihō hachimen rai, sen pū da;
Ko kū rai, ren ga da.»

Das ist der Legendenhintergrund der Shakuhachi, und dabei sollte man es belassen.

Ist denn im Unterricht nie darüber gesprochen worden?

Nein. Ich besitze aber eine Kalligrafie dieses Ausspruchs von der Hand des ersten Kawase (Kawase Junsuke I), der ein sehr guter Kalligraf gewesen ist und auch Fukes «Myō tō rai, myō tō da» geschrieben hat – es hängt übrigens auch jetzt noch im Unterrichtszimmer im Haus Kawase in Tokyo. Aber Fuke und sein «Myō tō rai» – das ist die mythische Vergangenheit, dazu sagt man: «Ja, das ist unser

59 Liang Kai (attributed): Puhua Ringing a Bell. Yuan dynasty (1271–1368). Nomura Art Museum, Kyoto, Japan.

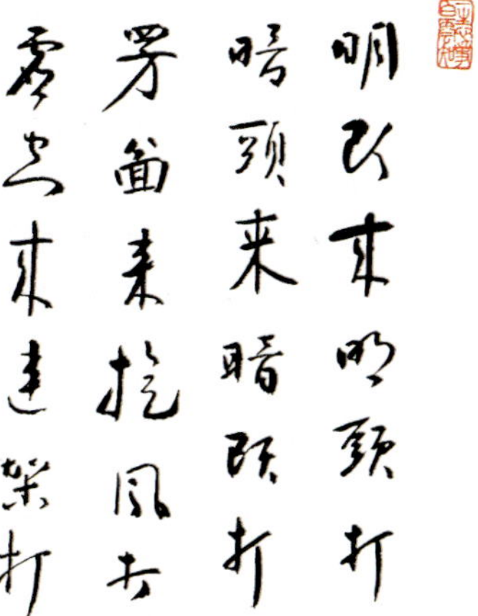

60 Kalligrafie des Spruches des Meisters Fuke von der Hand des Kawase Junsuke I (1870–1956). Er war der Begründer des Hauses Kawase und Schöpfer einer revidierten Notation.

61 A depiction of Jinshu Fuke. Album cover of musician John Singer, © 2001.

62 Wandernder Komosō. Einzelbild aus einem Skizzenblatt mit 20 Zeichnungen von Hokusai. – **63** Zwei Komusō. Farbfoto um 1900.

Ein **Erlass der Zentralregierung** von 1677 anerkannte eine Reihe von Privilegien der Fuke-Sekte: Die Komusō waren der lokalen Gerichtsbarkeit entzogen, durften ohne Erlaubnis durch das ganze Land ziehen und

Ursprung.» Die Verse werden immer wieder zitiert und alle nicken mit dem Kopf. Aber die Geschichte ist natürlich ein Fake.

Wie unser Wilhelm Tell?

Schlimmer (lacht). Allein schon, dass einer auf die Idee kommt, mit einer Flöte eine Glocke nachzuahmen, ist doch sehr erklärungsbedürftig, umso mehr wenn man sich vorstellt, dass es sich dabei um eine Handschelle mit einem Stiel handelte: «Tätäng tätäng tätäng!» Diesen Lärm auf der Flöte spielen? Unmöglich. Aber es ist durchaus so, dass ein buddhistischer Bezug der Shakuhachi in Japan existiert hat – ob er auch in China existiert hat, und Puhua war ja in China tätig, ist unsicher, er ist dort nicht nachweisbar.

Es wäre im Übrigen durchaus möglich, dass die Shakuhachi mit fünf Grifflöchern, wie wir sie heute kennen, ein zweites Mal nach Japan gekommen ist, genau wie die Biwa auch. Einige Dinge wurden ja zweimal nach Japan importiert, nämlich in einer ersten Welle im 4. bis 10. Jahrhundert und dann nach einer Pause wieder im 13. Jahrhundert, sodass die Shakuhachi, die ja vorher schon als Teil des Hoforchesters Gagaku in Japan ansässig war, eventuell im 13. Jahrhundert ein zweites Mal importiert wurde, diesmal mit einem buddhistischen Hintergrund als Instrument von Wandermönchen, die sich dann später, und zwar erst im 17. Jahrhundert, auf Fuke Zenji beriefen. Man brauchte damals einfach einen Gründervater. Warum es ausgerechnet dieser Fuke wurde, ist unklar. Möglicherweise wurde er ausgewählt, weil so wenig über ihn bekannt war, er war als Gründerfigur noch erhältlich.

Aber diese Wandermönchsekte der Komusō mit ihren merkwürdigen bienenkorbartigen Hüten ist historisch …

… die ist historisch belegt. Ihre Vorläufer, die Komosō, also die «Strohmatten-Mönche», waren eine recht lose organisierte Gruppe von Zen-Bettelmönchen, und ihre Verwandlung in die Komusō – «Ko» ist die Leere und «Mu» ist das Nichts und «Mönche der Leere und des Nichts» tönt natürlich viel besser als «Strohmatten-Mönche» – war ein Verwaltungsakt, um diese Gruppe besser unter Kontrolle zu bringen: Sie erhielt einen offiziellen Status, sie durfte Tempel gründen, ihre Mitglieder wurden auf Angehörige des Samurai-Standes begrenzt, was zugleich den verarmten Samurai nach den grossen Bürgerkriegen die Möglichkeit gab, eine einigermassen reputable Stellung zu finden, denn das Betteln ist im Kontext des Buddhismus eine durchaus ehrenwerte Aufgabe.

Diese Legitimierung geschah, wie gesagt, in einer sehr unruhigen Zeit. In Kurosawas Film «Die sieben Samurai» ist diese Situation dargestellt.

Die unruhige Zeit folgte auf den beinahe hundertjährigen Bürgerkrieg, aus dessen Wirren die erste Einigung Japans unter einer Zentralregierung in Edo hervorging, die so genannte Tokugawa-Zeit, die von etwa 1600 bis 1868 dauerte. Im 17. Jahrhundert ging es hauptsächlich darum, die Kriegerkaste zu sozialisieren, denn die war durch die Abwesenheit von Kriegen grösstenteils arbeitslos geworden und brauchte irgendeine Beschäftigung. Das war hauptsächlich der Polizeidienst, aber es gab auch viele ehemalige Samurai, die in die Wälder gingen und zu Räubern wurden, andere wiederum wurden von Dörfern oder Bürgerschaften zur Verteidigung angeheuert.

Die sieben Samurai ist ein ganz klassischer Film über diese Situation: Die Hälfte der Rōnin, also der herrenlosen Samurai, geht in die Wälder, die anderen lassen sich von den Bauern engagieren, um ihr Dorf gegen die Räuber zu verteidigen. Man sieht im Film, dass die Räuber durchaus gut ausgerüstet sind, sie haben Feuerwaffen und tragen Teile von Samurai-Rüstungen – aber natürlich sind sie die «Bösen».

Die Rōnin waren eigentlich im ganzen 17. Jahrhundert ein Problem und die Gründung des Fuke-Ordens, respektive seine Begrenzung auf Mitglieder des Samurai-Standes, kann man als Teil der Befriedungsbewegung des grossen Heeres von arbeitslosen Samurai ansehen, denen es ja verboten war, überhaupt Arbeit anzunehmen.

Mir scheint es aber eigenartig, dass sich diese verwilderten Krieger wenigsten in Teilen darauf eingelassen haben, Mönche zu werden und die schwierige Flöte Shakuhachi zu lernen.

In der Tat, das ist eigenartig, aber ich nehme nicht an, dass es sehr viele waren, und eher nicht der verwilderte Teil. In Papinots *Dictionnaire historique et géographique du Japon* von 1899 sind die Komusō noch mit sechs Tempeln gelistet. Wie viele es einmal waren und wie gross der Orden gewesen ist, ist völlig unbekannt. Aber die Kombination, dass man einerseits betteln darf, andererseits dazu ein Instrument mit einem bestimmten Repertoire lernen muss, ist tatsächlich interessant. Und dass aus dieser Gruppe von zur Musik bekehrten Kriegern eine so tolle Musik wie Honkyoku entstand, ist ein Glücksfall der Musikgeschichte.

Jedenfalls wurden die Komusō vom Religionsministerium 1677 anerkannt und der Rinzai-Seite des Zen-Buddhismus zugeordnet. Das gab ihnen eine gewisse Legitimität, die sie behalten haben, bis zu ihrer Auflösung 1871. Und so trat im 17. Jahrhundert die Shakuhachi überhaupt zum ersten Mal ins historische Bewusstsein – mit dem Effekt des Fuke-Fakes. Wieso gerade Fuke, ist nicht belegbar, meine persönliche Vermutung bezieht sich auf die letzte Zeile des Fuke-Ausspruchs «Ko kū rai, ren ga da» («Kommt jemand aus dem leeren Himmel, bin ich Dreschflegel»), denn der «leere Himmel» («Ko kū») kommt in mehreren Stücken vor.

Eines der drei zentralen Kinko-Stücke heisst ja «Kokū Reibo», also «Der leere Himmel». Bezieht sich das Stück auf Fuke?

Möglich. Wir wissen einfach nicht genau, wo der Titel und das Stück herkommen. Aber da besteht sicher eine Verbindung. Alles andere liegt im Nebel der Geschichte und wird als Erzählung weitergereicht. Legenden berichten, dass das Stück auf den Mönch Kichiku zurückgehe, der in der zweiten Hälfte des 13. Jahrhunderts lebte und dieses Stück in einem Traum auf dem Berg Asama empfangen habe.[94]

hatten alleine das Recht, die Shakuhachi zu spielen und andere Mitglieder darin zu unterrichten. Den Chōnin, also den städtischen Bürgern, und den Samurai, die nicht zur Fuke-Sekte gehörten, war das Instrument untersagt. Den lizenzierten Komusō wurden drei Insignien (Sangu) ausgehändigt: die Shakuhachi, eine Kesa (Schärpe buddhistischer Priester) und ein Tengai, die typische bienenkorbartige Kopfbedeckung.[95]

Bürgerkriege: Nach dem Zerfall des Ashikaga-Shōgunats bekämpften sich seit ca. 1480 in der «Zeit der streitenden Reiche» (Sengoku-Zeit) zahlreiche feudale Lokalfürsten (Daimyō). Nach unzähligen blutigen Kriegen setzte sich um 1600 der Daimyō Tokugawa Ieyasu durch und errichtete eine neue Zentralherrschaft (Tokugawa-Zeit, bis 1868). Die Kriege machten viele Samurai zu herrenlosen Kriegern. Sie suchten in halbreligiösen Organisationen wie der Fuke-Sekte Zuflucht und soziale Sicherheit.

Die sieben Samurai (*Shichinin no samurai*, 1954) von Akira Kurosawa ist einer der bekanntesten japanischen Filme. Der Historienfilm ist im Jahr 1584 angesiedelt. Die Räuber werden von den von den Dorfbewohnern engagierten Rōnin zurückgeschlagen oder getötet.

Edmond Papinot (1860–1942) war ein katholischer Priester, der viele Jahre am theologischen Seminar in Tokyo unterrichtete. Sein *Dictionnaire historique et géographique du Japon* (1899) ist ein Grundlagenwerk der Japanologie.

Die drei altüberlieferten Stücke («koden honkyoku»), die Kurosawa Kinko im 18. Jh. bereits übernommen haben soll und nun den Kern des Kinko-Kanon bilden, sind *Mukaiji Reibo* (*Flöte im Nebelmeer*), Kokū Reibo (*Der leere Himmel*) und *Shin Kyorei* (*Der wahre Geist der Leere*).

Der leere Himmel: Schon in der Spruchsammlung des legendären chinesischen Weisen Laozi (6. Jh. v. Chr.) spielt der «leere Himmel» eine wichtige Rolle, etwa im fünften Spruch: «Ist nicht die Feste zwischen Himmel und Erde wie ein Blasebalg? / Es ist leer und fällt doch nicht zusammen.»[96] Auch der Zen-Meister Dōgen Zenji (1200–1253), der die Chan-Schule des Buddhismus von China nach Japan brachte, verwendet diesen Ausdruck am Anfang seines rätselvollen Werks *Ū-Ji* (*Sein – Zeit*). Ein alter Buddha sagte: «Zuzeiten. Herr Zhang, Herr Li, ZeitSein / Zuzeiten gute Erde, weiter Himmel, ZeitSein.»[97] Mit «Hinz und Kunz» (im Original: Zhang und Li) verbindet Dōgen den gewöhnlichen Menschen mit dem gesamten Sein (Erde und Himmel). Der Himmel ist «leer» in dem Sinne, dass er die Bedingung aller einzelnen Dinge darstellt.

Der um 740 in Hunan geborene **Händler P'ang** versenkte 785 all seinen Besitz mit einem Boot in einem Fluss. Er lebte von da an als wandernder Bettelmönch, besuchte Chang-Mönche, um mit ihnen zu reden, lebte in Wohnhöhlen, rezitierte Sutren und übte Sitzmeditation. Der Beamte Yü Ti befreundete sich mit ihm und gab nach seinem Tod (808) die Gespräche, Weisheitssprüche und Gedichte des P'ang heraus. *The Recorded Sayings of Layman P'ang* sind ein Klassiker der Zen-Literatur geworden.[98]

Shōtoku Taishi (574–622) wurde 593 Regent für die Suiko-tennō, er erliess die ersten überlieferten staatsrechtlichen Verfügungen und schrieb Werke zur japanischen Geschichte.[99]

Als Du im Unterricht «Kokū Reibo» gelernt hast, haben da Araki oder Kawase etwas zu diesem «leeren Himmel» gesagt?

Nein. Die haben überhaupt nichts gesagt, man spricht ja nicht im Unterricht. Der buddhistische Hintergrund ist einfach da als ferne Vergangenheit. Fuke gehörte eigentlich zu den «holy fools», den heiligen Spinnern, die im 9. Jahrhundert in China bekannt waren. Unter ihnen waren sehr beachtliche Figuren, die sich keinem Kloster anschlossen, sondern frei ihre seltsamen Thesen, ihre «Verrücktheiten» verbreiteten. Sie wollten die Leute irritieren, verstören. Der bekannteste war Layman P'ang, der ein Laie war und mit seiner Tochter Ling Zhao, die ebenso berühmt war wie er, immer unterwegs war und weit herum berühmt. Die beiden schlossen sich nirgends an und gehören doch im weiteren Sinn zum Zen-Umfeld ausserhalb der Klöster in China.

Wichtiger als der Mönch Fuke war aber im Haus Kawase der legendäre Regent Shōtoku Taishi, der am Anfang des 7. Jahrhunderts mit seinen «Siebzehn Verfügungen» Japan die erste Verfassung gab. Er förderte den Buddhismus und entsandte Botschafter nach China. Von ihm wird auch berichtet, dass er Shakuhachi gespielt habe, und ein Staatsmann und Verfassungsgeber macht als Gründerfigur natürlich sehr viel mehr her als ein obskurer Zen-Meister.

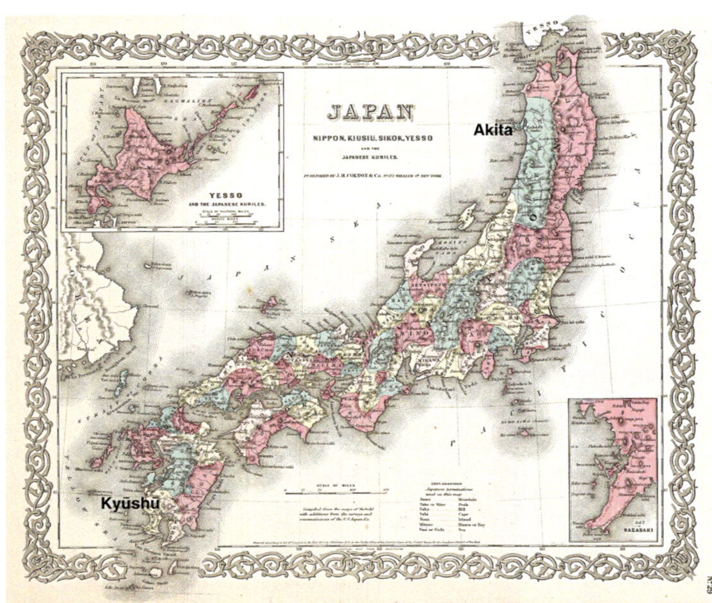

64 Karte Japans von 1855 mit Kyūshū im Süden und Akita im Norden, aus Colton's *Atlas of the World*, New York, 1855. – Die Stücke 4 und 6 des Kinko-Kanons heissen *Akita Sugagaki* und *Kyūshū Reibo*.

Die historische Gründerfigur Kurosawa Kinko (1710–1771)

Nun ragt ein Mitglied des legitimierten Fuke-Ordens hervor, Kurosawa Kinko, der von 1710 bis 1771 lebte und zur historisch belegten modernen Gründerfigur der Shakuhachi-Musik wurde. Sicher ist, dass von ihm die kanonische Sammlung der 36 Honkyoku-Stücke stammt. Was kann man sonst noch über das Leben dieses Kurosawa Kinko sagen oder vermuten?

Man weiss sehr wenig über ihn. Auf jeden Fall war er sehr wanderlustig, die Titel der Stücke deuten darauf hin, dass er von Akita bis Kyūshū unterwegs war, er hat also das ganze bewohnte Japan durchstreift – die nördlichste Insel Hokkaido gehörte ja damals noch gar nicht zu Japan. In den Stücktiteln erwähnt er Mönche oder Leute, von denen er Stücke gelernt hat, er hat also auf eine ziemlich reiche Tradition von Shakuhachi-Musik zurückgegriffen, hat unterwegs Stücke gesammelt und 36 dieser Stücke als Kinko Ryū Honkyoku aufgeschrieben und so zum Kanon der Kinko-Schule gemacht. Es ist unwahrscheinlich, dass er die Stücke so notiert hat, wie er sie gehört und gelernt hat, er hat sie vielmehr bearbeitet. Aber man findet in fast allen Stücken eine Stelle oder eine Besonderheit, die man in keinem anderen Stück findet, was darauf hinweist, dass gewisse regionale Eigenheiten in seine Sammlung eingeflossen sind.

Wir haben beim Spielen einiger Stücke ja auch gemerkt, dass sie unverhofft wie ein Volkslied klingen, wenn man sie etwas schneller spielt als «normal».

Ja. Da die Kinko-Schule reich an verschiedenen Quellen ist, finden sich sehr unterschiedliche Stücke. Man kann sagen, dass die als «Reibo» bezeichneten Stücke, was ja wörtlich «Nachahmung der Glocke» heisst, also der Glocke des fiktiven Gründers Fuke, eine Gruppe von Stücken bilden, die aus einem religiösen Kontext stammen. Die andere Gruppe sind die «Sugagaki» – ein ganz seltsames, total vergessenes Wort für «Musik». Diese Stücke stammen eher aus einem weltlichen Umfeld, zum Beispiel aus der Volksmusik.

Und kann man davon ausgehen, dass Kinko mit seiner Sammlung eine Grundlage für kommende Generationen schaffen wollte?

Ja, er ist wirklich der Gründer: Er hat an die Zukunft gedacht, er hat an seine Nachfolge gedacht und er hat die 36 Stücke als Kanon hingestellt, und zwar sind es 18 vordere und 18 rückseitige Stücke. Im vorderen Teil sind die eher wichtigen, im hinteren die eher unwichtigen, wobei zu sagen ist, dass die eher unwichtigen oft musikalisch interessanter sind. Die Fragmente im hinteren Teil sind wunderschön. Die Sammlung ist eben nicht musikalisch geordnet, sondern nach Wichtigkeit. Ich bin übrigens in Japan einmal einem alten Herrn Kurosawa vorgestellt worden, der der neunte Kinko war.

Zur Bearbeitung, die Kinko vorgenommen hat, kann man vielleicht sagen, dass er das Material so bearbeitet hat, dass am Ende zwar nicht eine einheitliche Musik, aber ein unverkennbarer Stil entstand, eben die Kinko-Musik.

Er wollte einen Stil schaffen mit Material, das er in ganz Japan zusammengesucht hat. Das ist vielleicht die beste Formulierung für sein Werk. Er hat die lokalen Varianten nicht unterdrückt, wollte aber doch einen einheitlichen Stil. Im Übrigen gibt die überlieferte Notation nicht sehr viel her. Das Instrument hat fünf Löcher, wir kommen also mit sechs Zeichen aus. Die Feinheiten der Musik sind nur ganz grob angegeben, zum Beispiel ob ein Ton kari oder meri gespielt wird, wobei nicht einmal klar ist, was zu jener Zeit kari und meri genau bedeutet hat.

Die Notation der Tonlängen ist im Grunde sehr einfach: Es gibt sehr lange Noten, dann gibt es lange Noten, dann gibt es kurze Noten und dann gibt es noch kürzere Noten. Es wäre ein grosser Fehler, diese Längen als Proportionen zu verstehen, sie bedeuten nicht eins zu zwei zu vier zu acht. Die Musik funktioniert anders. Ich habe übrigens den rhythmischen Aspekt von Honkyoku als den schwierigsten empfunden, weil wir nicht gewohnt sind, mit irrationalen Werten umzugehen, wir brauchen rationale Werte. Wenn es eigentlich nur die Werte «länger» und «kürzer» gibt und der musikalische Zusammenhang bestimmt, was das bedeutet, dann wird es wirklich schwierig für uns, die wir an klarere Verhältnisse gewöhnt sind.

Die japanische Notation läuft von oben nach unten, von rechts nach links und von hinten nach vorn, also vollkommen gegen unsere geläufige Leserichtung und gegen unsere horizontale Orientierung beim Lesen. Für mich hat diese Notationsrichtung den Vorwärtsdrang, den es in der westlichen Musik gibt,

Wie zahlreiche Dichter, Mönche, Künstler oder Musiker des 17. und 18. Jh.s ist Kurosawa Kinko durch ganz Japan gewandert. Das Reisetagebuch *Auf schmalen Pfaden ins Hinterland* (Oku no Hosomichi, 1702) des Dichters Bashō (1644–1694) über seine Reise von 1689 verdeutlicht, dass solche Wanderungen, die bis zu einem Jahr dauern konnten, dem Gedankenaustausch, dem Studium der Natur und dem Besuch von Denkmälern dienten. Sie galten zudem als eine Form der Meditation.

Volksmusik: Der Kinko-Meister Hisamatsu Fūyō schrieb 1830 in der Schrift *Hitori Kotoba* (*Monolog*): «Andere Stücke soll man nicht als ‹Bauernmusik› verachten. Haben solche Stücke nicht auch einen wunderbaren Ton des yūgen [yū: undeutlich; gen: dunkel, geheimnisvoll]? Soll man sie nicht auch lernen?»[100]

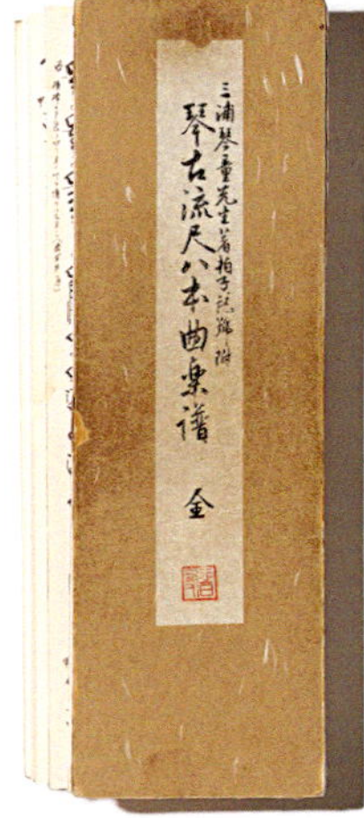

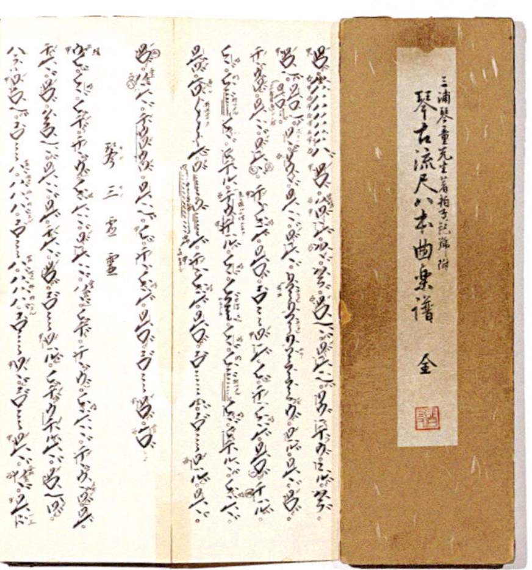

65 Die Kinko-Sammlung, in der Ausgabe von Miura Kindō von 1937. Die Sammlung der 36 Stücke ist ein Leporello, der von hinten nach vorne gelesen und dann gewendet wird. Der vorderseitige und der rückseitige Teil enthalten jeweils 18 Stücke. Foto: raffi p.n. falchi.

Zu «**kari**» und «**meri**» vgl. Kap. 5, S. 79.

Atem, Rhythmus: s. Kap. 6, S. 86–91.

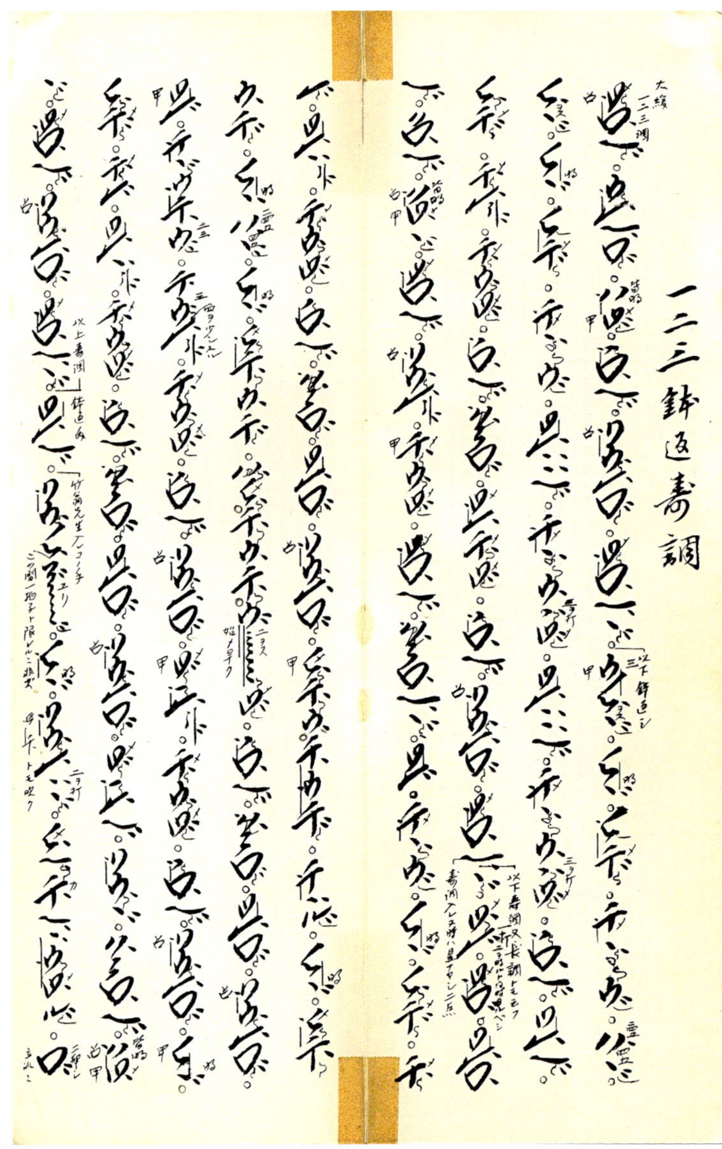

66 Erstes Blatt der Kinko-Sammlung. Miura-Ausgabe, 1937.

Die **Honkyoku-Notation** wird von oben nach unten und von rechts nach links gelesen. Die dick geschriebenen Zeichen sind Töne, resp. Griffe, die kleinen Nebenzeichen stehen für Tonhöhenbewegungen oder Tonqualitäten.

gebrochen. Glaubst Du, dass diese andere Laufrichtung der japanischen Notation irgendeine Wirkung auf Dein Spiel gehabt hat?

Es gehört zur Fremdheit dieser Musik, auch die japanische und chinesische Schrift laufen ja so. In unserer westlichen Notation gibt es übrigens ebenfalls ein Oben und Unten, denn so bezeichnen und schreiben wir die Tonhöhen. Wenn der schwarze Notenpunkt in der Notation weiter oben liegt, singt man – wie soll ich nun sagen? – singt man in höherer Frequenz. Wir sagen «höher» und «tiefer», man könnte auch wie die alten Griechen von «leicht» und «schwer» sprechen. Im «Bariton» kommt das zum Ausdruck, der «Bariton» ist eben der «schwere» Ton. Oder man könnte von «spitz» und «dumpf» reden, ein «spitzer Schrei» ist immer ein hoher Schrei, und ein «dumpfer» Klang ist immer ein tiefer Klang.

Ich habe die japanische Notation immer so wahrgenommen, dass die Zeichen von oben nach unten laufen, die Töne aber ihren eigenen Weg gehen. Ich sehe in der Notation nicht, dass der Ton nach oben geht.

Nein, es ist eben keine grafische Notation wie die westliche, wo wir vier oder fünf Linien haben und der höhere Punkt einen höheren Ton darstellt. Wie stellt man in einer vertikalen Notation wie der japanischen Höhen dar? Indem man sie daneben schreibt, übrigens auch mit «oben» und «unten», das heisst mit kleinen Zeichen neben dem vertikalen Text, die angeben, in welche Richtung sich der Ton bewegt. Aber grundsätzlich gibt es keine grafischen Angaben für Tonhöhen, dass das Ri höher ist als das Ro, das muss man einfach wissen.

Und das bricht für uns das unmittelbare Ablesen …

Man kann der japanischen Notation nicht so ungefähr folgen. In der westlichen Notation muss man die Tonhöhen nicht unbedingt genau kennen, man sieht einfach, dass es nach oben und unten geht. Wie es in Honkyoku vom Ro schrittweise hinaufgeht, Ro – Tsu – Re – Chi, das sieht man nicht.

Honkyoku – eine Musik ohne Geschichte?

Du hast immer wieder darauf hingewiesen, wie schwierig es sei, Genaueres über die Geschichte der Shakuhachi-Musik herauszufinden. Das ist zum einen wohl deshalb so, weil viele Quellen wegen Krieg, Erdbeben, Feuersbrünsten und Überschwemmungen verloren gegangen sind, zum anderen aber auch weil die japanischen Shakuhachi-Spieler gar kein starkes Interesse an solchen Quellen oder an einer Geschichte ihrer Musik haben, denn sie gehen vom Anspruch aus, ihre Musik so zu spielen, wie sie immer gespielt wurde. Folglich hat ihre Musik in ihrem Verständnis gar keine Geschichte und man muss sich auch nicht darum kümmern.

In der westlichen Kultur und Geschichtsauffassung ist die Unterscheidung zwischen dem, was älter und was jünger ist, zentral, in Ostasien hingegen herrscht die Vorstellung vor, dass diese zeitlichen Ebenen nicht klar unterscheidbar seien. Das Alte ist im Neuen immer gegenwärtig und das Neue nie wirklich neu, sondern eine andere Erscheinung des Alten. Als chinesische Musiker 1979 am Durham Oriental Music Festival auftraten und behaupteten, die Musik, die sie spielten, sei 500 Jahre alt, meldeten sich Robert C. Privine und mein Kommilitone Alan Thrasher, ein Kenner der chinesischen Musik, zu Wort: «Hört mal», intervenierten sie, «diese Musik ist doch von 1950». – «Nein», hat man ihnen entgegnet, «diese Musik ist fünfhundert Jahre alt.» – «Aber ihr spielt sie doch so, wie man sie seit 1950 spielt.» – «Ja. Aber das haben wir immer so gemacht.»

Diese Antwort bedeutete: «Wir nehmen die alte Musik und passen sie an, sie bleibt aber alt.» Das Stück ist vielleicht 500 Jahre alt, klang einstmals vermutlich ganz anders, aber für diese chinesischen Musiker war es dasselbe Stück wie vor 500 Jahren. «Alt» und «neu» und «Geschichte» müssen wir in diesen Zusammenhängen anders denken.

Robert C. Privine ist Ethnomusikologe, er unterrichtete von 1978 bis 2000 an der Universität Durham und war Mitorganisator des Durham Oriental Music Festivals.

Alan Thrasher studierte Ethnomusicology mit Schwerpunkt Ostasien und führte Feldstudien in Taiwan, Hong Kong, China, Japan und Nord-Thailand durch. Seine Passion ist die Musik Chinas und ihre Instrumente, über die er publiziert hat (*Chinese Musical Instruments*, 2000; *«Qupai» in Chinese Music: Melodic Models in Form and Practice*, 2016). Er promovierte 1980 an der Wesleyan University und war bis 2005 Professor an der University of British Columbia.[101]

Es ist also kein genetisches Denken wie bei uns in dem Sinne, dass sich die Dinge auseinanderentwickeln. Kann man sagen, dass die traditionellen Musiker in China oder Japan bei den Stücken, die sie spielen, von einer Art Urbild ausgehen und sie einfach mit jetzigem Bewusstsein spielen, und dann tönt es eben, wie es jetzt tönt?

Ja. Und diese Haltung bedeutet auch: «Es ist unsere Musik.» In diesen traditionellen Musiken gibt es keine Komponisten wie unseren Beethoven, der Stücke geschaffen und signiert hat. Es gibt keine Autoren, sondern nur die Musiker. Die Performer selbst sind im Besitz der Musik. Es gibt auch keine Musikwissenschaft dazu und es gibt keine Musikhistorie, die unabhängig von den Musikern wäre. Die Grundeinstellung ist die: «Dies ist meine Musik und ich weiss, wie sie ist, und ja, sie ist sehr alt, aber ich allein entscheide, wie sie gespielt wird.»

Musik ohne Komponisten: Kurosawa Kinko hat zwar einige wenige Stücke selbst geschrieben, er gilt aber nicht als Komponist, sondern als Schöpfer eines Stils und eines Stücke-Kodex.

An unseren Musikhochschulen hört man so etwas wohl nicht so gern. Doch auch die westlichen Musiker, die herauszufinden versuchen, wie genau zu Bachs Zeiten dessen Musik gespielt wurde, wollen dies nicht bis ins letzte Detail imitieren. Die Musik muss eben auch heute gefallen. Unsere Musiker machen einen Spagat zwischen der Alten Musik, wie sie als Text rekonstruiert wird, und einer zeitgenössischen Wiedergabe. Einen solchen Spagat gibt es für ostasiatische Musiker nicht oder er wird nicht als das empfunden, dort ist alles eins.

Instrumente wie die Shakuhachi oder das Koto lernt man ja nicht als Instrument, so wie wir Klavier spielen lernen. Du hast einmal gesagt, dass man mit dem Instrument immer zugleich eine Musik lernt.

Das ist auf der ganzen Welt so – ausser im modernen Westen. Man lernt nirgendwo «Klavier spielen». Man lernt in Indien auch heute nicht «Sitar spielen», sondern man lernt Ragas, und insofern dazu eine Sitar nötig ist, lernt man die nötige Technik auf diesem Instrument. Aber man lernt nicht wie bei uns «Klavier spielen», um dann von Bach bis Beatles alles spielen zu können. Dieser Gedanke ist den tradi-

Charles Burney (1726–1814): Der englische Organist, Komponist und Musikhistoriker bereiste in den frühen Siebzigerjahren des 18. Jh.s Frankreich, Italien, Holland, Deutschland und Österreich, tauschte sich mit bedeutenden Komponisten und Musikern der Zeit aus, wie Wolfgang Amadeus Mozart, Leopold Mozart, Johann Adolph Hasse, Christoph Willibald Gluck, C. P. E. Bach, Joseph Haydn und Georg Friedrich Händel.Er sammelte überall Material für eine Musikgeschichte. Seine *General History of Music* (vier Bände) erschien zwischen 1776 und 1780.[102]

Carl Czerny (1791–1857) war schon als Kind ein brillanter Pianist. Später schrieb er Etuden, die bis heute im Unterricht verwendet werden. Es gab aber schon vor ihm «Klavierschulen», deren Übungen nicht Musikstücke waren, sondern Übungsmaterial, etwa Georg Simon Löhleins *Clavier-Schule* von 1765.[103]

67 Kawase Junsuke I (1870–1959), der Begründer des Hauses Kawase.

tionellen Musiken der ganzen Welt fremd und war auch bei uns bis in die neuere Zeit ungewöhnlich. Man lernt Lieder, man lernt Gesänge, aber man lernt nicht «Singen».

Charles Burney, der im 18. Jahrhundert musikalische Reisen durch Europa unternahm, hat sich als einer der Ersten für die Frage interessiert, was für Musik früher gespielt wurde. Die Entkoppelung von Instrument und Musik ist eine Neuerscheinung in der europäischen Musikgeschichte. Ich bin darin zu wenig bewandert, um präzise sagen zu können, wann sich bei uns das Instrument von der Musik getrennt hat, seit wann man «Klavier spielen» lernt. Vielleicht seit Carl Czerny und seinen «Übungen», die ja keine Musik-, sondern Trainingsstücke sind. Auf der Shakuhachi macht man keine «Übungen», Du lernst einfach die Musik. Du lernst aber auch kein bisschen mehr. Du lernst nur, was in Honkyoku gebraucht wird, aber was man sonst noch mit der Shakuhachi anstellen kann, etwa in der Neuen Musik, das musst du selber herausfinden.

Aus dem eben Gesagten wird wohl auch klar, warum sich selbst die besten Shakuhachi-Spieler in Japan nicht mit der Geschichte ihrer Musik oder mit einer Theorie beschäftigen.

Es ist nicht in ihrem Interesse. Und weil die Geschichte ihrer eigenen Musik ausserhalb ihrer Ryūha (Schule) sozusagen nicht existiert, ist es auch unmöglich. Der historische Blick ist ungeheuer eng und kurz, er geht praktisch nur bis in die nahe Vergangenheit: «Mein Grossvater hat das gespielt.» Was davor war, ist nicht mehr sichtbar.

War der in der Familie Kawase ein Makler?

Nein, er war ein Samurai, in relativ hohem Rang. Als im Zuge der Meiji-Reformationen der Stand der Samurai aufgelöst wurde, wurde er zu einem normalen Bürger und hat das Unterrichten der Shakuhachi und den Aufbau eines Netzwerks von Shakuhachi-Schulen zu seinem Lebenszweck gemacht. Mit Achtzig hat er seine Memoiren geschrieben, in denen er aber bezeichnenderweise nichts über Musik sagt, auch nicht, wie er bei Araki II gelernt hat, sondern er erzählt Anekdoten aus seinem Leben. Die Shakuhachi kommt in den Memoiren am Anfang kurz vor, wo Kawase I bei einem ausgestossenen Samurai, mit dem er befreundet war und der in einem Tempel als Vagabund lebte, die ersten Shakuhachi-Töne lernte. Der war offenbar ein trinkfreudiger Mensch, und als er einmal von der Polizei verhaftet wurde, hat Kawase ihn ausgelöst, man hat aber das Instrument als Sicherheit zurückbehalten, und das hat Kawase dann auch ausgelöst … Solche Anekdoten erzählt er, statt über die wirklich wichtigen musikalischen Fragen zu reden.

Japan und die Theaterkultur

Man muss auch aussprechen, was die Japaner nicht so gern hören: Japan ist keine Musikkultur, Japan ist eine Theaterkultur. Das Nō-Theater ist eine der grössten theatralischen Welterfindungen, ebenso das Bunraku-Puppentheater, das beste Puppentheater der Welt. Das Nō-Theater ist ja eigentlich ein Musiktheater, die Musik dazu ist aber sehr simpel, das Instrumentarium besteht bloss aus drei Trommeln und einer Flöte. Mehr nicht. Die traditionellen Musiker geniessen in Japan generell kein hohes Ansehen, und die Musik für Shakuhachi, die ja als Bettlerinstrument galt, wurde wahrscheinlich bis in die neueste Zeit überhaupt nicht als Musik betrachtet. Sie galt allenfalls als so etwas wie eine Signalsprache: «Hier bin ich.» Damit machten die bettelnden Komusō auf sich aufmerksam. Dass die Shakuhachi-Spieler trotzdem eine so unglaublich gute Musik wie Honkyoku geschaffen haben, ist mir immer noch rätselhaft, denn es waren ja gar keine Musiker.

Das ist wie ein Wunder.

Ja, es ist ein Wunder. Aber im Allgemeinen hatte die Musik in Japan im Vergleich zu Europa einfach keinen hohen Stellenwert. In Europa wurde die Musik ständig weiterentwickelt, es gab die Mehrstimmigkeit, die grossen Orchester, viele hoch entwickelte Instrumente, und die Fürsten haben an ihren Höfen in Musik investiert …

… in Mannheim, Karlsruhe, Dresden …

… so etwas gab es nicht in Japan. Und das Theater ist entweder in den niederen Sphären angesiedelt wie das Kabuki oder dann im Rituellen wie das Nō-Theater, das eigentlich kein Theater in unserem Sinn ist, es sind rituelle Aufführungen. Eine der wichtigsten Gattungen des Nō-Theaters betrifft Geister (kami). Grob skizziert ist ihre typische Handlung etwa die, dass ein Priester ans Land kommt und sagt: «Ich bin der Priester Soundso und befinde mich hier am Strand von Soundso.» Auftaucht ein Eingeborener und sagt: dort und dort gebe es eine seltsame Begebenheit, ob der Priester nicht kommen könne, es spuke da ein Geist. Und dann geht der Priester hin, beschwört den Geist, der Geist tritt auf, erzählt seine Geschichte und wird dann zur Ruhe geleitet.

In diesen Stücken geht es um Erlösung. Es sind buddhistische Rituale, um sich aus der im Leben angehäuften Schuld zu befreien und tatsächlich nicht mehr ein Wiedergänger, ein Untoter sein zu müssen. Verschiedene Sagen, die einst an bestimmten Orten aufgeführt wurden, an denen sich die dargestellten Ereignisse zugetragen hatten, sind dann zu einem Repertoire von Stücken geworden.

Die Meiji-Restauration und ihre Folgen

In der Meiji-Ära, also zwischen 1868 und 1912, als das Kaisertum restauriert und das Land modernisiert wurde, haben sich die Umstände für die Shakuhachi-Musik und andere traditionelle Künste ziemlich verändert. Was ist in dieser Zeit mit dem Instrument passiert?

Einiges wurde verboten, was zum alten Japan gehörte, später aber wieder zugelassen. Temporär wurde Heikyoku verboten, die Musik der blinden Biwa-Sänger über die Clankriege im 12. Jahrhundert, auch

Nō-Theater: s. Kap. 4, S. 68, 71; Kap. 7, S. 107f.

Bunraku: Aus Puppenspieltraditionen, die bis ins 11. Jh. zurückreichen, entstand im frühen 19. Jh. das Bunraku. Die Ganzpuppen sind etwa von halber Lebensgrösse und werden von drei Spielern geführt: der Hauptspieler in einem Kostüm des 18. Jh.s bedient den Kopf und die rechte Hand, bewegt die Augen, Augenbrauen, Lippen und Finger. Die beiden schwarz gekleideten Helfer sind für die linke Hand, die Beine und Füsse zuständig. Das Spiel wird von einem Jōruri genannten Sprechgesang und einer Shamisen (Laute) begleitet.[104] – **Video:** Bunraku-Demonstration and Workshop on August 26, 2014: https://www.youtube.com/watch?v=1qcBSAwQVpw.

Der Ausdruck «**Meiji-Restauration**» ist paradox, weil zwar einerseits mit der Abschaffung des Shōgunats (der Herrschaft des obersten Militärführers) die Macht des Tennōs (des Kaisers) restauriert wurde, zum anderen aber die Gesellschaft und der Staat bis zu einem gewissen Grad reformiert wurden. Japan erhielt eine Verfassung nach deutschem Vorbild und eine Verwaltungsreform nach französischem Modell, es wurde eine allgemeine Schulpflicht eingeführt, zur Entwicklung der Naturwissenschaften wurden Studienmissionen in den Westen geschickt und Universitäten gegründet, eine Finanz- und Währungsreform schuf die Voraussetzungen für eine rasche Industrialisierung, die allgemeine Wehrpflicht und der Aufbau einer Flotte markierte den Beginn der aussenpolitischen Expansion.[105]

Heikyoku: Die blinden Biwa-Sänger (biwa hōshi) waren die Troubadoure der Edo-Zeit. Sie verdienten ihren Lebensunterhalt, indem sie umherzogen und zur Kurzhalslaute Biwa rituelle Gesänge und Heldenlieder aus dem *Heike Monogatari* vortrugen, einem Epos über den Genpei-Krieg (1180–1185) zwischen zwei mächtigen Clans.[106]

Tozan: s. S. 69.

Kabuki: Das im frühen 17. Jh. entstandene Unterhaltungstheater ist stark auf das Können der Darsteller ausgerichtet, hoch stilisierter Tanz und Gesang zeichnen es aus. Geboten werden volkstümliche Stücke über Selbsttötungen aus Liebe oder über Samurai-Banden (*Die 47 Rōnin*). Traditionellerweise ist das Publikum laut, es mischt sich mit Zwischenrufen ein, kommt und geht und isst während der langen Aufführungen. Die «Geza» genannte Musik folgt der Dramatik der Stücke und wird auf Trommeln, Querflöten, Shamisen, verschiedenen Tsutsumi-Trommeln, Feuerglocken, Gongs, Mokugyō (Holztrommeln) und Pfeifen gespielt.[107] (Abbildung einer Kabuki-Szene s. Abb. 34, S. 26). – **Video:** Doku (1964) des Ministeriums für Äussere Angelegenheiten von Japan (auf Englisch): https://www.youtube.com/watch?v=6oZu80KZAM4.

Yukio Mishima (1925–1970) war ein wichtiger japanischer Schriftsteller und Poet, in dessen Werk sich literarische Avantgarde und politische Reaktion verbanden. Mit einer privaten Miliz versuchte er einen Staatsstreich, um die alte Macht des Kaisers wieder zu installieren. Da der Versuch scheiterte, beging er den rituellen Seppuku-Selbstmord.

Zur **Bezahlung** vgl. Kap. 3, S. 48f.

das Nō-Theater wurde zeitweilig verboten und der Fuke-Orden, zu dem die Shakuhachi seit 200 Jahren gehört hatte, wurde 1870 aufgelöst. Zunächst muss man zur Meiji-Zeit aber sagen, dass sie die damalige Gegenwart neu definiert hat und im Zuge dessen auch die Vergangenheit: Man hat das Bild des alten Japans in eine feste Form gebracht.

Die Meiji-Zeit, über die musikgeschichtlich relativ wenig geforscht wurde, ist eine intellektuell aufgewühlte Epoche, weil sie unter reger Teilnahme der damaligen Dichter, Musiker und Schauspieler bestimmt hat, wie das heutige Japan auf das alte Japan blickt. Die Folge: Die alten Künste erstarrten. Es gab keine neuen Kompositionen für Shakuhachi, ausser im Falle von Tozan, der einen völlig neuen Stil schuf. Die Koto-Musik und die Shamisen-Musik kamen zu einem absoluten Stillstand, im Sankyoku-Trio zelebrierte man eigentlich eine Rekonstruktion des alten Japans. Auch das Kabuki-Theater stagnierte vollkommen, bis heute. Genauso das Nō-Theater: Man spielte die alten Stücke, es gab keine neuen – oder die neuen waren nicht mehr Nō-Theater. Yukio Mishima hat als einer der Wenigen neue Nō-Stücke geschrieben, sie wurden aber praktisch nie aufgeführt. Von ihm stammt das schöne Stück *Die hundertste Nacht,* das in einem Park spielt mit einer alten Zigarettensammlerin, die eben der Geist ist, der beschworen werden soll. Es wurde 1958 in Hamburg aufgeführt.

Die Mitglieder des aufgelösten Fuke-Ordens wurden nicht verfolgt, es zogen weiterhin einzelne Komusō durch die Gegend, und das fand man auch in Ordnung. Die Samurai-Klasse hingegen wurde gänzlich aufgehoben. Als dann die Reispensionen der ehemaligen Samurai in eine einmalige Geldabfindung umgewandelt wurden, kam es zu einer immensen Inflation, sodass die Klasse verarmte. Ich spreche nicht vom Hof- und Hochadel, also den Feudalherren, sondern von der parasitären Kriegerklasse, die jetzt plötzlich zum Arbeiten angehalten wurde, was ihnen vorher ja ausdrücklich verboten war. Und für einige wie Kawase Junsuke und Araki Hanzaburō, der ein Hatamoto war, also einem Shōgun nahestand, war es naheliegend, Shakuhachi-Spielen zu ihrem Beruf zu machen. Aber man muss schon sehen: Das war ein Niedergang, auch dass man jetzt Geld verdienen musste, war eine Deklassierung. Diese Leute hatten möglicherweise schon vorher unterrichtet, aber unter anderen Voraussetzungen. Sie hatten Geschenke akzeptiert, denn ein Lehrer ist unbezahlbar, jetzt mussten sie auf Bezahlung bestehen. Was für ein Niedergang!

Du hast gesagt, die Normierung der Kultur sei unter reger Teilnahme der damaligen Musiker und Schauspieler vor sich gegangen. Was heisst das? Und hat das auch die Musik für Shakuhachi verändert?

Viele Veränderungen haben die betroffenen Leute selber eingeleitet, sie haben sich einfach den Umständen angepasst. Die Shakuhachi kam unter Druck, weil sie mit dem Buddhismus assoziiert war, und das war in der Meiji-Reformation nicht mehr genehm. So wichtig es war, dass sich die Shakuhachi-Spieler im 17. Jahrhundert geordnet einer grossen Zen-Richtung angeschlossen haben, so wichtig war es dann Ende des 19. Jahrhunderts, sich möglichst von dieser religiösen Bindung zu distanzieren und sich neu zu definieren. Man hat sich neu orientiert, man hat aus dem grossen Vorrat der Mythen andere Personen hervorgeholt wie den Verfassungsgeber Shōtoku Taishi aus dem 7. Jahrhundert und hat darauf hingewiesen, dass die Shakuhachi bereits im Gagaku, also im Hoforchester, vorhanden und die Fuke-Richtung doch eher eine Seitenbewegung gewesen sei. Das war kulturpolitisch sehr wichtig, weil es das Überleben der Shakuhachi in der Meiji-Zeit sicherte.

Es entstand um 1905 auch eine neue, komponierte Shakuhachi-Musik in klarer Abgrenzung zur alten Shakuhachi-Tradition. Nakao Tozan (1876–1956), der Begründer der Tozan-Schule, schuf die ersten zwei, drei Stücke noch in Anlehnung an Honkyoku, aber später entwickelte er eine andere Art von Pentatonik mit kleinen Terzen und Ganztönen. Also: Weg mit den Halbtönen! Die wichtigste Neuerung, die Tozan einführte, war aber die Mehrstimmigkeit. Er hat angefangen für zwei oder drei Shakuhachi zu komponieren und war damit sehr erfolgreich.

Nakao Rinzō (1876–1956) nahm den Namen Nakao Tozan an, als er 1894 Komusō wurde. 1896 eröffnete er eine Shakuhachi-Schule und gründete den Tozan Ryū. Er komponierte ein eigenes modernes Repertoire in stärker rhythmisiertem Stil und mehrteiligem Aufbau.[108]

Das war dann eine Kunstmusik, die nichts mit Buddhismus zu tun hatte.

Nein, das hatte mit Buddhismus nichts mehr zu tun. Tozan verkörpert die Reaktion der Meiji-Zeit auf die alte Zeit: Man nahm zwar das alte Instrument, schuf aber eine neue Musik dafür. Zugleich hat man sich aber auch von Honkyoku abgewendet und sein Heil im Anschluss an Koto und Shamisen gesucht, im Sankyoku-Trio.

Und wo wurde diese Musik des Sankyoku-Trios gespielt?

Unter Bürgerlichen, zum Teil auch in den Vergnügungsvierteln. Das Koto wurde seit langem in der Hausmusik verwendet, aber auch in der Unterhaltungsmusik, von den guten Theatern bis zu den Bordellen. Auf jeden Fall waren Koto und Shamisen die beiden Hauptinstrumente der Tokugawa-Zeit. Das Sankyoku-Repertoire, was vom Wort her «Musik für drei Instrumente» bedeutet, wurde nie, aber auch nie für drei Instrumente geschrieben, sondern es ist im Teamwork entstanden. Das meiste ist für Gesang und Shamisen geschrieben. Dann haben Spezialisten eine Koto-Stimme dazu geschrieben. Damit sind wir eigentlich schon bei drei: Gesang, Shamisen und Koto. Schliesslich hat sich aber noch die Shakuhachi eingeschmuggelt, hat dort Zuflucht gesucht, vor allem Spieler der Kinko-Schule. Dies tat dem Ensemble gut, weil die Saiteninstrumente Shamisen und Koto recht kurze Töne produzieren und die Shakuhachi mehr Linie in die Musik hineinbringt, gerade in den Teilen, in denen nicht gesungen wird.

68 Sankyoku-Aufführung mit Hirano Hiroko, Kezuka Mariko und Kawase Junsuke III, 2012. – **Video/Audio:** Sankyoku-Musik: Yamaguchi Goro, Nakanoshima Kinichi und Nakanoshima Keiko spielen *Shojo No Tsuru*. Eine seltene Aufnahme der NHK (Japan Broadcasting Corporation) von 1979: https://www.youtube.com/watch?v=q1N40MS19-8.

Und für die Shakuhachi war es vielleicht ein Prestigegewinn.

Für die Shakuhachi war es ab 1850 eindeutig eine neue Perspektive, etwas, womit man Reputation gewinnen konnte und wegkam vom Bettelmönch-Image. Das Sankyoku-Ensemble führte auch dazu, dass das Tonsystem der Shakuhachi um 1900 eigentlich zum ersten Mal genauer definiert wurde, denn es musste an die Stimmung von Koto und Shamisen angepasst werden. Es gibt ja in Honkyoku keine festen Skalen, da man immer allein spielt und es dabei vor allem auf Schattierungen, auf Zwischentöne und Bewegungen ankommt. Wenn man nun im Ensemble spielte, konnte «meri» nicht einfach «etwas tiefer» sein, sondern man musste sich entscheiden, ob es ein Halbton ist oder zwei. Meine Vermutung ist, dass die spezielle Intonation bei der Kinko-Schule stark von Koto und Shamisen beeinflusst ist.

Tonsystem: In dem von Sankyoku beeinflussten Tonsystem ist die Oktave zwölfstufig, die Halbtöne sind wichtige Stufen. Die zwölfstufige Oktave war von der chinesichen Musiktheorie her schon den Musikern des japanischen Hoforchesters Gagaku bekannt, für die Shakuhachi-Spieler der Fuke-Tradition war die Erkenntnis aber ohne Belang. Die Überlegungen von Kawase I und Uehara Rokushirō um 1900 kamen darum einer Neuentdeckung der zwölfstufigen Oktave gleich.

69 Kawase Junsuke I (1870–1959).
70 Uehara Rokushirō (1848–1913), genannt Kyodō.

Tanaka Shōhei (1862–1945) wurde im Zuge der Meiji-Reformpolitik mit einem Stipendium nach Deutschland geschickt. Seine gleichstufige Stimmung kann auch pentatonische Skalen beinhalten, die in Japan wichtig sind. Tanaka erfand zu seiner Theorie ein «Enharmonicum» mit 20 Tasten und 26 Tonhöhen in jeder Oktave und demonstrierte es an verschiedenen europäischen Konservatorien. In Wien stiess das Instrument bei Anton Bruckner auf grosses Interesse.[109]

Und so hat man um 1900 die Zwölfstufigkeit der Oktave wiederentdeckt und auf die Shakuhachi übertragen – aber nur theoretisch, nicht praktisch. An dieser Wiederentdeckung waren der alte Kawase und Uehara Rokushirō beteiligt, ein Mathematiker und Physiker, der als Laie Shakuhachi spielte und eine bedeutende Rolle in der Reform der Shakuhachi-Notation um 1900 spielte.

Ist das unter dem Einfluss der westlichen Musik geschehen?

Ja, nicht direkt der westlichen Musik, aber der westlichen Musiktheorie. Tanaka Shōhei, ein japanischer Physiker und Musiktheoretiker, hat Ende des 19. Jahrhunderts in Berlin bei Helmholtz studiert und über das Problem des pythagoräischen Kommas promoviert. Dafür hat er sogar die Kaiser-Wilhelm-Medaille bekommen. In Japan hat er dann mit Kawase Junsuke I zusammengearbeitet, in seiner Biografie erwähnt ihn Kawase allerdings nur ein einziges Mal.

Und sieht man den Einfluss in den Notationen?

Nein, in den Notationen sieht man nichts. Ich habe ein Blatt von Kawase Junsuke I, aus dem hervorgeht, dass er sich des chinesischen Verfahrens, einen «Quintenstern» zu erzeugen (junbachi – gyakuroku), bewusst war. Kawases Theorieblätter sind ein wichtiges Zeugnis, denn darin sind noch Reste der 53-stufigen Tonskala erhalten, die Tanaka zur Lösung des Problems erfunden hat, dass es zwischen sieben reinen Oktaven und zwölf reinen Quinten immer eine kleine Differenz gibt, etwa einen Achtelton. Er hat für diese Skala auch ein «Enharmonicum» gebaut.

Für die Honkyoku-Musik hatte das aber keinen praktischen Einfluss?

Nein. Es ist ja in Japan generell so, dass Theorie und Praxis nicht unbedingt übereinstimmen. Beispielsweise hat das Hoforchester Gagaku eine fixe Theorie aus China übernommen. Alle beteiligten Musiker kennen sie, sagen aber: «Theoretisch geht der Modus so, aber wir spielen ihn anders, eben so, wie es unsere Tradition verlangt.» Zum Glück stimmen auch bei der Honkyoku-Musik der Shakuhachi Theorie und Praxis nicht überein, weil ja gerade die verwischten Meri-Töne die Essenz von Shakuhachi ausmachen – und nicht dass die zwölfstufige Tonleiter genau stimmt. Das Unstimmige, das Verwaschene, das durch den Gebrauch Abgenutzte, eben «kareta», macht den schönen Ton.

Womit wir wieder beim Schönheitsideal der abgegriffenen Dinge wären, bei der vom Gebrauch patinierten Flöte.

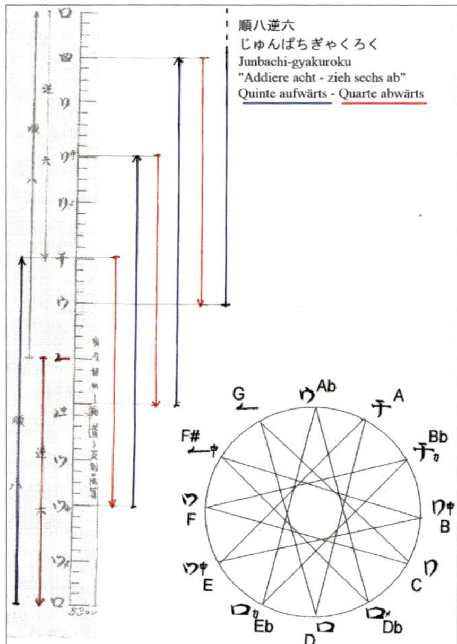

kareta: s. Kap. 1, S. 16.

71 Theorieblatt von Kawase Junsuke I: Die Erzeugung eines «Quintensterns» nach chinesischem Muster.

Aus der Stagnation in die Moderne

Was ist nach den Normierungen der Meiji-Zeit geschehen? Kann man im 20. Jahrhundert Neuentwicklungen feststellen?

In der Zwischenkriegszeit hat man einfach das in der Meiji-Zeit neu definierte alte Japan weiter durchgepaukt – Samurai, Kriegerethik etc. Erst nach 1945, in den Fünfziger- und Sechzigerjahren, hat sich die neue Musikszene zaghaft daran gewagt, mit den alten Instrumenten neue Musik zu machen, Komponisten wie Takemitsu, Hirose, Moroi, Hosokawa. Sie schufen zeitgenössische neue Musik auf alten Instrumenten, aber eigentlich ohne Bezug auf die alte Musik.

Bekannte Beispiele für **zeitgenössische Musik** mit alten Instrumenten sind *November Steps* (1967) für Shakuhachi, Biwa und Streichorchester von Toru Takemitsu (1930–1996), *Autumn Wind* (2011) für Shakuhachi und Orchester von Toshio Hosokawa (*1955) oder *Kakurin* (1973) für Shakuhachi solo von Ryōhei Hirose (1930–2008). – **Video/Audio:** *Autumn Wind*, gespielt vom Baskischen Nationalorchester und Tadashi Tajima (Shakuhachi): https://www.youtube.com/watch?v=TQeDhMDl-Cc.

Wenn man heute ein Honkyoku-Konzert hört, ist das vielleicht etwas Ähnliches, wie wenn man ins Museum geht, nur live. In einem historischen Museum betrachtet man Gegenstände aus anderen Epochen, in der Honkyoju-Musik oder im Nō-Theater tritt an die Stelle der Gegenstände eine Performance.

Es gab und gibt ja die Versuche, im Globe Theater Shakespeares Stücke in der Originalszenerie aufzuführen, zum Beispiel *Romeo und Julia*. Also eine Art doppelte Geisterbeschwörung. Das Nō-Theater muss sich da gar nicht verwandeln, weil schon das originale Nō-Theater Beschwörungscharakter hat. Es geht meist um das Beschwören von Geistern.

Auch wenn Honkyoku oder das Nō-Theater stagnieren, heisst das nicht, die Aufführung eines Kinko-Stückes oder eines Nō-Theaters könne nicht trotzdem ganz lebendig sein und uns direkt ansprechen.

Nein, das heisst es überhaupt nicht. In den Geister-Stücken des Nō-Theaters ist der Unterschied zwischen einer sakralen Handlung und einem Theaterstück sehr klein. Es ist nicht etwas sakralisiert worden, was vorher weltlich gewesen wäre. Auch waren die Anlässe für die Stücke meist religiöse Feiern, etwa für einen lokalen Geist.

Zum 80. Geburtstag meines Lehrers Kawase III gab es im November 2016 im Nō-Theater Tokyos eine Feier, an der ich auch beteiligt war. Dabei wurde auch ein kaum bekanntes Stück *Rakuami* aufgeführt, in dem der Geist eines Shakuhachi-Spielers keine Ruhe finden kann. Aus Verehrung haben die Leute viele kleine Bambusstücke an die Pinie neben dem Grab des Spielers gehängt, lauter kleine Shakuhachi. Der Geist wird dann von einem Priester heraufbeschworen und zur endgültigen Ruhe geleitet.

Wahrscheinlich steht eine lokale Legende hinter dem Stück, das im Stil der klassischen Nō-Stücke gebaut ist, nur ohne Musik. In der Aufführung hat dann natürlich Kawase im Hintergrund an passenden Stellen Shakuhachi gespielt. Es ist eine wunderbare Geschichte und ich fand, dass es geradezu eine tragische Note hatte, am 80. Geburtstag von Kawase Junsuke III den Geist der Shakuhachi zu Grabe tragen zu lassen. Aber ich war wohl der einzige, der das so empfand.

72 Szene aus dem Nō-Stück *Rakuami* über die Beschwörung des Geistes eines Shakuhachi-Spielers. In der Mitte die stilisierte Pinie mit den Bambusstäben, die Shakuhachis darstellen, links mit Maske der Geist von Rakuami, rechts der wandernde Mönch, im Hintergrund Kawase III. Foto einer privaten Videoaufnahme der Feier zum 80. Geburtstag von Kawase III.

5 «The world of a single sound» / «Die Welt in einem Ton» – von der Klangwelt der Shakuhachi

Der schwere Kübel, den ein Junge über einen Feldweg schleppt, scheppert und klackert, man hört den Ruf eines Hirten, das Muhen einer Kuh, und in all diese ländlichen Geräusche hinein erklingen die unbekannten Tonfolgen einer Flöte. Ein Krankenwagen fährt mit Sirenengeheul heran, ein Gebäude brennt lichterloh, die Flöte verstummt, während eine Geige zu spielen anfängt, gefolgt von der Arie *Erbarme Dich*. Die Flöte ist eine Shakuhachi und die Arie stammt aus der Matthäus-Passion von Johann Sebastian Bach. In der Schlussszene von Andrei Tarkovskys letztem Film *Offret* (*Sacrifice*) von 1986 hat der Komponist Tōru Takemitsu mit der japanischen Bambusflöte und dem Bach'schen Oratorium zwei einzigartige und zugleich universale Musiken im Soundtrack zusammengeführt.[110]

Der unvergessliche Klang der Shakuhachi begegnet uns in zahlreichen Soundtracks, natürlich in manchen Filmen wichtiger japanischer Regisseure wie Akira Kurosawa, Masaki Kobayashi oder Kon Ichikawa, aber auch in westlichen Mainstream-Produktionen hört man sie, zum Beispiel in *Jurassic Park, Harry Potter, Godzilla 2014* oder *Last Samurai*. Die exotischen Skalen, die schwebenden Töne und der Raum-schaffende Klang haben die Shakuhachi bei den Kinogängern bekannt gemacht, ohne dass alle wüssten, um welches Instrument es sich handelt.

Viele Menschen, die zum ersten Mal eine Shakuhachi hören, sind überrascht, gar überwältigt von der Klangvielfalt und elementaren Kraft dieser Flöte. Vielleicht beruht diese Wirkung aber weniger auf dem Instrument selbst, als vielmehr auf der Art der Musik, die darauf gespielt wird, denn «das ‹Instrument an sich› gibt es nur, wenn es daliegt und nicht gespielt wird», erklärt Andreas Gutzwiller und er betont, man höre nie «ein Instrument an sich», man höre immer eine bestimmte Musik.

Es gibt wohl kaum ein anderes Instrument, bei dem die Einheit des Instruments mit seiner Musik stärker ist als bei der Shakuhachi. Auf einer Geige kann man fast alles spielen, von Bach bis Swing, auf einer Shakuhachi eigentlich nur die Musik für Shakuhachi. «Honkyoku» heisst diese Musik, die mit der Shakuhachi eine Einheit bildet. Das Wort meint die «eigene Musik» für Shakuhachi, es handelt sich um die Stücke, die in der Tradition der Fuke-Mönche entstanden sind. Man muss sich also mit den Besonderheiten dieser Musik befassen, um die Shakuhachi zu verstehen und ihre Klangvielfalt, ihre Tonqualitäten und -kontraste, die Tonzellen, die Regeln und die Freiheiten.

Bei ihrer ersten Begegnung mit der Shakuhachi sind viele Menschen vor allem vom Klang beeindruckt. Was ist an diesem Klang? Stellen wir uns als Gedankenspiel vor, jemand spiele auf verschiedenen Längsflöten einige Töne, auf einer chinesischen Xiao, auf einer persischen Nay, auf einer balinesischen Suling, auf einer Shakuhachi. Würdest Du den Eigenklang Deines Instruments auf Anhieb erkennen?

Ich höre ja eigentlich nie ein Instrument, ich höre immer Musik. Ich höre dann also chinesische Musik oder persische Musik oder balinesiche Musik oder japanische Honkyoku-Musik. Daran unterscheide ich die Flöten. Es ist immer eine ganz bestimmte Musik, gespielt auf einer ganz bestimmten Flöte, und wenn man nicht ins Labor geht und Tonleitern spielt, um sie im Computer zu analysieren, ist das Entscheidende immer die Musik und nicht der Instrumentenklang. Man kann die beiden Ebenen nicht trennen.

Aber es ist vielleicht doch schwierig oder gar unmöglich, auf einer Traversflöte aus dem Barock Honkyoku-Stücke zu spielen.

Bin ich mir gar nicht so sicher. Ich habe letzthin eine CD mit Honkyoku-Stücken gehört, gespielt auf einer Trompete. Das klingt eigenartig und gar nicht so schlecht. Die Shakuhachi ist insofern etwas Besonderes, als es in ihrem Fall wie wohl in keinem anderen eine Identität von Instrument und Musik gibt: Das Instrument ist die Musik und diese Musik erklingt nur auf diesem Instrument. Das ist es ja, was das Wort «Honkyoku» bedeutet.

Wir sind mit der Diskussion über den Eigenklang des Instruments auf dem falschen Weg. Das «Instrument an sich» gibt es nur, wenn es daliegt und nicht gespielt wird. Wesentlich ist, dass es ein «Instrument an sich», ausserhalb von Musik, nicht gibt. Allerdings hören wir, wenn jemand ein Instrument spielt, immer nur einen kleinen Ausschnitt aus den Möglichkeiten, die es bietet, und dieser Ausschnitt ist bestimmt von der Kultur. Die Musik ist zuerst da, und sie benützt Instrumente. Sobald ein Instrument anfängt zu tönen, ist dies ein Ereignis der Musikkultur.

Fast jeder kennt das Saxophon, aber fast niemand kennt das klassische französische Saxophon des 19. Jahrhunderts, das sehr soigniert in Quartetten gespielt wurde, und zwar so, dass man das Saxophon nicht auf Anhieb erkennt. Vertraut ist uns auch, was die Afroamerikaner aus dem Saxophon gemacht haben. Zwischen der Spielweise von Coleman Hawkins und John Coltrane besteht aber ein grosser Unterschied, und doch ist es dasselbe Instrument. Es ist also der Gebrauch, der das Instrument macht. Es gilt darum nicht nur die Redeweise «C'est le ton qui fait la musique» – das ist nur die eine Seite, vielleicht sogar die unbedeutendere –, wichtiger ist: «C'est la musique qui fait le ton». Besonders gut zu beobachten ist das an der Entwicklung der Blasinstrumente im 19. Jahrhundert, die ja nicht nur angetrieben war von Tüftlern, die ständig tüftelten, vielmehr hat eine neue Musik, besonders die Ansprüche der immer grösser werdenden Orchester, nach neuen, «besseren» Instrumenten verlangt.

Die **Xiao** ist «eine in der chinesischen Musik gespielte Längsflöte aus Bambus mit üblicherweise fünf Fingerlöchern, einem Daumenloch und zwei oder mehr Lüftungslöchern am unteren Ende.»[112]

Nay bzw. Ney bezeichnet eine Gruppe von Endkantenflöten ohne Mundstück. Sie bestehen im Wesentlichen aus einem beidseitig offenen Rohr des Pfahlrohrs und werden als Längsflöte in der zentralasiatischen Musik gespielt. Das offene Rohr wird in einem schrägen Winkel angeblasen.[113]

Suling, auch Seruling (indonesisch «Flöte»), bezeichnet mehrheitlich Längsflöten und einige Querflöten aus Bambus, die im Malaiischen Archipel von Malaysia und Indonesien bis zu den südlichen Philippinen gespielt werden. Eine solche Längsflöte mit Außenkernspalte ist das einzige Blasinstrument im Gamelan von Java und Bali.[114]

Hört man ein französisches oder belgisches **Saxophonquartett**, ohne von der Besetzung zu wissen, kann man leicht Oboen, Fagotte oder gar Celli heraushören. Jean-Baptiste Singelée (1812–1875), ein Freund von Adolphe Sax (1814–1894), komponierte eine grössere Zahl von Kammermusikwerken für Saxophon, u. a. das *Premier Quatuor pour Saxophones, Op 53* (1857). – **Video/Audio:** Das «Andante allegro» aus Singelées *Premier quatuor*, gespielt vom Quatuor de Saxophones de Luxembourg: https://www.youtube.com/watch?v=peSW34FsKxE. – **Coleman Hawkins** spielt *Quintessence* (1963) aus dem Album *Today and Now:* https://www.youtube.com/watch?v=h5-UFQqubg0. – **John Coltrane** spielt *Acknowledgement* aus dem Album *A Love Supreme* (1964): https://www.youtube.com/watch?v=TMvbUKqWYEs&list=PLWvco6AqKzf2OhGoRTyGO3OKQ42sAZFJe.

Als Du im Herbst 1970 ein Konzert von Araki V an der Wesleyan University mit Kinko-Stücken gehört hast, hat Dich, wie Du gesagt hast, eine völlig unbekannte Klangwelt «umgehauen». Was sind denn das für Klangphänomene in der Honkyoku-Musik, die so eigen und unverwechselbar sind?

Das habe ich damals noch gar nicht begriffen. Zunächst war der Eindruck, dass ein Musiker mit einem Bambusrohr mit fünf Löchern dasitzt und auf der rein klanglichen Ebene Töne spielt, die man auf der entwickelten Böhm-Flöte, die für eine ganz andere Musik gebaut wurde, gar nicht erzeugen kann. Aber das war eigentlich nicht das Zentrale, es ging darum, dass eine Musik gespielt wurde, die mir vollkommen fremd war, auf einem Instrument, das auch vollkommen fremd war, in seiner Einfachheit eigentlich eine Antithese zu unseren Holzblasinstrumenten, die übersät sind mit Stangen und Hebeln und Klappen, die also zugebaut sind mit Mechanik.

Diese modernen Instrumente sind zugerichtet für eine ganz bestimmte Musik. Dazu ein philosophischer Einschub: Peter Sloterdijk hat in seiner *Kritik der zynischen Vernunft* …

… sein wohl bestes Werk, übrigens …

Peter **Sloterdijk über Prothesen**: *Kritik der zynischen Vernunft*, Bd. 2, S. 791–814.

… finde ich auch. Nun, in der *Kritik der zynischen Vernunft* entwickelt er den Begriff der Prothese, und zwar in einem doppelten Sinn. Einerseits ist die Prothese eine Stütze, eventuell ein Ersatz für etwas, was verloren gegangen ist, und auf der anderen Seite kann eine Prothese auch eine Verlängerung sein, mit der man etwas erreicht, was man ohne sie gar nicht erreichen kann. Angewendet auf die Musikinstrumente, führt dies zur Frage, wofür sie eine Prothese sind.

Ganz klar für die menschliche Stimme.

Die Stimme ist das Ur-Instrument, das beweglichste, das versatilste, und fast alle Instrumente, die distinkte Töne produzieren können, sind mehr oder weniger Imitationen von Stimmen. Das ist die Ersatzfunktion für die menschliche Stimme. Die andere Funktion der Prothese, dass man mit ihr weiter reicht, ist auch ganz klar gegeben: Niemand kann so hoch singen, wie ein Piccolo spielen kann, niemand kann so tief singen, wie eine Bassklarinette reicht, und niemand kann so laut singen wie eine Posaune. Zwar haben wir mit den Instrumenten eingeschränkte Möglichkeiten, die Variabilität ist geringer, aber die Spezialisierung bringt ganz bestimmte Qualitäten in den Vordergrund.

Soweit der philosophische Einschub.

Raga (Sanskrit für «Farbe», «Leidenschaft»): Melodiegerüst für die Improvisation und Komposition in der klassischen Musik Indiens, Bangladeshs und Pakistans. Er beruht auf einem Set von Noten, einem Raster, in dem die Noten als Melodien erscheinen, und charakteristischen musikalischen Motiven. Diese Grundelemente können als Tonskala niedergeschrieben werden. Indem der Musiker bestimmte Tonschritte auf unterschiedliche Weise vollzieht, entsteht jeweils die für einen Raga typische Stimmung. Es sind mehrere hundert Ragas im Gebrauch, Tausende weitere sind theoretisch möglich.[115]

Was heisst das nun für die traditionellen Musiken?

Die Anwendung auf traditionelle Musiken sieht etwa so aus: In der indischen Musik zum Beispiel ist völlig klar, dass das Hauptinstrument die Stimme ist. Dargestellt wird mit ihr der Raga. Wenn nun aus irgendeinem Grund keine Stimme vorhanden ist oder wenn man keine will, ist es eigentlich gleichgültig, auf welchem Instrument man den Raga spielt. Ich habe schon sehr gute Raga-Interpretationen auf der Sliding guitar gehört, auch auf der Klarinette, eigentlich ist jedes Instrument geeignet, auf dem man die schönen Glissandi machen kann, die man in der indischen Musik braucht.

In der Honkyoku-Musik der Shakuhachi gibt es eindeutig Passagen von buddhistischen Gesängen, Gesangsfragmente wurden also einst auf die Shakuhachi übertragen. Die Idee in der japanischen Musik und besonders in der Musik für Shakuhachi besteht aber darin, dass es um eine Musik geht, die nur auf diesem Instrument gespielt werden kann, und das Instrument ist nur für diese Musik geschaffen. Lange Zeit, bis ins 19. Jahrhundert, war ja die Shakuhachi an den Fuke-Orden gebunden, durfte von anderen Leuten gar nicht gespielt werden – es wurde natürlich trotzdem gemacht –, die Einheit von Instrument und Musik ist extrem. Niemand hat in Japan je versucht, die Stücke für Shakuhachi auf anderen Instrumenten zu spielen oder sie zu singen.

Zum **Fuke-Orden** vgl. Kap. 4, S. 59–63.

Umgekehrt versucht man erst in neuester Zeit, auf der Shakuhachi andere Musik zu spielen, und man hat dabei festgestellt, dass sie völlig ungeeignet ist dazu: Sie hat zu wenig Löcher. Es ist ein völlig archaisches, auf seine Art zurückgebliebenes Instrument. Das bringt einen weiteren Aspekt ins Spiel, dass nämlich die Spezialisierung eines Instruments innerhalb eines Instrumententyps immer auch eine Verengung ist. Die Böhm-Flöte in ihrer modernen Ausführung ist ausserordentlich geeignet, Musik im Orchester, im Ensemble oder im Duo mit Piano in wohltemperierten Skalen zu spielen, man kann auch sehr schnelle Läufe spielen, was auf einer Shakuhachi einfach nicht geht. Dafür haben die Böhm-Flöten den Klangreichtum der Traversflöten verloren. Die Shakuhachi ist so gebaut, dass man sehr verschiedene Klänge erzeugen kann, man kann aber auch so rein spielen, dass sie klingt wie eine Blockflöte, und man kann so spielen, dass überhaupt kein Ton mehr kommt, nur noch Luft. Die Bandbreite ist extrem.

Man kann schreien, säuseln, rauschen …

Ja.

Von der Eigenart der Shakuhachi-Klänge und der Tonzellen

Also müssen wir jetzt zum Beispiel von Honkyoku und den Klangphänomenen dieser Musik sprechen. Ich gehe ganz kurz von meinen Erfahrungen aus. Ich habe das Instrument zum ersten Mal in japanischen Filmen von Kurosawa oder Kobayashi gehört …

… Tarkowski hat sie auch benutzt, in *Opfer* …

Oh, das habe ich vergessen. Sie kommt also auch im nichtjapanischen Kino vor. In den japanischen Filmen hatte ich jeweils eher das klischierte Bild von japanischen Tuschezeichnungen mit ihrer nebligen Weite vor mir. Später habe ich stärker auch die aussergewöhnlichen Klänge wahrgenommen, zum Beispiel das grelle Kreischen des hohen Doppel-Ha.

Ja, die beiden Töne Ha und Sanno Ha …

In **Akira Kurosawas** Film *Ran* (1985) spielt der Wind eine zentrale Rolle. Der Komponist Tōru Takemitsu verwendete deshalb für den Soundtrack vorwiegend traditionelle Blasinstrumente wie Fue, Shō und Shakuhachi.[116] Takemitsu hat die Shakuhachi auch in Masaki Kobayashis *Samurai Rebellion* (1967) neben der Biwa eingesetzt.[117] Auch in Kon Ichikawas *Conflagration* (*Enjo*, 1958) prägt die Shakuhachi den Soundtrack[118] – In Takemitsus Soundtrack von Andrej Tarkowskys letztem Film *Opfer* (*Offret*, 1986) spielt Watazumido Dohso die Shakuhachi-Stücke *Shingetsu* und *Nezasa No Shirabe*.[119]

Es ist der kreischendste Klang, den ich kenne. Dann gibt es aber auch feinste Töne, bei denen auf der Blaskante ein Säuseln entsteht, es gibt viele plosive Töne mit Schlägen auf das Blasloch und heftigen Atemstössen, und es gibt eine Palette von Glissandi – und alle möglichen Kombinationen von all dem. Als ich Dich Mitte der Achtzigerjahre im grossen Saal der Musik Akademie Basel in einem Solokonzert gehört habe, fragte ich mich ständig: Wie hat er das eben gemacht, woher kommt der kurze Piepser am Schluss eines Tons, was macht er nun mit dem Kopf? Tongruppen ragten wie Gebilde empor. Was wir in Europa als Musik kennen, eine Folge von melodiebildenden Tönen, das gibt es in Honkyoku auch, aber es ist nicht die Norm.

Zu **Takt und Rhythmus** in Honkyoku vgl. Kap. 6, S. 88–91.

Es ist nicht das Zentrum. Was mich aber an Honkyoku sozusagen erschüttert hat, ist, dass es traditionelle Musik gibt, die weder eine Melodie noch einen festen Takt hat. Das ist relativ selten, taktlose Musik gibt es im arabisch-persisch-türkischen Raum, auch in der indischen Musik, dort jedoch eher als Einleitung zu einem taktierten Stück, aber die komplette Verweigerung eines durchgehenden Taktes, dieses Immer-wieder-Ansetzen, dass man das Gefühlt bekommt: «Jetzt entsteht etwas» – aber nein, es entsteht nichts: Das ist das Charakteristische an der Honkyoku-Musik.

Wir im Westen sind die Horizontale gewöhnt, dass also die Töne weitergehen und wir voraushören, wohin die Melodie wahrscheinlich geht.

Bei uns ist der musikalische Zusammenhang aus Melodie, Takt und Rhythmus ein anderer. Man muss nicht unbedingt wissen, wie es weitergeht, aber man muss das Gefühl haben, *dass* es weitergeht. Das hat man besonders bei einem festen Rhythmus: Man weiss, wenn nichts anderes passiert, dann kommt der nächste Schlag im gleichen Abstand. Diese Art von Ästhetik ist in Honkyoku schwer gestört. Man muss sich auf andere Dinge einlassen.

Ich glaube, das lässt sich schon an einem einzelnen Ton entdecken. Schon daran, dass seine Länge nicht genau definiert ist und er eher einer Bewegung gleicht. Ein langes Re (in europäischer Skala ein g1) beispielsweise hat wie fast jeder Ton im Kinko-Stil einen plosiven Anfang, dann treibt man den Ton mit seinen Obertönen hervor, geht in ein Vibrato über …

Der alte Kawase: gemeint ist Kawase Junsuke II (1906–1977).

73 Kalligrafie «ichi».

Tonzelle (Gutzwiller, *Die Shakuhachi der Kinko-Schule,* 1983): «Tonzellen bilden die kleinste musikalische Einheit von *honkyoku*. […] Diese Zellen sind, da sie durch die Länge des Atems begrenzt sind, relativ kurz, und sind

… und dann hört man auf (lacht). Es ist entscheidend, dass ein Ton drei Phasen hat. Der alte Kawase pflegte das immer sehr eindrücklich mit einem grossen Pinsel, einem grossen Blatt Papier und Tusche vorzuführen – und mit dem Schriftzeichen für Eins (ichi). Dieses Zeichen hat einen Anfang, eine Mitte und ein Ende. In den Kalligrafiebüchern sieht man das sehr genau.

Der Einzelton ist also gar kein Einzelton, er ist bereits zumindest ein dreiteiliges Ereignis, und er ist zudem eingebettet in eine Tonzelle, in eine Gruppe von Tönen. Zu beschreiben ist das ausserordentlich schwer, weil wir über wenige sprachliche Mittel für musikalische Phänomene verfügen. Schon das Wort «Klangfarbe» ist eine Metapher, wir reden ständig in Metaphern über Musik, «hoch», «tief» …

… «laut» und «leise» sind akustische Begriffe …

Das andere Problem ist ein kulturelles: In Japan gibt es keine Tradition, über Musik zu reden. Musik wird dort empfunden als ein in sich vollkommenes Kommunikationssystem, auch ein hermetisches. Eigentlich kann man nicht darüber reden. Man kann nur Musik machen – oder eben nicht machen.

Aber wenn der alte Kawase Dir mit einem kalligrafischen Zeichen zeigen wollte, wie ein Ton verläuft, war das nicht auch eine Form, über den Ton zu «reden»?

Das ist dann eine grafische Metapher, aber es ist immer noch eine Metapher.

Das ist klar. Aber es bringt etwas für das Verständnis.

Es bringt etwas, weil es grafisch ist. Es ist dann sozusagen eine Notation. In unserer europäischen Tradition gibt es ja meterweise Literatur, in der Musiker über Musik reden, auch Schönberg oder Boulez haben das getan, es gehört einfach dazu, dass man darüber reden kann, besonders in Frankreich (lacht).

Früher habe ich öfter France Musique gehört, und da lief meist wenig Musik, aber es wurde sehr lange darüber geredet. Das ist keine Kritik, das Problem ist nur, dass wir in Europa dazu neigen, sehr ausführlich über Musik zu reden, während man in Japan ausgesprochen auf die andere Seite kippt: Man spricht nicht über Musik, man kann nicht darüber reden. Wenn man in Japan den Musikern Fragen stellt, ist das für sie peinlich, denn sie haben keine Antworten, sie sind nicht gewohnt, in sprachlichen Metaphern über ihre Musik nachzudenken. Das müssten sie aber. Die einzige Form war die Kalligrafie des alten Kawase, um mit einer grafischen Metapher etwas zu zeigen.

Eine andere Beobachtung zum Klang: Honkyoku hat Töne oder «Sounds», die nach unserem westlichen Empfinden hässlich tönen, sehr unrein, fast schmerzhaft. Aber es muss so sein.

Es muss so sein.

Das ist doch schon etwas Aussergewöhnliches.

So ungewöhnlich ist das nicht. Die ersten westlichen Leute, welche die schreckliche chinesische Oboe Suona gehört haben, waren entsetzt. Und die ersten, die eine chinesische Oper gehört haben, fanden es grauenhaft, wie da gekreischt wird. Dabei ist diese Art zu singen das Ergebnis eines langjährigen Trainings – und die Chinesen können natürlich auch Verdi singen. Umgekehrt gibt es meines Wissens viele Leute, die Belcanto scheusslich finden. Junge Leute, die nur Pop gewöhnt sind, sind unangenehm berührt vom Belcanto einer Sopranistin. Das heisst: Das alles sind ganz einfach kulturelle Prägungen und Entscheidungen, die sich im Laufe der Zeit als Konvention ergeben haben. Was als schön gilt, das kann sehr verschieden sein – der Komponist Rudolf Kelterborn fand Gamelan grauenvoll.

durch die Pause, die durch ruhiges Einatmen entsteht, deutlich voneinander getrennt und bilden in sich geschlossene Toneinheiten. Im Gegensatz zu der lockeren melodischen Gesamtstruktur von *honkyoku* sind innerhalb der einzelnen Tonzellen, die aus einem, zwei oder selten drei Haupttönen und den sie umgebenden Nebentönen bestehen, die Bewegung der Tonhöhen, die Bewegung der Klangfarbe, die Dynamik und der Rhythmus in einem System gegenseitiger Abhängigkeit verbunden.»[120]

Arnold Schönberg (1874–1951), der Begründer der Zwölftonmusik, schrieb mehrere musiktheoretische Werke, u. a. die *Harmonielehre* (1911) und *Der musikalische Gedanke und die Logik, Technik und Kunst seiner Darstellung* (1934–1936), dazu Dutzende von Aufsätzen. Von **Pierre Boulez** (1925–2016) gibt es zahlreiche Aufsätze, Essays, Reden, Gespräche (*Sprengt die Opernhäuser in die Luft!*, 1967). Auch von Alban Berg (1885–1935), Anton Webern (1883–1945) und Hans Werner Henze (1926–2012) liegen zahlreiche Schriften vor.

Die **Suona** ist eine konische Oboe aus Holz mit einem Schalltrichter und einem Mundstück aus Kupfer oder Messing. Ein Doppelrohrblatt sorgt für den hohen, durchdringenden Ton.[121]

Rudolf Kelterborn (1931–2021) war langjähriger Lehrer für Theorie, Analyse und Komposition an der Basler Musik Akademie (1955–1960), an der Nordwestdeutschen Musik Akademie Detmold (1960–1968), am Konservatorium und der Musikhochschule Zürich (1968–1975 und 1980–1983) und Direktor der Musik Akademie Basel (1983–1994). 1987 gründete er zusammen mit Heinz Holliger und Jürg Wyttenbach das Basler Musik Forum, für dessen Programme er bis 1997 mitverantwortlich war. Sein kompositorisches Schaffen umfasst alle musikalischen Gattungen.[122]
Gamelan: s. Kap. 2, S. 31.

Geht halt sehr auf die Ohren.

Ist sehr laut, aber doch auch sehr schön, und sollte abgesehen davon wirklich im Freien gespielt werden, darin hatte Kelterborn schon recht.

Ein hiesiges Klangideal ist der «reine Ton», es wurde auch mir im Querflötenunterricht beigebracht. Das ist ein speziell europäisches Phänomen, das ich mit dem Aufkommen des Orchesters in Zusammenhang bringe. Es gibt ja bei uns fast keine Solomusik, wenn wir einmal vom Klavier absehen. Es gibt vereinzelte Stücke für Geige, für Flöte gibt es praktisch nichts, für Cello gibt es von Bach etwas – und dann hat es sich. Der Rest ist Ensemblemusik. Und um komponierte Ensemblemusik gut zum Klingen zu bringen, muss sich der moderne Komponist darauf verlassen können, dass eine Flöte klingt wie eine Flöte und dass nicht der Flötist in Berlin vollkommen anders spielt als der in New York. Man braucht also einen Standard von Instrumenten: Klarinette, Flöte, Geige, Posaune. Aus dieser Palette wird das Klangbild aufgebaut, und dazu braucht man Norminstrumente, die keine Extratouren machen.

Im Übrigen konnte man, als ich jung war, noch die französische, die deutsche und die italienische Schule des Flötenspielens deutlich unterscheiden. Heute merkt man nichts mehr, es gibt keine Schulen mehr, man hört nicht mehr, wer Deutsche ist oder Italienerin oder Franzose.

Der Flötist Maxence Larrieu über die **Schulen des Flötenspiels**: «Früher gab es vor allem die Frage nach der Schule und besonders einen großen Unterschied zwischen der deutschen und französischen Schule. In Deutschland spielten die Flötisten ganz geradlinig, ohne einen Hauch von Vibrato, während die französische Schule ein melodischeres, natürlicheres und ausdrucksvolleres Spielen bevorzugte.»[123]

Auch weil heute die Deutschen in Frankreich studieren, die Spanierinnen in der Schweiz, die Schweizer in Italien …

… und alle hören gegenseitig ihre CDs. Das klanglich Unnormierte kann sich nur in einer Musik ausleben, die keine normierten Instrumente für einen Ensembleklang braucht. Und dafür ist die Shakuhachi natürlich ein extremes Beispiel, weil sie ein Soloinstrument ist und weil Instrument und Musik eins sind.

Man kann vielleicht sagen, dass die Vielfalt an Klangnuancen vom Kreischen bis zum Säuseln nicht einfach auf eine musikalische Akrobatik abzielt, sondern wesentlicher Teil der Musik ist.

Das ist umstritten, sehr umstritten sogar. Dazu müsste man einmal die Zen-Shakuhachi-Spieler anhören, die das, was wir in der Kinko-Tradition machen, ganz einfach als einen Irrtum betrachten. Die Kinko-Schule hat sich Ende des 18. Jahrhunderts und im frühen 19. Jahrhundert entwickelt und war immer umstritten. Die Zen-Musiker in Kyoto, also die Myōan-Schule, empfanden die elaboriertere Art der Kinko-Anhänger aus Edo (Tokyo) immer als übertrieben. Für sie ist das alles bloss «Politur». Es gibt schon lange den Streit, dass die Myōan-Leute den Kinko-Spielern vorwerfen: «Ihr missbraucht die Shakuhachi, um Toneffekte zu produzieren.» Und von Edo kam an die Adresse von Kyoto zurück: «Wisst ihr was, ihr könnt einfach nicht gut genug spielen.»

Man erkennt hier also eine Trennung von einem Kultinstrument und einem Instrument der Kunst. Soweit wir heute wissen, waren es Kinko und seine Schüler, die im 18. Jahrhundert an den Musikstücken wirklich «poliert» haben. Der Kinko-Stil ist eher schwierig zu spielen, die anderen Schulen sind

Zu den anderen **Schulen in Honkyoku** vgl. Kap. 4, S. 69; Glossar S. 111 (Myōan-kyōkai).

wesentlich einfacher. Die Vielfalt der Klänge, die Du beschrieben hast, hat etwas Artistisches, und das war und ist den Zen-Leuten verdächtig.

Kari und meri – der grundlegende Klangkontrast in Honkyoku

Die Bedeutung der Klangnuancen, von denen Du im Unterricht oft gesprochen hast, beruht grundlegend auf dem Kontrast von zwei Tontypen, von stabilen, hellen Hauptnoten (Kari-Töne) und beweglichen, verschwommenen, leiseren Nebennoten (Meri-Töne). In der pentatonischen Skala der Kinko-Shakuhachi gibt es drei Kari-Töne als herausstechende Leitebenen, aufsteigend das Ro, das Re und das Ri, klare Töne mit genau definierter Höhe …

… die Begriffe sind halt ziemlich schwammig und nicht sicher abzuleiten. Es sind ungeheuer weit gefasste Begriffe um das Gegensatzpaar «klar – unklar». Auf der einen Seite gibt es in dem von Dir erwähnten Modus die drei klaren Töne (Ro, Re, Ri) – also eine Quarte und eine Quarte darüber, und die auf Ri folgende Sekunde führt wieder zum Grundton. Das sind feste Töne, denen man nach europäischem Standard Namen geben kann: D – G – C – D. Mit den dazwischen liegenden Meri-Tönen wird die Übertragung ins europäische System problematisch. In den meisten Büchern liest man, es handle sich um die Töne «Es» (tsu-meri) und «As» (u). Das ist bestenfalls eine grobe Schätzung, denn es handelt sich eigentlich um Tonbewegungen um die Kari-Töne herum. Zwischen zwei Kari-Tönen steht allermeistens ein Meri-Ton: «Ein Kari-Ton kommt selten allein …» (lacht), denn er hat fast immer einen Meri-Anteil. Diese Begriffe wurden in der Tradition aber nie erläutert und doch sind es praktisch die einzigen ästhetischen Begriffe, die der Shakuhachi eigen sind.

Die Kinko-Musik lebt wesentlich von diesem Kontrast der hellen, festen Kari-Töne und der beweglichen, verwischten Meri-Töne, kari wirkt «nah» und «laut», meri «fern» und «leise».

Ja, absolut. Kari und Meri sind wie «Yin und Yang», ein Begriffspaar, das im Osten immer präsent ist. Wo immer Du hintrittst, sind «Yin und Yang» schon da, variiert in ihren Anteilen. Bei der Shakuhachi heissen sie auch «Myō» und «An», das ist eben «hell» und «dunkel». Das Helle ist das «Kari», das Dunkle das «Meri», das eine ist laut und das andere leise. Wir spielen also immer, und das ist schon wesentlich, in Kontrasten, und diese sind in der Kinko-Schule stärker ausgeprägt und wichtiger als bei anderen Schulen. Kinko geht in die Extreme: Ich spiele leise bis an die Grenze des Hörbaren oder so laut, bis der Ton bricht. Und das Meri wird deutlich tiefer gespielt als bei der Taizan-Schule. Beim Tonschritt Tsu-Ro geht das Tsu, das ja um ein westliches «Es» herumkreist, schon fast bis auf ein D, während das Ro (in unserer Notation ein D) in seiner lauten Phase vermutlich höher ist, denn die Lautstärke beeinflusst die Tonhöhe.

Diesen Kontrast, so systematisch eingesetzt, gibt es in unserer westlichen Kunstmusik wohl nicht.

Kari und meri (Gutzwiller, *Die Shakuhachi der Kinko-Schule*, 1983): «Im Gegensatz zu den Hauptnoten, deren Griff und Tonhöhe eindeutig festgelegt sind, ist bei den Nebennoten vielfach weder der Griff noch die Tonhöhe genau bestimmbar. Dieser Umstand beleuchtet zweierlei: Erstens eine Unterteilung des musikalischen Materials von *honkyoku* in einen festen und einen ‹beweglichen› Teil, und zweitens eine spezifische, *shakuhachi*-Spielern eigene Einstellung zur Spieltechnik überhaupt. [So] besteht die *meri*-Technik aus einer Kombination von Veränderungen der Kopfhaltung und Teildeckung der Grifflöcher. Beide Elemente haben, separat genommen, dieselbe Wirkung: sie erniedrigen die Tonhöhe. In welcher Form der Spieler die beiden Elemente zur Wirkung bringt, bleibt ihm selbst überlassen.»[124]

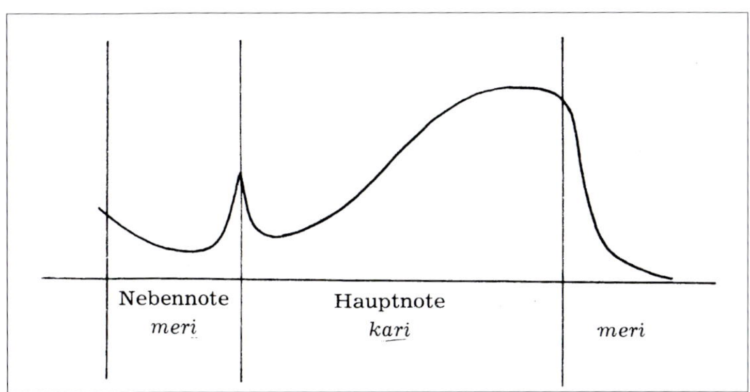

74 «Ein Kari-Ton kommt selten allein»: Das Umspielen eines Haupttons (Kari) durch zwei Nebentöne (Meri) in grafischer Darstellung.

Nein, solche Dinge kann ich mir nur solistisch erlauben, in unserer westlichen Musik müssen wir uns diese Dinge verbieten, weil wir mit anderen Musikern zusammen sind und Akkorde spielen. Das Zusammenspiel muss harmonieren. Wenn ich aber alleine Shakuhachi spiele, muss ich nicht harmonieren.

Ich habe übrigens bei den zeitgenössischen Kompositionen, die für mich geschrieben wurden, immer darauf bestanden, dass ich nicht temperiert spiele, auch wenn ein Klavier mit dabei ist und die Shakuhachi-Töne dann «daneben» sind. Es macht ja keinen Sinn, ein Instrument zu spielen, das nicht in unser System hineinpasst, und es dann so zu spielen, dass es doch irgendwie aufgeht. Da kann ich gleich die Querflöte nehmen. Das haben alle Komponisten verstanden.

Versuch einer gewagten Systematisierung: Könnte man sagen, dass das, was man «Sound» oder Klangnuancen nennt, in der Kinko-Musik zum einen grundlegend ist in dem besprochenen Kontrast von kari und meri und auf der anderen Seite durch die Bewegungen und die Tönungen innerhalb einer Tonzelle, also einer Tongruppe.

Die beiden Ebenen sind natürlich voneinander abhängig, der Kontrast von kari und meri realisiert sich innerhalb von Tonzellen. Die Komplexität von Honkyoku liegt einfach an einer anderen Stelle als in der westlichen Musik, sie ist aber auch da. Für uns entsteht dabei natürlich eine Schwierigkeit, weil wir kulturell konditioniert sind, auf eine bestimmte Art von Musik zu reagieren, vor allem auf Melodie und Takt. Die zeitgenössische Musik seit etwa 1945, die das Klangspektrum unendlich erweitert hat, hat dafür gesorgt, dass auch die Shakuhachi nun wirklich als Musik wahrgenommen wird. Vor 120 Jahren hätte man die Shakuhachi-Musik für Klänge eines Wahnsinnigen gehalten. Das hat sich geändert. Meine Karriere an der Musik Akademie in Basel ist massgeblich von zeitgenössischen Komponisten beinflusst worden, die in der Shakuhachi etwas gehört haben, was andere nicht hörten.

Am IRCAM in Paris – «The world of a single sound»

Du hast 1979 in Paris am IRCAM gearbeitet, einem «Hotspot» der zeitgenössischen Musik. Wie kam es dazu?

Pierre Boulez hat etwa 1976 in Japan dirigiert. In einem Interview in Newsweek hat er die Pläne für das IRCAM skizziert und dabei gesagt, dort solle auch die aussereuropäische Musik einbezogen werden. Das hat mich natürlich interessiert und so schrieb ich denn einen Bewerbungsbrief: «Cher Monsieur Boulez, maître …» (lacht). Geantwortet hat dann Gerald Bennett, der amerikanische Komponist, der damals Direktor des Konservatoriums Basel war und vor einem Wechsel ans IRCAM stand.

Gerald Bennett ist Musiktheoretiker, Komponist und Computerspezialist und hat am Pariser Institut mit computergenerierter Musik experimentiert. Auch der slowenische Komponist Vinko Globokar war dort, aber eher fürs Analoge zuständig. Mit ihm verbindet mich übrigens eine kleine Anekdote: Als ich ein Konzert in Köln spielte, sass er im Publikum und hat mir nachher eine Postkarte geschickt, auf der

Pierre Boulez (1925–2016) verfolgte, wie er schrieb, seit Jahren den Plan, «in Paris ein Forschungsinstitut zu gründen, und zwar nicht nur für die Elektroakustik und Elektronik, sondern für die Forschung in allen Bereichen, die das Gebiet der Musik und Akustik betreffen.»[125] Das **IRCAM** (Institut de recherche et coordination acoustique/musique) wurde ins Centre Pompidou integriert und Anfang 1977 eröffnet. Es ging dem französischen Staat bei dieser Gründung auch darum, den berühmten Komponisten, der vor allem in den USA und in Deutschland lebte und arbeitete, wieder stärker an Frankreich zu binden.

Gerald Bennett (*1942) studierte Komposition in Harvard und Basel, arbeitete an Planung und Aufbau des IRCAM, wo er für akustische und psychoakustische Forschung zuständig war und ausgedehnte Forschungen über die Akustik der Singstimme unternahm. 1985 war er Mitbegründer des Schweizerischen Zentrums für Computermusik.[126]

zu lesen war: «Ihre Musik hat mich sehr bedrückt.» Zuerst dachte ich: «So depressiv ist meine Musik nun auch wieder nicht.» Dann stellte sich heraus, dass Globokar, der fliessend Französisch, aber nicht so gut Deutsch sprach, eigentlich gemeint hatte «beeindruckt». Das hat mich nachträglich sehr gefreut und ich hatte dann einen guten Kontakt zu ihm. Es waren übrigens die verschiedensten Leute am IRCAM, auch Luciano Berio war da – wir haben sogar das Bureau geteilt –, er kam aber nur alle zwei Monate …

Habt ihr euch über eure Arbeit ausgetauscht?

Nein, nein, nur knapp gegrüsst.

«IRCAM» – ich fand das Institut allein schon vom Namen her faszinierend: Institut de Recherche et Coordination Acoustique/Musique. Der Kern der IRCAM-Idee ist der Zusammenhang von Musik und Akustik, also der physikalischen Merkmale des Tons, sei er nun natürlich erzeugt oder vom Computer generiert. Das wollte ich auf die Shakuhachi anwenden, und die Leute des IRCAM hat das auch interessiert.

Pierre Boulez, die berühmte Gründerfigur des IRCAM, hat sich ja durchaus mit nichtwestlicher Musik beschäftigt und sich auch darüber geäussert, etwa im Aufsatz «Traditionelle Musik – ein verlorenes Paradies?»[111] Für ihn erlaubt asiatische Musik mehr klangliche Individualität, weil sie auf feste Tonhöhen verzichte. Das Nō-Theater, der Gipfel asiatischer Kunst, beruhe auf einer Art Sprechgesang, schreibt er.

Zu Recht bezeichnet Boulez die Idee des verlorenen Paradieses als «albern». Seine Sicht war übrigens ziemlich deutlich rassistisch: «Diese Rassen», er meint die Inder, Südamerikaner, Afrikaner, «haben ihre Kraft verloren», schreibt er. Zwar erreichten sie «bewundernswerte Perfektion. Ansonsten sind diese Musikkulturen tot.» Immerhin beneidet er die asiatischen Musiker um ihr Gehör: «Ich gäbe etwas dafür, wenn ich ein so feines Gehör hätte.»

Wenn Boulez im Zusammenhang mit dem Nō-Theater von Sprechgesang spricht, ist das aber ein Missverständnis. Er glaubte, die Darsteller hätten keine festen Tonhöhen. Die haben sie durchaus, aber sie singen sie nicht. Mit dem Gesang des Nō-Theaters verhält es sich genau so wie mit der Shakuhachi-Musik, wo das Tsu, um ein Beispiel zu nehmen, ein vorgeschriebener Griff ist, den der Musiker aber unterschiedlich spielen kann. Die Nō-Sänger haben durchaus ein festes Tonsystem, aber für unsere Ohren klingt es nicht so. Ich bin nur einmal mit Boulez ins Gespräch gekommen und habe dabei gemerkt, dass er Musik, die nicht fixierte Tonhöhen zulässt, als unvollkommen, als unentwickelt, als vormodern empfand.

Dabei geht es um einen freieren Umgang …

Es ist der freie Umgang mit einem System. Im Aufsatz *Stone age und promised land* habe ich mich mit dem Phänomen auseinandersetzen, dass die Gagaku-Musiker des japanischen Hoforchesters durchaus ein festes System von Modi haben – nur spielen sie nicht so. Sie interpretieren das System, indem sie

Vinko Globokar (*1934) ist ein slowenischer Posaunist und Komponist. Er wuchs in Lothringen auf und wurde durch die französische Kultur geprägt. Er arbeitete und unterrichtete an verschiedenen Universitäten in den USA und in Europa. Am IRCAM war er Leiter der Abteilung vokale/instrumentale Forschung.[127]

Luciano Berio (1925–2003) war ein italienischer Komponist, Dirigent und Musiktheoretiker. In seinen Instrumental- und Vokalwerken vereinigte er die lyrischen und expressiven Qualitäten der Musik mit den avanciertesten Techniken der elektronischen und aleatorischen Musik.[128]

75 Pierre Boulez, 1968.
Foto: Joost Evers/Anefo. Dutch National Archives.

Andreas Gutzwiller über die **Notation der Gagaku-Musik**: «These are the theoretical pitches of traditional gagaku music theory, and the basic discrepancy lies between this theory and the equally traditional performance practice.»[129]

76 Gagaku-Konzert (2010). Bild: Antanana. – **Video/Audio:** Das japanische Hoforchester spielt (UNESCO Representative List of the Intangible Cultural Heritage of Humanity – 2009): https://www.youtube.com/watch?v=5OA8H-FUNflk&feature=emb_logo

in der Praxis davon abweichen, und wenn man dieses Zusammenspiel von System und Abweichungen nicht kennt, versteht man die Musik einfach nicht oder findet, die Musiker spielten oder sängen falsch. Beides ist aber etabliert: das System und die Abweichung. Damit rechnen wir in der westlichen Musik nicht.

Wir erfüllen eher die Anforderungen des Systems …

Wir erfüllen das System und haben auch Instrumente, die das können. Allerdings können nur wenige Instrumente, was die temperierte Stimmung verlangt: Das Klavier, die Orgel, die Harfe vielleicht, alle anderen können es nicht. Maria Callas singt, wenn man genau auf die Tonhöhen achtet, ziemlich ungenau, aber es klingt wunderbar. Sie interpretiert die Töne eben und da variiert sie auch die Tonhöhen.

Kann man es etwa so betrachten, dass Musiker und Musikerinnen wie die Callas in den abweichenden Tonhöhen die im System gedachten Töne gewissermassen umspielen, umsingen – und dann ist die gedachte Tonhöhe virtuell da?

Durchaus. Wenn es gut gemacht ist, hört man es als richtig. Wir haben im Kopf bereits eine Vorstellung, eine Erwartung und hören sozusagen im inneren Ohr virtuell den gedachten Ton und in der Realität den Ton, den die Sängerin singt. Natürlich gibt es da falsch und richtig, aber es gibt eine bestimmte Bandbreite der Abweichung. Das alles heisst einfach, dass wir eine Vorstellung von der Musik haben, bevor sie überhaupt erklingt. Wir haben immer Erwartungen und die hängen mit dem System zusammen, mit dem wir aufgewachsen sind. Nach der Bandbreite der verschiedenen Systeme, die wir sozusagen im Kopf haben, beurteilen wir etwas Neues vielleicht als «völlig daneben» oder als «absolut hörenswert».

Ging es bei Deiner Analyse am IRCAM um die bereits erwähnten Tonzellen?

Andreas Gutzwiller und Gerald Bennett: **The world of a single sound**: basic structure of music of Japanese flute shakuhachi. In Musica Asiatica 6, Cambridge University Press, 1991, S. 36–59.

Ja, das Resultat war die Studie *The world of a single sound*, die während eines Jahres mit grosser Hilfe von Gerald Bennett entstanden ist.

An sich ist der Ausdruck «world of a single sound» ein Unding, um ihn zu verstehen, müssen wir die Begriffe «world» und «sound» erweitern. Der «single sound» ist eben nicht, was wir in unserer Musik als «einzelne Note» bezeichnen würden. In Honkyoku ist die Einheit grösser als unsere «Note», auf der anderen Seite ist die «world» viel kleiner – das sind die wunderbaren japanischen Widersprüche.

Das habe ich an der Tonzelle «Tsu – Ro – Nayashi» entwickelt, es ist die erste Tongruppe des ersten Stücks der Kinko-Sammlung. Dieses «Tsu – Ro – Nayashi», das ist alles, das ist der «single sound» für den Shakuhachi-Spieler. Was da alles an Bewegungen und Klangnuancen drin steckt, ist sehr viel, ist eine «Welt». Dass sozusagen die Sinnstiftung, die bei der europäischen Musik in einem Motiv oder in seiner Entwicklung und Verarbeitung steckt, in der Kinko-Musik zusammengezogen wird auf den engsten Raum einer Tonzelle – das ist «the world of a single sound». Diese Welt ist sehr klein, aber der «single sound» ist sehr gross.

77 Die Tonzelle «Tsu – Ro – Nayashi», der Anfang des Stückes *Hi Fu Mi* in der Ausgabe von Miura Kindō von 1937.

Du hast also am IRCAM für Deine Forschungsarbeit Shakuhachi-Tonzellen gespielt, sie aufgenommen und am Computer akustisch analysiert.

Ja, es ging darum, wie sich die Obertonreihen im Verlauf einer Tonzelle entwickeln. Als wissenschaftliche Arbeit finde ich es heute unbefriedigend: Ich habe ja die Tonbeispiele selber gespielt und dann auch selber analysiert, das geht aus streng wissenschaftlicher Sicht natürlich nicht. Auf der anderen Seite war es ein für jene Zeit typischer Versuch, wir reden von den Sechziger- und Siebzigerjahren, ein Versuch, die Ästhetik wissenschaftlich-physikalisch zu begründen.

Zu jener Zeit haben ja auch Leute wie der deutsche Informationstheoretiker Max Bense ästhetische Objekte sprachlicher oder bildlicher Art als Informationsmatrix zu erfassen versucht. Das hat mich während meines Studiums fasziniert, weil ich die Objekte meiner Fächer – Literatur, Geschichte – oft als sehr weich und unscharf empfand und das Bedürfnis hatte, die Dinge präziser festzuhalten.

Das war genau dasselbe in der Musik, wo man versucht hat, der schwammigen Konzepte habhaft zu werden, indem man sie einerseits durch Analyse transparent machte und andererseits durch Synthese mithilfe des Computers rekonstruierte. Gerald Bennett beispielsweise erzeugte am IRCAM Stimmklänge und gab institutsintern wunderbare Aufführungen von Gesualdo-Madrigalen, einmal im natürlichen System dargeboten und einmal im temperierten. Auf dem Computer kann man alles variieren und hört, wie die Stimmen völlig anders klingen …

… und alles synthetisch? …

… alles synthetisch. Es klang selbstverständlich nicht so schön wie ein wirklich guter Chor, aber man konnte mit den Parametern experimentieren und es war faszinierend wahrzunehmen, was sich ändert, wenn ein «Chor» temperiert singt – wobei man natürlich wusste, dass ein echter Chor gar nicht temperiert singen kann. Dass durch solche Experimente ganz andere Zusammenklänge in den Systemen gesucht und dargestellt werden konnten, das war schon sehr faszinierend.

Ist die Idee der Tonzelle im Verlaufe Deiner Forschung entstanden oder hattest Du sie schon?

Den Begriff der Tonzelle habe ich vom zeitgenössischen koreanischen Komponisten Isang Yun übernommen. Er arbeitete in Berlin, bevor er nach Südkorea entführt und dann von der deutschen Regierung wieder freigekauft wurde – eine grässliche Geschichte. Ich habe den Komponisten in Berlin nicht persönlich kennengelernt, die «Tonzelle» ist mehr eine assoziative Verbindung zu ihm. Ich war damals froh, auf den Begriff gestossen zu sein, er war noch ganz unverbraucht.

… bei Isang Yun habe ich auch den Ausdruck «motivic cell» gefunden …

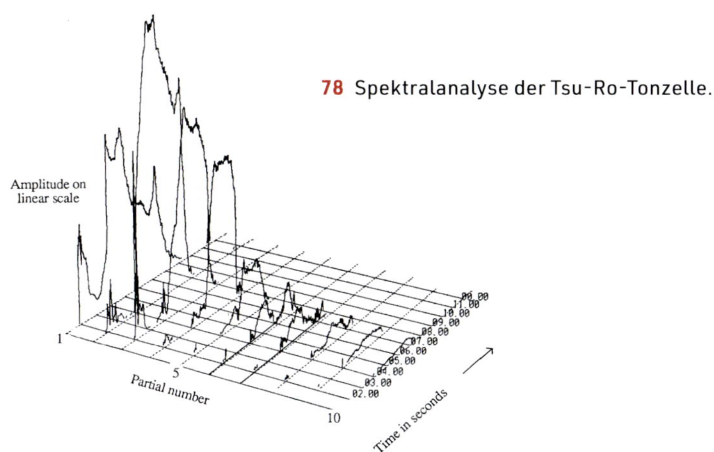

78 Spektralanalyse der Tsu-Ro-Tonzelle.

Max Bense (1910–1990), Mathematiker, Physiker und Philosoph, arbeitete nach dem Krieg im Laboratorium für Hochfrequenztechnik in Berlin. Seit den Fünfzigerjahren lehrte er an diversen deutschen Hochschulen mathematische Informationsästhetik und Wissenschaftstheorie. Mit seiner mathematisch-formalen Theorie stellte er sich gegen die mythologisierenden Tendenzen der Nachkriegsphilosophie. Sein Werk wirkte in die Debatten um Literatur und bildende Kunst hinein; die als Rowohlt Taschenbuch erschienene Schrift *Einführung in die informationstheoretische Ästhetik* (1969), in der er eine an der Semiotik orientierte generative Texttheorie entwarf, wurde beispielgebend.

Carlo Gesualdo (1566–1613) war ein italienischer Lautenspieler und Komponist von chromatisch reichen Madrigalen.

Isang Yun (1917–1995), in Korea geboren und in Deutschland arbeitend, war ein Komponist, der asiatische Musiktraditionen mit modernen westlichen Kompositionstechniken verband. Wegen seiner Kritik am südkoreanischen Militärregime wurde er im Juni 1967 vom südkoreanischen Geheimdienst nach Seoul entführt und zu lebenslanger Haft verurteilt. Nach internationalen Protesten und der Intervention der Bundesrepublik Deutschland wurde er entlassen und erhielt die deutsche Staatsbürgerschaft.[130] Seine Kompositionen sind stark von Motivzellen geprägt, ereignishaften, kurzen Tonfolgen von wenigen Noten.

Der deutsche Musiktheoretiker **Hugo Riemann** (1849–1919) definierte ein Motiv als dynamische Grundeinheit eines musikalisches Themas: «Ein eigentliches Thema ist schon das Ergebnis der Bildungskraft eines Motivs, sei es, daß dieses in gerader oder umgekehrter Bewegung wiederholt ist oder einen Gegensatz erhalten hat.»[131]

«**pattern**» sind harmonisch oder rhythmisch wiederkehrende Muster oder Strukturen.

Video/Audio: Sooyun Kim spielt die *Etude No. 5 for solo flute*: https://www.youtube.com/watch?v=OGlkzQcprJE.

Ein **Ro** auf der normal grossen Shakuhachi ist ein d1 in westlicher Notation.

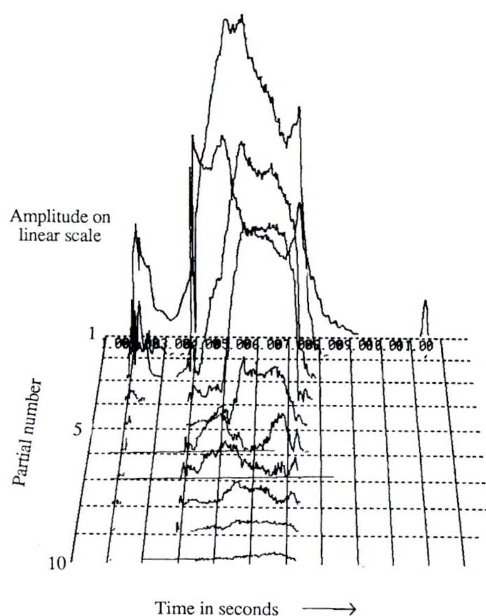

79 Spektralanalyse der Tsu-Ro-Tonzelle. Andere Ansicht.

Ja, aber so etwas wollte ich eben nicht, ich habe einen Begriff gesucht, der nicht mit dem Motiv zu tun hat, denn dieser Begriff ist durch Riemann besetzt. «Motiv» spielt in der europäischen Musik eine wichtige Rolle bei der Melodiebildung und war darum nicht das, was ich brauchte. In der Ethnomusicology ist zudem der Begriff «pattern» für «Muster» sehr beliebt, der wiederum war mir zu starr. Darum habe ich den Begriff «Tonzelle» benutzt, im Grunde um etwas zu benutzen, was noch niemand benutzt hat.

Auf Deinen Hinweis hin habe ich mir einige Stücke von Isang Yun angehört und glaube, bei ihm genau das gehört zu haben, was Du mit «Tonzelle» bezeichnest, nämlich in sich geschlossene kurze Tongruppen, zum Beispiel in der «Etude No. 5 for solo flute», die stark von kleinen, ereignishaften Tonfolgen bestimmt ist, die nicht wirklich zum weiterführenden Motiv werden.

Ja, ich kenne das Stück, ich habe es in gemeinsamen Konzerten mit der Flötistin Susanne Huber gehört, der Frau des Komponisten Klaus Huber. Sie war eine grosse Bewunderin von Isang Yun.

Die Tonzelle, die Du am IRCAM genauer untersucht hast, steht, wie erwähnt, am Anfang des ersten Stückes des Kinko-Repertoires. Es geht eigentlich um den tiefsten Ton «Ro» (D), der am Anfang des Stückes «Hifumi» von oben her angespielt und dann mit einem Glissando von unten her wiederholt wird (Tsu meri – Ro – Nayashi). Könnten wir zum Schluss dieses Gesprächs noch den Versuch wagen, das Innenleben dieser elementaren Tonzelle zu erkunden?

Ungern. Wenn ich eine Tonzelle in Sprache zu fassen versuche, kommt zum einen einfach das heraus, was ich persönlich darüber denke, zum anderen fehlen mir die japanischen Vorbilder dazu. Wir besitzen für die westliche Musik haufenweise Literatur über Interpretationsfragen, das gibt es in Japan nicht. Ich wäre völlig allein mit diesem Versuch und kann nur meine eigenen Gedanken über das Innenleben der Tonzelle formulieren, und das finde ich schwierig. In dieser Hinsicht muss ich den Japanern und anderen Kulturen, die es ähnlich halten, Recht geben, wenn sie sagen: Die Musik ist ein in sich vollkommenes Kommunikationssystem, sie bedarf der Sprache nicht. Die Sprache trägt nichts Wesentliches dazu bei.

Dazu kommt mir mein Lehrer Kawase in den Sinn, der immer, wenn er nach dem Spielen eines Stücks fand, so sei es in Ordnung, gesagt hat: «wakatta», was wörtlich heisst: «Du hast es verstanden.» Das Verb «wakaru» ist in der Bedeutung sehr weit gespannt, der Lehrer meinte einfach: «Du kannst es spielen.» Was aber nicht heisst: «Du hast die Form verstanden, Du hast verstanden, wie die Grossform mit der Kleinform zusammenhängt», sondern schlicht und einfach: «Du kannst es machen.» «shiru» wäre ein anderes Verb, es bedeutet «erkennen, einsehen», «wakaru» ist in diesem Fall nur zu übersetzen mit «machen können». Und das beizubringen ist die Aufgabe des Shakuhachi-Lehrers, ähnlich wie in der Kalligrafie, wo es darum geht, dass der Schüler ein Zeichen schreiben kann, aber nicht unbedingt wissen muss, wie es hergeleitet ist oder welche Etymologie dahintersteckt. Die Aufgabe ist, das Zeichen schön zu schreiben.

Und so spielt man die Tonzelle.

So spielt man die Tonzelle.

Ich wage trotzdem einen Versuch: «Tsu – Ro – Nayashi» ist eine dreiphasige Tonzelle, und da jeder Shakuhachi-Ton, wie wir nun wissen, selbst ein Dreiphasenprozess ist, könnte man sagen, die Tonzelle bestehe aus drei Phasen, die jede wieder drei Phasen enthält: Zuerst das verschattete Tsu mit zwei Absenkungen, dann der strenge, laute Grundton Ro mit Anfang, Mittelteil und Schluss und schliesslich das dreiphasige Glissando von unten her auf den Grundton Ro. Wir haben in dieser Tonzelle also drei mal drei Phasen und es sind sowohl die hellen, klaren Kari-Töne wie auch die beweglichen, verschatteten Meri-Zwischentöne im Spiel.

Ja.

Sinnlos?

Nein. Völlig richtig. So ähnlich ginge auch eine Analyse nach dem japanischen jo-ha-kyū-System, aber man muss aufpassen, dass man nicht alles auf die Dreiphasigkeit ausrichtet. Wenn man unbedingt darauf aus ist, kann man überall Dreiphasigkeit entdecken, denn jeder Ton hat ja einen Anfang, eine Dauer und kommt zu einem Ende. Wichtig ist, dass hier die Dreiteiligkeit nicht einfach da ist, sondern hörbar gemacht werden soll.

jo-ha-kyū (grob übersetzt: «beginnend», «Bruch», «rasch») meint ein grundlegendes japanisches Konzept der Dreiteiligkeit in vielen Gattungen, vom Nō-Theater bis zur Teezeremonie. Das Konzept gleicht im Musikalischen dem westlichen Bauprinzip «Exposition – Durchführung – Reprise», im Unterschied dazu geht es aber nicht um eine motivische Gesamtentwicklung, da jeder Teil neues Material beinhalten kann.[132]

6 Atem / Zeit – vom Ephemeren der Musik

Lieder oder Flötentöne berühren uns auf besondere Weise, weil sie unmittelbar vom Atem erzeugt werden und in ihnen Atem zu Klang und Rhythmus wird. Das altgriechische Wort «pneũma» für «Atem» meint Verschiedenes: die mit der Energie des Feuers aufgeladene Luft, den lebenserhaltenden physischen Atem, aber auch die Kraft des Geistes. Aristoteles verortete das pneũma in den Arterien, wo es Empfindungs- und Bewegungsimpulse speichere und durch Blut und Puls weitergebe. In vielen Religionen wurde pneũma zum Atem Gottes oder zum Heiligen Geist erhoben, bei diesseitig orientierten Philosophen und Medizinern wie Hippokrates und Galen zur zentralen Lebenskraft erklärt, zur vegetativen, empfindenden, fühlenden Seelentätigkeit.[133]

Diese physisch-geistige Doppelnatur des pneũma prägt auch die Vorstellungen des Atems, der Musik hervorbringt. «Ich kann auch nicht ohne zu atmen überleben. Und Musik ist für mich wie atmen», sagt der Komponist Heinz Holliger.[134] Als Oboist verdient er sein Geld mit Luft und bezeichnet sich deshalb als «Berufsatmer». Es erstaunt darum nicht, dass einige seiner Kompositionen mit Titeln wie *Pneuma* (1970) oder *Atembogen* (1974/75) überschrieben sind. «Mich interessiert, was passiert, wenn aus dem Atemgeräusch langsam immer mehr Ton kommt, bis der Ton entstanden ist, also wie der Ton zur Welt kommt. Man kann auch den Hauch in Tonhöhen fixieren durch Vokalisierung.»[135]

Es gibt wenige authentische Quellen zum Ateminstrument Shakuhachi. Eine Ausnahme bilden die Schriften des Kinko-Meisters Hisamatsu Fūyō (1791–1871), der in seinem *Kaisei Hōgo* (*Die Predigt von der Stille des Meeres,* 1838) schrieb: «Ein Ton entsteht, wenn der Atem sich in der Form sammelt. Shakuhachi ist Körper-Form, und deswegen sammelt sich der geistige Atem in ihr. Wahrlich, wie soll da die Wahrheit nicht erscheinen? […] Wer aber den geistigen Atem wirklich erscheinen lässt, erreicht auch die Stufe des wahren Tons.»[136] Die offensichtlich in der Tradition des Zen-Denkens entstandenen Überlegungen lassen sich aber auch ganz spielpraktisch lesen: Die «Körper-Form» ist «seiza», die typische Sitzhaltung der Shakuhachi-Spieler, die mit leicht gespreizten Beinen auf dem Boden knien und auf den Fersen sitzen, wodurch eine sehr stabile, tetraederförmige «Körper-Form» entsteht, die sich gut mit Atem füllen kann. Dies ist gerade für eine Musik wichtig, in der die Klangqualitäten eine zentrale Rolle spielen. Andreas Gutzwiller schreibt dazu: «Rückt aber der einzelne Ton, der Klang der shakuhachi derartig in den Vordergrund, so gewinnt auch die Art und Weise, wie der Ton hervorgebracht wird, an Bedeutung: Atem, der Atem wird zum zentralen Vorgang, dessen Kontrolle und Bestätigung der Ton wird. Fūyō bezeichnet die Funktion des Atems mit dem Begriff *Kisoku* (zusammengesetzt aus Ki «Geist» und Soku «Atem»), «Geistiger Atem», und beschreibt ihn in ‹Kaisei Hōgo› so: ‹Der Erfolg von Shakuhachi Shugyō hängt in Wahrheit nur vom Geist und vom Atem ab. Wenn der Geist erleuchtet wird, wird der Atem Geist. Ist der Geist unbewegt, wird der Atem vollendet.›»[137]

Da Atmen ein zyklischer und zudem äusserst variabler Vorgang ist, trägt er aus sich heraus Zeit in die Musik hinein. Musik realisiert sich immer in der Zeit und vergeht mit ihr. Dazu Andreas Gutzwiller in einer Vorlesung: «Musik, die immateriellste aller Künste, ist derartig eng mit dem immateriellsten aller natürlichen Phänomene, der Zeit, verbunden, dass es kaum möglich ist, sich mit Musik zu beschäftigen, ohne über Zeit zu reden.»[138] Honkyoku-Musik ist erfüllt von diesem immateriellen Medium, sie zeichnet sich dadurch aus, dass sie als nicht streng getaktete Musik die Atemzeit als Teil der Musik anerkennt und nicht versteckt. So schafft sie ihre eigene Zeit.

«Der Ton fängt mit dem Einatmen an»

Einer Deiner zentralen didaktischen Grundsätze, den Du oft wiederholt hast und der in Grossbuchstaben auf Deinen Grabstein zu meisseln ist, lautet: «DER TON FÄNGT MIT DEM EINATMEN AN.» Der Satz beinhaltet sicher mehr als nur die banale Tatsache, dass es Atemluft braucht, um einen Flötenton zu erzeugen.

Zunächst ist es ganz banal so, dass die Bläser den Atem für zwei verschiedene Vorgänge benutzen: Sie müssen atmen, um am Leben zu bleiben, und zugleich liefert ihr Atem die Energie, um die Luft im Instrument in Schwingung zu versetzen. Diese beiden Funktionen muss man als Bläser in Einklang bringen. Ein Geiger oder eine Klavierspielerin hat das Problem nicht, dort sind es andere Organe, die den Ton hervorbringen.

«Der Ton fängt mit dem Einatmen an» – das war eigentlich schon eine Grundidee des alten Kawase (Kawase Junsuke II). Da der Atem ohnehin zyklisch ist, spielt in Ostasien immer das Prinzip von Yin und Yang mit hinein, wobei nicht ganz klar ist, was nun beim Atmen und Flötespielen Yin ist und was Yang, denn was sich ausdehnt, ist eher Yang, und was sich zusammenzieht, ist eher Yin. Der Ton aber entsteht eher durch Zusammenzug. Auf jeden Fall sind die beiden Phasen beim Flötespielen ineinandergehängt.

Ich habe im Unterricht auch die Metapher vom Nägeleinschlagen benutzt. Wenn ich einen Nagel einschlagen will, nützt es nichts, wenn ich einfach den Hammer auf den Nagel drücke, ich muss zum Schlag ausholen. Die Energie, mit welcher der Hammer dann auf den Nagel oder auf den Pfahl trifft, ist durch die Hebung des Werkzeugs bestimmt. Auf das Heben folgt nur das Fallenlassen, mit mehr oder weniger Nachdruck. Das heisst: Die Energie des Tones ist sozusagen gleichmässig auf die beiden Phasen verteilt, nur hört man den einen Teil nicht und den anderen hört man.

Mit solchen Fragen hast Du Dich 1979 am IRCAM mit dem Flötisten Robert Dick beschäftigt.

Das war ein wichtiger Punkt in meiner Zusammenarbeit mit Robert Dick, ich habe eigentlich nur mit ihm und mit Gerald Bennett am IRCAM enger zusammengearbeitet. Dick ist ein sehr guter Flötist, der sich damals aber noch nie Gedanken über das Einatmen gemacht hatte, weil ja in unserer westlichen Musik der Einatmungsteil gewissermassen nicht vorkommt, man muss als Bläser die Phase des Luftholens notgedrungen irgendwo reinschmuggeln, eventuell muss man sogar einen Ton verkürzen, damit der auf das Einatmen folgende Ton zum richtigen Zeitpunkt erklingt.

Robert Dick ist eigentlich der Guru der Zirkuläratmung, damals in Paris hat er einmal ein Stück von 30 Minuten Länge durchgespielt, was allerdings mehr eine sportliche Leistung war als eine musikalische. Der Punkt bei der Zirkuläratmung ist der, dass man die Backen aufbläst und den Kehlkopf schliesst, durch die Nase einatmet und die Luft aus dem Mundraum ins Instrument pumpt. So kann man den Zwang zur Atempause überspielen.

Kawase Junsuke II (1906–1977): Der Sohn von Kawase Junsuke I (1870–1959), dem Gründer des Hauses Kawase, übernahm 1959 die Leitung der Chikuyūsha-Schule.

Yin-Yang bezeichnet in der chinesischen Philosophie die zwei grundlegenden komplementärer Kräfte, die in unzähligen Phänomenen des Lebens als Energie der Bezogenheit und der Wandlung wirken. Vor allem zyklische Abläufe werden als Zusammenspiel von Yin und Yang verstanden.[139]

Hisamatsu Fūyō über **Atem** in *Hitori Kotoba* (*Monolog*), 1830: «In der Unterbrechung-Verbindung des Atems muss gespielt werden, indem man seinen Geist anwendet. So wird von Anfang an keine Unterbrechung entstehen.»[140]

Der New Yorker **Robert Dick** (*1950) ist Flötist, Komponist, Lehrer und Autor. Seine Musik bewegt sich zwischen Klassik, World music, Jazz und elektronischer Musik. Er studierte in Yale, wo er *Afterlight* schrieb, seine erste bekannte Komposition. Er arbeitete mit John Zorn und anderen experimentellen Musikern zusammen. Sein erstes Solo-Album *The Other Flute* (1986) beruht auf einer Komposition von Edgar Varèse. Für seine improvisatorische Musik entwickelte er den «Glissando Headjoint®», einen beim Spielen verschiebbaren Flötenkopf, mit dem sich extreme Glissandi wie auf einer elektrischen Gitarre spielen lassen.[141] – **Video/Audio:** Robert Dick *Afterlight:* https://www.youtube.com/watch?v=qJoYh2TuoQQ.
In *Circular Breathing for the Flutist* (1987) hat Robert Dick die Technik der **Zirkuläratmung** dargestellt. Im Klappentext heisst es: «Circular breathing allows the performer to sustain tone while inhaling, a tremendously valuable tool. For the first time, a method is available specifically for the flutist, covering developments of the embouchure and breathing coordinations needed to master circular breathing.»

Am leichtesten geht das auf Oboen. Ich habe einmal ein Oboenkonzert eines indischen Meisters gehört, dessen Begleit-Oboist den Grundton den ganzen Abend mit Zirkuläratmung durchgehalten hat. Auch die javanischen Suling-Spieler, die eine Art Blockflöte spielen, benutzen die Zirkuläratmung. Am besten funktioniert sie auf den Klarinetten und Oboen der tibetanischen Mönche, deren Instrumente wie Alphörner aussehen und mit ihrem röhrenden Ton sehr eindrucksvoll klingen.

Zirkuläratmung funktioniert mit Instrumenten, die wenig Luft verbrauchen – die Flöte ist also denkbar ungeeignet dafür. Es ist aber auch auf der Shakuhachi möglich, allerdings kann man nicht viel Luft speichern und nur kurze Stösse geben. Die Zirkuläratmung ist eine technische Herausforderung, aber musikalisch sehe ich eigentlich keinen Sinn darin. Ich habe es damals mit Robert Dick gemacht, finde aber, dass es komplett gegen die Idee des zyklischen Atems geht.

Dass Bläser die Zeit fürs Einatmen oft in die Musik «hineinschmuggeln» müssen, ist wohl in vielen klassischen Kompositionen der Fall.

Von den allermeisten Komponisten wird das Atmen so behandelt, als würde den Flötistinnen und Flötisten unendlich viel Luft zur Verfügung stehen. Und will man, da es wenige Solostücke für Flöte gibt, andere Literatur spielen, etwa Violinsonaten von Bach, so verschärft sich das Problem noch und man muss einfach ab und zu eine Sechzehntel weglassen. Ich habe einmal einen sehr guten irischen Flötisten kennengelernt, der die wahnsinnig schnellen irischen Fiddle-Sequenzen rasend schnell auf der Flöte spielte, aber auch er musste hin und wieder eine Zweiunddreissigstel weglassen.

Shakuhachi-Musik geht genau umgekehrt: Das Luftholen ist nicht ein eingeschmuggelter Vorgang, es ist Teil der Musik. Wir Shakuhachi-Spieler ziehen das Einatmen nicht von der gespielten Note ab, sondern wir lassen es als Eigenzeit gelten. Dadurch entsteht so etwas wie eine Verzögerung oder Verschiebung, man schiebt den Folgeton gewissermassen vor sich her. Für unser westliches Gefühl kommt dann der Einsatz immer einen Augenblick zu spät, weil dem Einatmen ein eigener Platz eingeräumt wird. Musik und Instrument sind hier eins, und die Zeit zum Einatmen ist in die Musik integriert und wird nicht versteckt. Das isoliert natürlich die Tonzellen voneinander. Das Unhörbare wird Teil der hörbaren Musik, und das irritiert schon, denn eigentlich ist unsere westliche Musik pausenlos.

Andreas Gutzwiller, *Die Shakuhachi der Kinko-Schule,* 1983: «Derartige **Verzögerungen** sind ein konstitutives Element der japanischen Rhythmik und kommen in vielen Gattungen der Kunstmusik vor. […] Es ist ein Charakteristikum von honkyoku, diese rhythmische Verzögerung, die im allgemeinen der Hervorhebung und Abgrenzung von Taktgruppen und grösseren musikalischen Einheiten dient, zur Abgrenzung von Phasen innerhalb der Tonzelle anzuwenden.»[142]

«*Wir* machen das Tempo»

Du hast im Unterricht immer wieder betont: «Wir lassen uns nicht hetzen, wir *machen das Tempo.»*

Es gibt in Honkyoku nur wenige Tempoangaben, und wenn eine dasteht, steht fast immer «langsam» da (lacht) – was übrigens schwer zu interpretieren ist, denn was soll das eigentlich heissen: «langsam»? Es ist ganz klar, dass nicht alle diese langsamen Stücke im selben langsamen Tempo gespielt werden, manche sind «noch langsamer», und es ist die Tradition, die vorgibt, dass man sie noch langsamer spielt, obwohl dieselbe Tempobezeichnung angegeben ist.

80 Die Notation für «langsam», die sehr vielen Stücken des Kinko-Kanon vorangestellt ist.

Es gibt also keine strengen Tempovorschriften, wobei zu sagen ist, dass auch in unserer westlichen Musikgeschichte das Tempo eines der umstrittensten Themen überhaupt ist. Wie schnell hat Beethoven seine Stücke wirklich gespielt? Das ist nicht so klar. Man weiss zudem, dass sich Mozart gegen Ende seines kurzen Lebens beklagt hat, man spiele seine Musik zu schnell.

In der Musik für Shakuhachi orientieren wir uns an den Meistern, die alle unsere Stücke spielen, an Kawase, Yamaguchi und den anderen. Wie es aber vor gut hundert Jahren gewesen ist, zur Zeit, als die Musik notiert wurde, ist völlig unbekannt. Das heisst aber auch: Wir stehen in einem Traditionszusammenhang, aber wir machen, was wir wollen, denn wir sind die Besitzer dieser Musik. Es gibt keine Komponisten, die ihre Vorstellungen aufgeschrieben hätten. Was die Shakuhachi-Spieler an Noten haben, haben sie selber aufgeschrieben und sie interpretieren sie auch selber.

Die traditionelle Sitzhaltung, die man zu Beginn lernt, und übrigens die Knie kaputt macht, beruht auf der Figur eines Tetraeders und bildet die Basis für die Atmung.

Zunächst ist es ja eine Sitzhaltung, die nicht nur die Shakuhachi-Spieler einnehmen. Im alten Japan gab es traditionell keine Möbel, keine Stühle, man sass auf dem Boden. Und die Art, wie jemand auf dem Boden sass, sagte etwas über diese Person aus: Die Frauen halten die Knie beisammen, die Männer sitzen in gelockerter Haltung mit übergeschlagenen Beinen. Die Sitzhaltung «seiza», die wir Shakuhachi-Spieler praktizieren, ist eigentlich die formelle Sitzhaltung. Ich finde sie sehr vorteilhaft für das Atmen, wobei ich nicht weiss, ob ich sie vorteilhaft finde, weil ich sie immer benutzt habe, aber sie bildet tatsächlich ein ausserordentlich stabiles Tetraeder – und in der Mitte atmet es.

Der Atem ist also die Energie, die die Luftsäule in der Flöte zum Schwingen bringt, zugleich ist der Atem auch ein Werkzeug, um Töne zu modulieren. Wie heftig oder wie schnell man bläst, wie viel oder wie wenig Luft man gibt, hat doch einen grossen Einfluss auf die Tonqualität.

Ja, schon. Die Töne werden eigentlich geformt von den Lippen und der Blaskante, das ist das, was klingt, und der Atem ist, wenn man es streng trennt, der Motor dahinter, der Blasebalg, sozusagen. Ich würde nicht mehr weiter unterscheiden zwischen dem, was der Blasebalg macht, was die Lippen machen, was die Finger machen. Dies alles ist eine Einheit. Und weil die Töne der Honkyoku-Musik so variabel sind, muss auch der Atem variabel sein.

Mir fällt vor allem auf, dass heftige Atemstösse ein wichtiges Element der Klangbildung sind.

Das ist eigentlich typisch für viele Flöten, wobei unsere westlichen Flöten eher sanft konnotiert sind, man erwartet weniger heftige Atemstösse, zumindest in der klassischen Tradition. Heftige Atemstösse sind charakteristisch für die traditionelle Musik der Shakuhachi, sie sind auch musikalisch vorgeschrieben.

Es gibt verschiedene **Varianten des Fersensitzes**: Für die Meditation wird der Lotussitz bevorzugt, bei dem der Fussrücken auf dem Boden liegt (seiza), bei der rituellen Begrüssung in den Kampfsportarten werden die Zehen aufgestellt (kiza), bei der Begrüssungshaltung im Schwertkampf (tatehiza) wird das rechte Knie hochgenommen, um das Schwert darauf zu platzieren.

81 Die klassische Sitzhaltung «seiza» beim Shakuhachi-Spielen: Die stabile Position, die eine Art Tetraeder bildet, erlaubt ein freies und tiefes Atmen. Aufnahme vom Fukizome 2020 in Basel (gemeinsames Spiel der Chikuyūsha-Mitglieder im neuen Jahr), Tassos Tataroglou und Ursula Fuyūmi Schmidiger.
Foto: Ruedi Linder.

Für Deine Forschung am IRCAM hast Du Tonzellen in der Shakuhachi-Musik analysiert. Sind eigentlich «Tonzellen» und «Atemphrasen» das Gleiche?

Zur «**Tonzelle**» vgl. Kap. 5, S. 75–77, 82–85.

Es ist durchaus möglich, dass Tonzelle und Atemphrase einmal deckungsgleich waren, tatsächlich lassen sich zahlreiche Tonzellen auf einen Atem spielen. Es gibt aber auch Zellen, die zu lang sind oder zu viel Luft verlangen, als dass man sie auf einen Atem spielen könnte.

Man kann das an einzelnen Stücken genauer anschauen, bei *Uchi kae Kyorei* lohnt es sich besonders. Der Stücktitel ist ein seltsamer Ausdruck, er bedeutet «Taktwechsel» und ist eigentlich sinnlos, weil es in der Honkyoku-Musik gar keinen Takt gibt. So habe ich den merkwürdigen Titel versuchsweise als «Tempowechsel» interpretiert. Das Stück besteht zu Beginn aus kurzen Tonzellen, dann werden sie immer länger. Meine Überlegung war, die Notation wörtlich zu nehmen und so spielte ich jede Tonzelle auf einen Atem. Der Anfang wird dadurch sehr langsam, wenn aber fünf Töne zwischen den Maru stehen, den kleinen Kreiszeichen, welche die Tonzellen voneinander abgrenzen, wird das Tempo sehr schnell.

82 Die ersten drei Tonzellen des Stückes *Uchi kae Kyorei*: kleine Kreise (Maru) trennen die Zellen voneinander. Man erkennt deutlich das Längerwerden der Tonzellen.

Diese Version habe ich einmal in Japan in einem Konzert gespielt und bin damit völlig auf die Nase gefallen (lacht). Die japanischen Musiker konnten das überhaupt nicht nachvollziehen, denn es geht in ihrer Welt weniger darum, ob ein Stück gut oder schlecht gespielt wird, ob eine Interpretation Sinn macht, sondern darum, ob es falsch oder richtig gespielt ist, ob «man» es so macht. Und ein solcher Versuch mit einer Tempovariation war für sie einfach falsch.

Musik: hörbare Zeit

In einem Vortrag an der Uni Basel mit dem Titel «Musik: hörbare Zeit» hast Du dargestellt, dass eigentlich die Zeit das Medium der Musik ist. Davon haben wir beim Atem und bei den Tempi gesprochen, die vom Spieler bestimmt werden. Kann man sagen, dass Tonzellen immer auch gestaltete Zeit sind?

Zeit als Medium der Musik (Gutzwiller, *Die Shakuhachi der Kinko-Schule,* 1983): «Der Umstand, dass das Eintreten eines erwarteten Ereignisses [z. B. eines Tones, CW] nicht genau vorherbestimmbar ist, führt zu einer Verstärkung der Erwartung, zu einer Steigerung der Spannung. [...] Wie markant diese Verzögerung ist und welchen Anteil sie am Verlauf der Spannungskurve hat, ist von Zweig zu Zweig der Kinko-Schule und von Spieler zu Spieler innerhalb eines Zweigs verschieden. [...] Es ist festzuhalten, dass der ‹freie und elastische Rhythmus› (Araki), eines der Elemente ist, die eine gewisse Variationsbreite erlauben, die es also dem Spieler ermöglichen, seinen eigenen Weg zu finden.»[143]

Für mich war immer, abgesehen von all den Möglichkeiten der Tonbildung und der Klangnuancen, die Weigerung der Honkyoku-Musik, sich auf Melodien einzulassen, die Weigerung, sich auf Takt einzulassen, das Erstaunlichste an dieser Musik. Die Tonzellen besitzen durchaus ihre Zeit, aber es ist keine getaktete. Dass Musik Zeit gestaltet, gilt natürlich ganz generell. Sie erklingt und ist gleich wieder weg.

Iannis Xenakis (1922–2001) war Ingenieur, Architekt und Komponist. Viele seine Kompositionen sind mathematisch formalisiert (vgl. sein Buch *Formalized Music,* 1992).

Gibt die Kinko-Tradition der Shakuhachi im Vergleich zu durchkomponierter Musik nicht eine stärkere Autonomie gegenüber der Zeit? Um ein Gegenbeispiel zu nennen: In einem Konzert des Ensemble PHOENIX mit der Komposition «Oophaa» von Iannis Xenakis, das wir beide gehört haben, hatte ich den Eindruck, der Cembalist, der auf zwei verschieden gestimmten Cembali oft in irrem Tempo spielen musste, sei eine Art Automat, der von einem Lochkartenprogramm gesteuert wird. Du hast aber in Deiner Rede verdeutlicht, dass Musik die Zeit, die an sich etwas Schreckliches, etwas Zermalmendes ist, ordnet und neu schafft.

Solche Kompositionen wie *Oophaa* oder auch *Plektó*, ein anderes Stück von Xenakis, für das man beim Zuhören eigentlich Ohrstöpsel braucht, sind genau so komponiert, sind so intendiert, es ist bewusster Brutalismus. Sie müssen so unerbittlich gespielt werden.

Im Übrigen wäre ich vorsichtig, der Honkyoku-Musik in Bezug auf den Umgang mit Zeit eine Sonderstellung einzuräumen, denn ich glaube, dass jede Musik, ob taktiert oder untaktiert, immer die Zeit ordnet oder beschreibt. Sie existiert überhaupt nur in der Zeit, taucht auf, geht unter. Es ist jeder Musik inhärent, dass sie vorbei ist, wenn sie vorbei ist. Und dass man sie immer wieder neu machen muss, dass man sie nicht wie ein Bild an die Wand hängen kann, dass man nicht wie bei einem Drama einen Text in der Hand hält, den man lesen kann.

Musik ist absolut abstrakt, man kann nichts anfassen, man kann auch nichts behalten. Man stelle sich zum Vergleich vor, man betrachte Rembrandts *Nachtwache* im Dunkeln mit einer Taschenlampe, Zeile für Zeile, Fleck für Fleck, und wenn man unten angekommen ist, ist alles weg. Ich betrachte es als eine der grössten menschlichen Errungenschaften, eine Kunstform geschaffen zu haben, die nur aufscheint und gleich wieder vergeht, gleich wieder weg ist. Eigentlich existiert Musik nur in der Erinnerung – und in den wenigen Augenblicken, in denen sie klingt. Deshalb macht mich auch die Kaufhausmusik so verrückt, ich kann ununterbrochene Hintergrundmusik nicht leiden, ich finde sie eine Beleidigung.

Ist denn am Faktum, dass Musik praktisch gar nicht existiert, nicht auch interessant, dass sie uns die Zeit gewissermassen vergessen lässt? Wenn ich ein Schubert-Quartett höre, erlebe ich immer wieder so etwas wie eine Auflösung der Zeit.

Schon, das hat man aber beim Lesen auch. Wichtig ist für mich das Ephemere, der Blitz in der Dunkelheit, gar das Feuerwerk. Man sieht und hört es und schon ist es verschwunden. Und uns bleibt nur noch das Bild des Feuerwerks, das Feuerwerk hat uns das Bild für die Erinnerung geliefert.

Und dann brauchen wir ein nächstes Feuerwerk.

Ja. Darum brauchen wir immer wieder ein Feuerwerk (lachen).

Gutzwiller, *Musik: hörbare Zeit*, 1998:
«Vielleicht ist Musik der **Versuch, die Zeit zu zähmen**, zu domestizieren. Vielleicht ist dies wilde Tier ‹Zeit› dann nicht weniger gefährlich, aber es ist dann an die Leine gelegt, vielleicht sogar stubenrein, und wir können seine Schönheit eine zeitlang ohne Gefahr geniessen. Die Zeit ist unaufhaltsam. Aber wenn die Zeit schon unaufhaltsam fliesst, dann soll sie wenigstens geordnet fliessen. Wir können sie nicht aufhalten, aber wir können ihr eine Ordnung geben, wir können sie in regelmässige Abschnitte teilen und ihr so wenigstens eine Eigenschaft, ihr Amorphes, nehmen.»[144]

Gutzwiller, *Musik: hörbare Zeit*, 1998:
«Besonders **das Unsichtbare, das vollkommen Immaterielle** an musikalischen Klangwelten macht diese Kunstform zu etwas Besonderem, etwas Unheimlichem, Geisterhaftem. Und dass durch die Immaterialität Musik ausschliesslich an ihrer Entfaltung in der Zeit dingfest gemacht werden kann.»[145]

7 Die Shakuhachi auf der Bühne

Die Musik für Shakuhachi wird vorwiegend im Unterricht gespielt und verbreitet, sie bleibt also weitgehend im Privaten. Vor Zuhörern wird sie fast nur im beschränkten Umfeld der Schule oder des «Hauses» (Ie) gespielt, etwa wenn man anderen Schülern im Unterricht zuhört oder in Gruppen zusammenspielt. Eine Tradition des öffentlichen Konzerts gibt es für die traditionelle Musik Japans kaum, ein ganzes Konzert nur mit Stücken für Shakuhachi solo konnte man sich lange Zeit nicht vorstellen. Nur in der «Sankyoku» genannten Kammermusik tritt sie seit dem 19. Jahrhundert mit den Instrumenten Koto und Shamisen häufiger in Erscheinung, blieb in dieser Konstellation aber hierarchisch untergeordnet, denn man kann Sankyoku ganz gut ohne Shakuhachi spielen, aber nicht ohne Koto und Shamisen.

Dass die «Honkyoku» genannte «eigentliche» Musik für Shakuhachi nicht zur Konzertmusik wurde, liegt auch daran, dass in manchen Schulen das Instrument in erster Linie als Mittel der Meditation benutzt wird, wodurch sich ein öffentlicher Auftritt von selbst verbietet. Allerdings wurde die Flöte in der Vergangenheit, als sie das Privileg der Bettelmönche Komusō war, durchaus auf Strassen und auf Plätzen vor anderen Leuten gespielt. Und in der im 18. Jahrhundert begründeten Tradition von Kurosawa Kinko (1710–1771) entstand am ehesten das Bedürfnis, Honkyoku in der Öffentlichkeit zu spielen.

83 Andreas Fuyū Gutzwiller, Tokyo, 1978. Rechts auf der Bühne ein Schriftständer mit der Anzeige des gespielten Stücks: *Shin Kyorei*.

Zwischen den Sechzigerjahren und den Neunzigerjahren des 20. Jahrhunderts wuchs im Westen das Interesse an Musiken anderer Kulturen stark und es entwickelte sich ein lebendiger Austausch. Musiker und Gruppen aus Indien, China, Japan, Indonesien, Afrika und anderen Kulturkreisen gingen auf Tournee und trafen auf ein interessiertes westliches Publikum. Die Shakuhachi-Meister Araki und Yamaguchi gaben Konzerte in den USA oder in Europa, Kawase reiste mehrmals nach Europa und trat mit Andreas Gutzwiller und mit japanischen Sankyoku-Spielerinnen auf. Man kann also sagen, dass die Shakuhachi paradoxerweise erst im Westen zum Konzertinstrument wurde. Auch die Tatsache, dass der bedeutende japanische Komponist Toshio Hosokawa (*1955) die traditionelle Musik seines Landes erst in Europa kennenlernte, ist bezeichnend für die Situation dieser Musik. Erst indem sie um den Globus ging, wurde sie einem grösseren Publikum bekannt, auch in Japan, und durch den Austausch mit Musikern aus anderen Kulturen und mit zeitgenössischen Komponisten konnte ihr Kunstcharakter erst richtig hervortreten.

An der Laufbahn von Andreas Fuyū Gutzwiller lässt sich die Konjunktur der «World Music» in der zweiten Hälfte des 20. Jahrhunderts ablesen. Der Shakuhachi widerfuhr auf der Bühne ein ähnliches Schicksal wie der Ethnomusikologie an den Universitäten: Nach einer Hoch-

84 Andreas Fuyū Gutzwiller, Lucerne Festival, 2000.

konjunktur von den Sechziger- bis in die Achtzigerjahre sank das Interesse in den Neunzigern sukzessive und brach nach 2000 ein.

Nach seiner Rückkehr aus Japan (1980) und der Installierung an der Musik Akademie Basel erhielt Andreas Gutzwiller, ohne je für sich Werbung zu machen, zahlreiche Einladungen für Konzerte in ganz Europa und spielte in der Bundesrepublik Deutschland und der DDR, in Österreich, Frankreich, Italien, Holland, Schweden, Grossbritannien und natürlich oft in der Schweiz. Er trat auch in den USA und wiederholt in Japan auf. Er wurde an Festivals eingeladen, unter anderem an den «steirischen herbst» (Graz 1983) und ans «Lucerne Festival» im Jahr 2000, und er brachte zeitgenössische Werke zur Uraufführung, die für ihn komponiert worden sind.

Das wache Interesse an «anderer Musik» versiegte in den Nullerjahren, Konzerte mit der Shakuhachi sind selten geworden und finden unter Liebhabern dieses Instruments statt oder etwa im Rahmen der Veranstaltungen der «Shakuhachi Gesellschaft Schweiz Chikuyūsha». Gespielt wird die Shakuhachi weiterhin auf der ganzen Welt auf Kongressen, in Kursen und im Unterricht.

Japan – ein Land ohne Konzertbühne?

Die traditionelle Musik für Shakuhachi ist ja eigentlich nicht als Konzertmusik gedacht. Der Meister Hisamatsu Fūyō schrieb 1830: «Shakuhachi zu spielen, ist in Wirklichkeit nicht dazu da, von anderen gehört zu werden.»[146] *Trotzdem spielt man sie vor Publikum, auch in Japan. Wie ist Honkyoku vor ein Publikum oder auf ein Podium gekommen? Und was hiess das in Japan?*

Ich möchte auf einem Umweg antworten: Vor einiger Zeit hat die Shakuhachi-Spielerin Kiku Day[147] ein Interview mit Musikern der Myōan-Richtung geführt und genau die Frage gestellt: Soll man die Shakuhachi auf der Bühne spielen? Und das japanische Wort, das diese Musiker für «Bühne» benutzt haben, lautet «sutēji», was nichts anderes ist als die japanische Aussprache des englischen «stage». Das weist darauf hin, und es ist tatsächlich so, dass es im Japanischen kein Wort für unsere «Bühne» gibt. Es gibt die Theaterbühne «butai», was wörtlich übersetzt «Tanzbühne» bedeutet, und da gehört die Shakuhachi wirklich nicht hin, weil das Wort auf ein Theater hindeutet. Auch im Deutschen machen wir ja einen Unterschied zwischen Bühne und Podium, wobei sich die Begriffe wegen der verschiedenen Präsentationsformen von Theater und Musik überlappen. Eigentlich ist die Bühne fürs Theater und die Musik gehört auf das Podium. Und das ist etwas anderes.

Hat das mit dem Vorhang zu tun, der die Bühne abschliesst?

Nein, das hat mit der Form zu tun, wie Musik präsentiert wird, nämlich als Musik. Die Musik als Theater ist die Oper oder die Operette, das andere ist das Konzert. Alle diese Begriffe sind europäisch konnotiert. Auch für «Konzert» gibt es im Japanischen kein richtiges Wort. Für die traditionelle Kammermusik mit

Andreas Gutzwiller zur Shakuhachi-Musikkultur, 1992:
«Der Unterricht, nicht das Konzert, ist das Medium, das Musik in der Gesellschaft vermittelt, und so ist jeder, der sich mit Musik beschäftigt, am Musikunterricht beteiligt, sei es als Lehrer oder Schüler.»[150]

Kiku Day ist eine dänische Shakuhachi-Musikerin mit amerikanischen, russischen, japanischen und irischen Wurzeln. Sie lernte bei Okuda Atsuya, dem Hauptvertreter des Jinashikan-Stils, der auf Instrumenten gespielt wird, deren Innenrohr roh belassen wurde. Okuda Atsuya lässt nur den im jeweiligen Moment gespielten Ton gelten und hat bis auf wenige Ausnahmen CD-Aufnahmen seiner Musik verweigert.[151]

Die **Myōan-Richtung** steht in der Fuke-Tradition und betont im Gegensatz zur Kinko-Richtung eine einfache Spielweise, wie sie für die Meditation benutzt wird.

In **Europa** boten die **öffentlichen Konzerte** anfänglich ein buntes Programm, Sinfoniesätze wechselten mit Instrumentensoli, Arien und Chorliedern. Erst gegen Mitte des 19. Jh.s kamen Konzerte auf, die sich einem Thema widmeten, z. B. den Werken von Beethoven. In der zweiten Hälfte des Jahrhunderts trennten sich die Konzerttypen noch deutlicher in Liederabende, Sinfoniekonzerte, Kammermusik etc.[152]

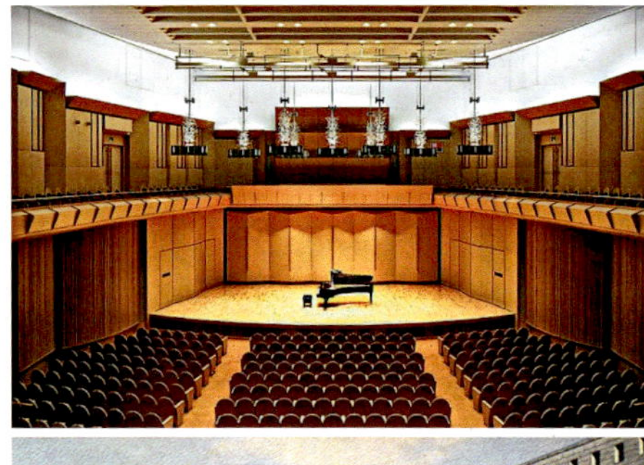

85 und **86** Der Saal der Versicherungsgesellschaft Dai Ichi Seimei in Tokyo. Er befindet sich im zweiten Gebäude von rechts.

Andreas Gutzwiller lebte von 1972 bis 1979 in Japan. Er wohnte mit seiner Familie in Kamakura, das musikalische Leben spielte sich in Tokyo ab, wo Kawase Junsuke III lebt.

Andreas Gutzwiller, *Die Shakuhachi der Kinko-Schule*, 1983:
«Das **Interesse der Japaner an japanischer Musik** [ist] kein allgemeines [in dem Sinne], dass das Interesse von Liebhabern traditioneller Musik nicht dieser Musik im allgemeinen gilt, sondern spezialisiert ist. Solange das Interesse des Publikums derartig fragmentiert bleibt, wird ein öffentliches Konzertleben nicht entstehen können.»[153]

Koto, Shamisen und Shakuhachi wird das Wort «risaitaru» benützt, was die japanische Aussprache von «recital» ist.

… le récital …

… das «récital», was eben schon darauf hinweist, dass es im traditionellen Japan weder einen Ort noch eigentlich ein Konzept für den Ablauf eines Konzerts gibt. Das öffentliche Konzert hat sich ja auch bei uns erst im späten 18. und frühen 19. Jahrhundert durchgesetzt. Ein solches Konzert, definiert als eine öffentliche Angelegenheit, für die man Tickets kauft, wo man Platz nimmt und konzentriert einem Musikprogramm zuhört und worüber dann in den Zeitungen geschrieben wird, gibt es in Japan für die klassisch-traditionelle Musik nicht, es gibt für sie keine Konzertsäle – für die neuere Musik natürlich schon. Da gibt es einige bekannte Säle, etwa Dai Ichi Seimei, wo wir oft gespielt haben, es ist schlicht der grosse Saal einer Versicherungsgesellschaft, der oft für westliche Musik, für nicht allzu grosse Orchester benutzt wird, aber auch für japanische Kammermusik, wobei es so ist, dass eigentlich nie *eine* Shamisen, *ein* Koto oder *eine* Shakuhachi allein spielt, es handelt sich fast immer um Massenauftritte, an denen die Schulen sich präsentieren. Und auch das sind eigentlich keine Konzerte, in denen man dem Publikum seine Musik näherbringt, vielmehr macht man Werbung für die Schule.

Und was spielt Honkyoku dabei für eine Rolle?

Zu meiner Zeit in Japan war es so, dass die alte Musik für Shakuhachi zwischen Sankyoku-Stücke hineingequetscht wurde, in langen Konzerten, in denen nur vereinzelt Honkyoku-Stücke vorkamen, meistens auch von Gruppen unisono gespielt, und eigentlich waren die Shakuhachi-Musiker fehl am Platz, denn das Publikum kam vorwiegend wegen der Sankyoku-Musik und nur sehr beschränkt für die Shakuhachi. Eigentlich gibt es Shakuhachi-Konzerte oder eben «risaitaru» gar nicht, es kam kaum vor, dass sich ein oder zwei Shakuhachi-Spieler zusammentaten, um einen Abend lang in einem öffentlichen Saal Honkoyku-Stücke zu spielen.

Das also, was Du später in vielen Konzerten gemacht hast, nämlich einen Abend lang Honkyoku zu spielen, gibt es in Japan nicht?

Ist dort unmöglich. Wenn man in Japan zwischen den Sankyoku-Stücken Honkyoku spielt, dann gehen viele Zuhörerinnen und Zuhörer aus dem Saal, weil sie «ihre» Leute schon gehört haben, und es kommt anderes Publikum herein, während du spielst, weil «ihre» Leute als nächste dran sind – und so ist die Shakuhachi so etwas wie der Pausenclown geworden. Dass es unsere europäische Idee von Konzert in der klassisch japanischen Musik nicht gibt, zeigt die folgende Anekdote: Ich war für ein Konzert in einem alten Tokyoter Kaufhaus eingeladen – die haben auch eigene Konzertsäle, Takemitsu hat dort oft gespielt …

… und wie sind die eingerichtet, mit einem Podium?

Nein, es war ein richtiges Theater mit einem Vorhang und Platz für etwa 150 Zuschauer. Alle alten Kaufhäuser hatten so einen Saal, was dort heute gemacht wird, weiss ich allerdings nicht. Jedenfalls hatten wir dort ein Shakuhachi-Konzert, und zwar über Mittag, und ich durfte alleine *Shin Kyorei* spielen. Ich sass also auf der Bühne, spielte *Shin Kyorei*, die Scheinwerfer strahlten von vorne, ich konnte das Publikum kaum erkennen, dann blendete noch der rote Teppich und vor mir lagen die Noten – und auf einmal hörte ich mitten im Stück ein lautes Papierrascheln. «Merkwürdig», dachte ich, «gibt es hier Programmhefte?» Schliesslich habe ich versucht, ins Publikum zu blicken – und da sassen die Leute und haben ihre Lunchpakete ausgepackt – es war ja ein Mittagskonzert. Nachher hat man mir erklärt, das seien alles «Inaka no hitobito» gewesen, also Leute aus der tiefsten Provinz, Kunden des Kaufhauses aus dem Hinterland, die Tokyo besucht haben und zum Programm gehörte ein Mittagskonzert mit klassischer japanischer Musik. Man hat ihnen also die Lunchbox in die Hand gedrückt und sie in den Theatersaal geschickt (lacht).

Haben sie denn zugehört?

Sie haben gegessen. Sie haben ihre Lunchbox geöffnet und gegessen.

Und dazu geplaudert?

Nein, sie haben schon zugehört, aber sie haben ihr Mittagsmahl während des Konzerts eingenommen.

Da kommt mir Brecht in den Sinn, bekanntlich ein grosser Bewunderer des Nō-Theaters, der gesagt hat, in einer Theatervorstellung sollte das Publikum eigentlich essen und trinken und rauchen …

Ich nehme an, er hätte sich sehr beschwert – und Helene Weigel noch viel lauter (lacht). Das war wohl eher als Provokation gegen das kulinarische Theater gedacht und nicht so, dass jemand dort unten in seinen Stücken wirklich Butterbrote verzehren sollte.

Die Shakuhachi auf europäischen Bühnen, Raumklang, Lampenfieber …

Das Auftreten vor europäischem Publikum war vermutlich anders und es kamen wohl auch Leute ins Konzert, die eine solche Musik noch nie gehört hatten.

Es kommen auf jeden Fall Leute, die noch nie Honkyoku gehört haben, weil es für sie eben neu ist. Sie kommen aus Interesse. Als ich 1976 oder 1977 zum ersten Mal mit meinem Lehrer Kawase nach Europa reiste, um Konzerte zu geben, wir haben in Basel, Zürich und Köln gespielt, hatte er starke Zweifel, dass

Shin Kyorei (*Der wahre Geist der Leere*), eines der drei zentralen Stücke des Kinko-Kodex, ist das Stück, das Andreas Gutzwiller auch 1970 bei seinem ersten öffentlichen Auftritt in Wesleyan gespielt hat (vgl. Kap. 1, S. 18).
Audio: Andreas Fuyū Gutzwiller spielt *Shin Kyorei*. (https://schwabe.ch/die-welt-in-einem-ton)

87 Kawase Junsuke III und Andreas Gutzwiller in einem Konzert 1974 in Hokkaido (Japan).

Brecht sprach vom «**Rauchtheater**» und wollte laut Elisabeth Hauptmann damit sagen, «die Schauspieler müßten lernen, vor Leuten zu spielen, die da unten säßen an kleinen Tischen, Bier tränken und ihre Zigarren rauchten. Und er sagte, ein Schauspieler, der gewinnt gegen Bier und Zigarre und Gespräche unten, der ist dann wirklich gut.»[154]

88 Andreas Gutzwiller und Kawase III in Basel, 2012.
Foto: Mirjam Pierig.

Zum **Interesse an Musik anderer Kulturen** vgl. Kap. 2, S. 30f., 37–40.

so etwas funktionieren könne: Zwei Shakuhachi-Spieler auf der Bühne mit Einzelstücken oder Duetten, das gehe einfach nicht einen ganzen Abend lang. Und er war dann ausserordentlich erstaunt, wie es lief, und hat hinter der Bühne zu mir gesagt: «Aber die Leute hören ja zu!» Die Ironie der Geschichte ist also, dass man in Europa viel besser gerüstet ist, japanische Musik zu verstehen, als in Japan selber.

Warst Du Dir auch unsicher, ob es funktioniert?

Nein, ich wusste, dass das europäische Publikum auf jeden Fall zuhört. Vielleicht finden manche die Musik nicht schön, aber die Leute kommen, um zu hören. Und sie kamen auch nicht, um einen berühmten Musiker zu hören, sondern um eine für sie neue Musik kennenzulernen. Das war ein Zeitphänomen, das in den Sechzigern anfing und bis in die Neunzigerjahre dauerte: Man wollte hören, welche Musiken in Japan, Indien oder China und anderswo gemacht werden.

Und das gibt es in Japan nicht, in Japan ist immer «Theater» dabei, die Konzerte finden auf Bühnen mit Vorhang statt. Man arrangiert sich dahinter, man ordnet seine Kleider, man stimmt die Instrumente und dann geht der Vorhang hoch und das Publikum sieht die Musiker, die sich verbeugen, und beim letzten Stück steht einer mit der Partitur in der Hand bereit und sorgt dafür, dass mit den letzten Takten der Vorhang heruntergeht. Das heisst: Es sind eigentlich musikalische Theaternummern, die aufgeführt werden. Die japanischen Musikerinnen und Musiker, die hier in Europa gespielt haben, waren sehr irritiert, dass das Podium keinen Vorhang hat. Die Musiker kommen auf die Bühne, sie stellen ihre Instrumente hin, sie stimmen nach – all das war ihnen etwas peinlich.

Als würden sie im Schlafzimmer beobachtet …

Wie wenn man den Schauspielern beim Schminken zuschaute. Das gehört nicht vor das Publikum. Wenn alles bereit ist, geht der Vorhang hoch, und wenn der Vorhang heruntergeht, ist die Nummer zu Ende, und hinter dem Vorhang wird für die nächste Nummer neu arrangiert.

Andreas Gutzwiller trat in den USA und in Japan auf und gab in ganz Europa Konzerte, in der Bundesrepublik Deutschland, in der DDR, in Frankreich, Grossbritannien, Holland, Italien, Österreich, Schweden und in der Schweiz, insgesamt etwa 90 Auftritte.

Du hast zahlreiche Konzerte gespielt, in vielen Ländern Europas. Wie ist es zu diesen vielen Auftritten gekommen mit Deiner doch fremden Musik?

Das lag am damaligen Interesse des Publikums an anderen Musiktraditionen. Ich habe mich für kein einziges Konzert beworben, ich habe kein Demoband und keine Flyer verschickt. Vorher war ich 20 Jahre weg gewesen, in Deutschland, in den USA, in Japan und Paris, und habe dann nach der Rückkehr interessierte Leute kennengelernt, es hat sich ein Netzwerk gebildet von Menschen, die sich mit «anderer Musik» beschäftigten – «aussereuropäische Musik» sollte man ja eigentlich nicht mehr sagen. Wie klingt fremde Musik? Was machen diese Musiker Seltsames? Dafür haben sich immer mehr Leute interessiert und die einen haben den anderen davon berichtet, die Konzerte waren relativ erfolgreich. Diese Neugierde, die mich lange getragen hat, ist aber vollständig verschwunden. Pech für meine Schüler, die nun selber Konzerte geben möchten.

Banale Frage: Was war das grösste Publikum, vor dem Du gespielt hast?

Wahrscheinlich schon bei der Aufführung von Takemitsus *November Steps,* unter anderem im grossen Musiksaal des Stadtcasinos Basel. Bei den «recitals» an den Musikhochschulen waren es höchstens 150 Leute, manchmal auch nur 20 oder 30, das hat aber weder die Veranstalter noch mich je gestört. Wenn man zeitgenössische Musik spielt, kommen oft auch nur wenige Leute, aber das ist kein Grund, sie nicht zu spielen.

Das Basler Konzert der Sinfonietta Basel mit **Takemitsus November Steps** fand am 25. März 2007 unter der Leitung von Fabrice Bollon statt. Den Biwa-Part spielte Junko Handa. Ausser den *November Steps* wurden *Métaboles* von Henri Dutilleux und *Daphnis et Chloé* (Ballett, 1. und 3. Bild) von Maurice Ravel aufgeführt.

Du hast in den unterschiedlichsten Räumen gespielt, in Kirchen, Konzertsälen und Museen. Wir haben im Verlauf unserer Gespräche einmal Alvin Luciers Komposition «I'm sitting in a room» angehört, in welcher der Raumklang zur Solostimme wird. Ich kann mir vorstellen, dass die Akustik des Raumes einen enormen Einfluss auf den Klang eines Konzerts und auf das Gefühl beim Spielen hat. Könntest Du darüber an einigen Beispielen etwas sagen?

Zu **Luciers** *I'm Sitting in a Room* vgl. Kap. 2, S. 36.

Zuerst einmal: Die Raumakustik ist von der Bühne aus sehr schwer einzuschätzen, weil man als Musiker auf der Bühne unter Umständen etwas ganz anderes hört als das Publikum im Saal. Eine wichtige Rolle spielt etwa, wie viel Publikum im Raum sitzt. Extrem zu spüren war das im Solidaritätskonzert nach der Chemiekatastrophe von Schweizerhalle 1986, die grosse Leonhardskirche in Basel war vollbesetzt und der Klang so knochentrocken, dass man das Gefühl hatte, gegen eine Wand zu spielen. Dasselbe ist einmal in Venedig geschehen, nicht in einer Kirche, sondern im Teatro Goldoni mit einer grossen Bühne und einem grossen Zuschauerraum, die Beleuchtung blendete von vorne und ich hatte das Gefühl, der Ton falle zwei Meter vor mir zu Boden. Es kam kein Echo, es kam rein gar nichts zurück, es war wie in einem akustisch toten Raum. Auch wenn die Leute dann sagen: «Nein, nein, das hat sehr gut getönt …» – es ist äusserst schwierig, so zu spielen.

In der Nacht auf den 1. November 1986 brannte in **Schweizerhalle** bei Basel in einem Werk der Firma Sandoz eine Lagerhalle mit zum Teil giftigen Chemikalien ab, die mit dem Löschwasser in den Rhein gelangten. Als Reaktion auf die Bedrohung der Bevölkerung durch die immense Rauchwolke und auf die enormen Schäden an Flora und Fauna des Flusses bildete sich eine breite Umweltschutzbewegung, in deren Zusammenhang unter anderem das Solidaritätskonzert in der Leonhardskirche stattfand.

Das **Teatro Goldoni** wurde 1622 errichtet und nach Bränden immer wieder aufgebaut. Nach dem Zweiten Weltkrieg zerfiel das Gbäude und wurde gesperrt, 1979 wurde es neu eröffnet und steht nun mit seinen 800 Plätzen für Opern, Ballette, Konzerte, Theaterstücke und ein Kindertheater zu Verfügung.

Dann musst Du Dich wohl einfach auf Deine Sache fokussieren?

Ja. Es ist einfach so, dass man von der Bühne oder dem Podium oder dem Chor einer Kirche aus kaum feststellen kann, wie es unten klingt. Einmal aber, im Dom von Lübeck, war es anders: Mein Konzert fand im Chor statt, aber der ganze übrige riesige Kirchenraum schwang akustisch mit, was ich als sanftes Echo von hinten wahrgenommen habe und das Publikum auch. Man spielt dann einfach langsamer, versucht die Töne ausklingen zu lassen, versucht mit dem Raum mitzuspielen.

Das hast Du von der Probe her gewusst?

Ja, das habe ich gewusst. Und es gibt natürlich Säle, die man gut kennt, den Saal in der Musik Akademie Basel kenne ich auswendig.

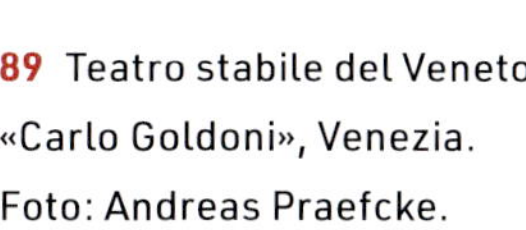

89 Teatro stabile del Veneto «Carlo Goldoni», Venezia. Foto: Andreas Praefcke.

Und wie beeinflusst eigentlich die Anwesenheit von Publikum die Musik? Einmal hast Du gesagt, das

Schöne an Konzerten sei, dass überhaupt Leute kämen, um Musik zu hören. Gibt es darüber hinaus Interaktionen, dass Du vielleicht so etwas wie Abwehr oder Entgegenkommen spürst?

Es ist in erster Linie die Präsenz: Wenn ein Publikum da ist, muss ich ihm etwas geben. Ich kann nicht so tun, als sei ich allein im Raum, denn schliesslich sind sie gekommen, um etwas zu bekommen. Ich mache ja keine Zen-Übungen auf der Bühne und die anderen dürfen zuschauen und zuhören. Vor einem Publikum versucht man beim Spielen so weit auszugreifen, dass man alle erreicht. Es ist mehr eine mentale Haltung, aber auch ein Austausch: «Wir machen etwas zusammen: ich spiele und ihr hört.»

Wie stand es übrigens mit Deinem Lampenfieber?

Es war stark, fast immer, aber immer nur vor den Auftritten. In dem Moment, wo ich auf der Bühne bin, ist die Sache in Ordnung, weil ich den Fokus bekomme. Bei der Shakuhachi ist die bange Frage natürlich: «Kommt der Ton oder kommt er nicht?» (lacht). Das Problem gab es auch in Japan, ich habe einmal eine Musikerin erlebt, bei der im Konzert einfach der Ton weg war. Weg. Er war nicht da. Der Shakuhachi-Ansatz ist heikel, und wenn die Lippen zittern, dann passiert gar nichts.

So weit ist es bei mir nie gekommen, auf der Bühne war die Angst immer weg. Aber ich verspüre jetzt als Zuhörer merkwürdigerweise eine Art stellvertretendes Lampenfieber, für die Musiker. Meinen Schülern habe ich immer gesagt: «Lampenfieber ist normal, denn es ist nicht normal, vor hundert Leute hinzustehen, einen Text zu rezitieren oder ein Musikstück zu spielen.» Du *musst* Lampenfieber haben, es gehört dazu, der Adrenalinspiegel muss hoch, sonst passiert nichts, er darf nur nicht so hoch steigen, dass eine Art Erstarrung eintritt.

Man kann das aber trainieren, vor allem hilft die Erfahrung. Man muss viele Konzerte machen, um es wegzukriegen. Aber selbst Spitzenmusiker leiden darunter, Menuhin war bekannt dafür, und er hat ein Vermögen ausgegeben für allerlei Scharlatane. Als Kind und Jugendlicher kannte er das nicht, erst als Erwachsener, und es ist nie mehr weggegangen. Ich erinnere mich an ein Konzert von ihm mit dem Zürcher Kammerorchester unter Edmond de Stoutz, ich war etwa 14 oder 15 Jahre alt. Menuhin hat gut gespielt, na ja, doch doch – schliesslich kamen drei Dreingaben und das ganze Publikum hat plötzlich begriffen, warum der Mann so berühmt war. Da war das Lampenfieber endlich weg, während des gesamten Konzerts vorher hat er gut gespielt, aber wie mit angezogener Handbremse.

Eckhart Altenmüller, Mediziner und Querflötist, 2010: «50 Prozent aller Musiker und 70 Prozent aller Studierenden der Musik leiden unter **Aufführungsängsten**, die sie bedrohen und oftmals zum Abbruch der Karriere führen. Im Vergleich zur Gesamtbevölkerung treten Angstsymptome bei Musikern etwa drei Mal so häufig auf.»[155]

Peer Abilgaard, ausgebildeter Countertenor und Musikmediziner, über **Unterspannung**: «Es gibt fast nichts Schlimmeres, als wenn man auf die Bühne tritt, und man ist unterspannt, also ohne Lampenfieber. Plötzlich sind die Musiker richtig schlecht.»[156]

Viele grosse Musiker und Musikerinnen litten oder leiden an **Lampenfieber**: Martha Argerich, Luciano Pavarotti oder Barbara Streisand klagten und klagen darüber. «Es verdirbt meine Existenz», sagte Caruso zum Lampenfieber. «Manche meiner bevorstehenden öffentlichen Konzerte bedrücken mich wie ein Alptraum», meinte der Cellist Pablo Casals.

Die Vielfalt der Bühnenrollen, der Musiker als Schauspieler

Du hast auf der Bühne unterschiedliche Musiken gespielt: reine Solo-Honkoyku-Konzerte, aber auch Sankyoku-Kammermusik mit Koto und Shamisen, Zeitgenössiches allein oder im Ensemble und dann die grossen Nummern mit Orchester wie «November Steps» von Takemitsu. Gab es da Unterschiede von der Einstellung, der Bühnenrolle her?

Ich bin ein schlechter Ensemblespieler. Honkyoku solo oder solo modern war mir immer am liebsten. Da hatte ich am meisten Kontrolle. Fürs Ensemble habe ich einfach zu wenig Übung. Steffen Schleiermacher hat das damals scharf erkannt und mich im Zusammenhang mit seinem Stück *SPALT!* für Shakuhachi und Ensemble deswegen kritisiert. Da habe ich schon meine Grenzen gemerkt, weil ich einfach viel zu wenig Ensemblepraxis hatte.

Es gab auch nur wenige Gelegenheiten, Sankyoku zu spielen, weil es in Europa nicht viele gute Koto- oder Shamisen-Spielerinnen gibt.

Sankyoku habe ich in Europa praktisch nicht mehr gespielt. Im Sankyoku-Trio ist die Shakuhachi die Nummer drei, denn es handelt sich um Musik, die ursprünglich für Gesang, Shamisen und/oder Koto gedacht war. Die Shakuhachi hat sich im 19. Jahrhundert drangehängt, was kulturpolitisch sehr wichtig war und dem Instrument das Überleben gesichert hat. Aber musikalisch ist es die totale Unterordnung. Ich ordne mich liebend gern den guten Spielerinnen unter und schwimme da mit, aber das Problem liegt in der Musik selbst, denn sie ist stark hierarchisch geordnet und die Shakuhachi «darf» bloss mitspielen. Wenn sie nicht mitspielt, fehlt sie nicht. Es gibt viele Koto- und Shamisen-Spielerinnen, die keine Shakuhachi dabeihaben wollen, denn die stört nur oder es gibt Intonationsprobleme, weil die Sängerinnen lieber ein oder zwei Töne höher singen. Eine Shakuhachi in D ist ihnen zu tief.

Und die Auftritte mit Orchester? Wie war da Deine «Bühnenrolle»?

Bei *November Steps* von Tōru Takemitsu habe ich mich nicht sehr wohl gefühlt, obwohl der Dirigent sehr erfahren war und es keine irrsinnig heiklen Einsätze gibt in diesem Stück. Einige vage Teile musste ich selber füllen, denn Takemitsu hat teilweise nur Zeichen hingeschrieben, die habe ich dann für mich übersetzt. Ich habe dann aber festgestellt, dass sich die anderen Solisten wie beispielsweise Yokoyama nicht an diese Notationen gehalten haben, die haben improvisiert und nachher ihre Versionen festgehalten. Und Takemitsu fand: «Das ist völlig in Ordnung.»

Auch die sehr lange Kadenz von Biwa und Shakuhachi – es gibt Musiker, die dehnen dieses Kernstück der Komposition auf zwölf Minuten aus – habe ich ganz selber geschrieben. Als ich nämlich das Stück das erste Mal spielte, stellte ich fest, dass die Biwa-Spielerin Junko Handa in der Kadenz doppelt so viel spielte wie ich. Als ich ihr dann den Biwa-Auszug von Takemitsu zeigte, wurde mir klar, dass sie diese Noten noch nie gesehen hatte. Sie hat einfach die Version ihrer Lehrerin gespielt, Ton für Ton. Da habe ich mich eben angepasst: Ich habe von ihrer Kadenz eine Aufnahme gemacht, habe diese transkribiert und mir eine Stimme komponiert, die mit ihrer zusammenging. Sie hat sich keinen Millimeter bewegt, das kann sie nicht.

In «November Steps» werden das Orchester mit seiner an Debussy erinnernden Partitur und die beiden japanischen Instrumente Shakuhachi und Biwa nahezu getrennt eingesetzt, einander als verschiedene Musiken gegenübergestellt.

Steffen Schleiermacher (*1960), Komponist, Dirigent und Pianist, studierte in Leipzig. Mit 22 Jahren schrieb er seine erste Komposition, später leitete er das Ensemble «Gruppe Junge Musik». Schleiermacher vertrat in der DDR die Neue Musik in der Linie von Stockhausen, Boulez und Cage. Nach dem Zusammenbruch der DDR setzte die internationale Karriere des Musikers ein. Die Komposition *SPALT!* für Shakuhachi und Ensemble (B-Klarinette, Piano, Violine, Viola, Cello, Perkussion) entstand 1999.[157] – **Audio**: Andreas Gutzwiller und das ensemble recherche spielen *SPALT!* von Steffen Schleiermacher. Dirigent: Johannes Stert. Privater Mitschnitt des Konzerts vom 9. Juli. 2000 in Leipzig (https://schwabe.ch/die-welt-in-einem-ton).

Shakuhachi in Sankyoku: s. Kap. 4, S. 69.

Bei der Normal-Shakuhachi (1,8) ist der unterste Ton ein D, in westlicher Notation ein d1.

Aus der Konzert-Rezension von Martina Wohlthat in der NZZ, 29.3.2007: «Aus der Tiefe des Raumes erklang einer jener Töne, wie sie bisweilen in der Natur entstehen, einen Moment in der Luft bleiben und wieder verklingen. […] Bei Takemitsu kamen zwei besondere Soloinstrumente hinzu – die Bambusflöte Shakuhachi und die japanische Laute Biwa. Der Flötist Andreas Gutzwiller und die Lautenistin Junko Handa hoben sich in ihrer traditionellen japanischen Kleidung bereits optisch vom Orchester ab, aber auch im feinen Gewebe von Takemitsus west-östlichem Konzertstück *November Steps* bildeten die Soloinstrumente eine Art Insel. Die weich artikulierten, hörbar von der Atemsäule getragenen Flötentöne und die schwirrenden, schnarrenden Lautenklänge bildeten das lyrische Zentrum und zogen einen durch nuancenreiche Klangmöglichkeiten in ihren Bann.» – **Video/Audio:** *November Steps* von Tōru Takemitsu mit Katsuya Yokoyama (Shakuhachi), Kinshi Tsuruta (Biwa), Saito Kinen Orchestra unter Seiji Ozawa: https://www.youtube.com/watch?v=wjYMz0vVXpA.

90 Junko Handa, 2016. – Junko Handa ist eine japanische Biwa-Spielerin, Sängerin und Komponistin. Sie ist in über 30 Ländern aufgetreten. 1995 war sie mit anderen wichtigen japanischen Musikern und Musikerinnen an der US-Tournee «Masters of Tradition» beteiligt. Mit dem Nihon no Oto Ensemble spielte sie die CD *Japon. Musique traditionelle de Chambre* auf dem Label Ethnic SAGA ein.

91 Andreas Fuyū Gutzwiller (1993) im Kimono. Foto: Dominik Labhardt.

Wenn man mit der Stoppuhr misst, wie lange das Orchester tatsächlich mit dem Duo Shakuhachi und Biwa zusammenspielt, so kommt man auf drei bis vier Minuten, und das Stück dauert doch zwanzig Minuten. Diese Trennung ist jedoch intendiert, das hat Takemitsu so gemeint. Ich habe 1979 in Tokyo mit ihm gesprochen: Es geht ihm um die Gegensätze, nicht darum, wie das eine in das andere hineinpasst.

Es scheint mir eine wirklich aussergewöhnliche Situation zu sein, wenn ein im Westen sozialisierter Mensch im Kimono auf die Bühne tritt, sich hinkniet und eine für Europäer äusserst seltsame Musik vorträgt. Es war für Dich vielleicht nicht immer einfach, in dieser Konstellation ein Selbstverständnis als Musiker zu entwickeln.

Ich habe einmal mitten in einem Konzert in Graz, ganz plötzlich, eine Krise durchlebt und wurde vom Gefühl beherrscht: «Du bist ein Scharlatan. Du bist kein Musiker, Du bist ein Schauspieler, der einen Musiker spielt, der sich dafür verkleidet und den Leuten etwas vormacht.» Das war schon eine echte Krise des Selbstverständnisses. Zum Glück hatte ich anschliessend ein ganzes Jahr lang keine Auftritte und bin darüber hinweggekommen, indem ich mir schliesslich gesagt habe: «Ja, Du bist ein Schauspieler.» Jeder Musiker ist ein Schauspieler, die einen gehen im Frack auf die Bühne, die anderen provokativ im T-Shirt und spielen Bach. Es ist immer ein Auftritt, aber der theatralische Aspekt wird bei uns ganz stark unterschätzt.

Deine Erkenntnis war: Man muss dazu stehen …

Man muss dazu stehen. Alle Musiker haben ihre Auftrittsrituale. Die eine eilt locker auf die Bühne, der andere geht gemessenen Schrittes und rückt noch den Sessel zurecht und so weiter. Ich musste die Stoffmassen meines Kimonos ordnen und das Instrument in der richtigen Reihenfolge hochnehmen – das ist Theater. Ich habe mir also gesagt: «Dazu musst Du stehen.»

Hattest Du denn vor der «Grazer Krise» dieses Bewusstsein noch nicht?

Nein. In Japan ist es ohnehin einfach so, wie es ist. In Japan ist das japanische Kostüm auch kein Kostüm, es ist einfach ein Kleidungsstück, das man bei bestimmten Gelegenheiten anzieht, sei es bei Hochzeiten oder Beerdigungen. Bei uns war ja der Frack auch einmal eine Kleidung für besondere Anlässe. Und ein Konzert ist ein besonderer Anlass, also gehen wir Musiker nicht in Jeans und T-Shirt. Früher hat sich ja auch das Publikum noch besonders angezogen – das fällt heutzutage weg. Aber das Theatralische gehört beim Auftritt einfach dazu und ich muss das Schauspielerische an mir akzeptieren.

Mit der Zeit war es dann allerdings so, dass es mich mehr und mehr gestört hat, im Kimono aufzutreten. Aber wenn man in der Seiza-Haltung auftritt, also auf dem Boden kniend spielt, dann muss man etwas Langes anhaben, man kann nicht in Hosen mit gespreizten Beinen auf der Bühne spielen, das geht nicht. Bei zeitgenössischer Musik jedoch, wenn ich auf einem Stuhl sitze, habe ich nie den Kimono an. Der Kimono hat mich auch bei den Aufführungen von Takemitsus *November Steps* gestört, aber Junko

Handa, die Biwa-Spielerin, hat darauf bestanden, den Kimono zu tragen, und so musste ich auch. Die Kleidung ist auch tatsächlich Teil der Inszenierung, um den Gegensatz zwischen europäischem Orchester und japanischen Solisten optisch darzustellen.

Dann hatte die «Grazer Krise» vielleicht mit zwei Dingen zu tun, einerseits mit der Empfindung, man sei als Musiker ein Schauspieler, andererseits man spiele den Europäern eine andere Kultur vor, man spiele Zen …

Ich habe das schon getrennt. Nehmen wir an, ein Schauspieler spiele Hamlet, dann muss er sich auch zu einem guten Teil mit Hamlet identifizieren. Er muss ja nicht ein dänischer Prinz werden, aber er kommt nicht auf die Bühne und spricht sein «Sein oder Nichtsein» und der Rest ist ihm Wurst. Die Identifikation, und das war bei mir vielleicht ein Schaubühnenrest, gehört dazu: Ich muss Hamlet werden, ich muss King Lear werden, sonst funktioniert es nicht. Ich muss die Musik darstellen, und da sind wir Musiker genau wie einer, der King Lear darstellt. Ich bin der Shakuhachi-Spieler genau wie der andere der King-Lear-Spieler ist. Der eine macht's mit Shakespeares Worten, ich mach's mit der japanischen Musik.

Bei uns in Europa ist die Trennung weniger offensichtlich, der europäische Musiker wirkt nicht so stark kostümiert …

Schaubühnenrest: Andreas Gutzwiller war während seiner Studienzeit in Berlin in den Sechzigerjahren Mitbegründer der «Berliner Schaubühne» und vor allem für die musikalische «Ausstattung» der Aufführungen zuständig (vgl. Kap. 2, S. 26–29).

Die Musiker müssen ja keine Perücke anziehen wie beim «Rondo veneziano» …

… und keine Halskrause. Aber sie haben einen Frack an. Boulez hat mich übrigens in dieser Beziehung einmal schwer beleidigt, als Junko Handa und ich in Paris beim IRCAM Takemitsus *Eclipse* spielten. Boulez hat vor dem Konzert eine freche kleine Rede gehalten und gesagt: «Ja, die Musiker sitzen da in ihren Kimonos, das ist genauso, wie wenn man Mozart in Perücke spielt …»

Hat er tatsächlich gesagt?

Hat er gesagt. Wir haben dann saumässig schlecht gespielt, zum Glück existiert die Aufnahme nur noch bei mir (lacht).

Dass er das vor dem Konzert gesagt hat, war schon eine Provokation.

Es war durchaus seine Meinung und wir hätten es auch anders machen können. Aber Handa spielt prinzipiell nur im Kimono. Punkt! Das musste ich respektieren, da konnte ich nicht in Jeans daneben sitzen. Aber das hat Boulez nicht gewusst, es hat ihn auch nicht interessiert.

Einmal hast Du, es tönt wie im Märchen, für die japanische Kaiserin gespielt. Das war eine ganz spezielle Auftrittsrolle. War das im Kaiserpalast in Tokyo?

92 Junko Handa und Andreas Gutzwiller in japanischer Kleidung vor dem Auftritt am IRCAM in Paris, 1979.

IBBY: «Das Internationale Kuratorium für das Jugendbuch (IBBY) ist eine gemeinnützige internationale Organisation. Sie umfasst Menschen, die weltweit bestrebt sind, bei Kindern und Jugendlichen Freude und Interesse an Büchern und Literatur zu wecken.» (Webseite des IBBY).[158]

Kiyoshi Kasai wurde 1947 in Japan geboren und studierte zunächst Mathematik an der staatlichen Universität Tokyo. Nach dem Abschluss des Mathematikstudiums kam er 1970 in die Schweiz und studierte Flöte bei André Jaunet am Konservatorium Zürich. Er bekam die Solo-Flötenstelle im Basler Sinfonie Orchester und hatte diese Stelle bis Juni 2009 inne. Seit 1999 war er Professor an der Musikhochschule Basel.[159]

Gerald Bennett: s. Kap. 5, S. 80, 82f.

Nihon Keizai Shibun

2002年（平成14年）10月1日（火曜日） ★13版 社会 42

東海地方のプレート滑り

想定震源域の西端で止まる

東海地方の地下のプレート境界で起きている「ゆっくり滑り」の領域が、東海地震の想定震源域の西端で止まっていることが三十日分かった。東海地震の前兆を検討する地震防災対策強化地域判定会の第二百回打ち合わせ会後、溝上恵会長が会見し明らかにした。

溝上会長は「直ちに東海地震に結びつくデータではないが、地下で注目すべき現象が進行しているという認識を市民も共有してほしい」と話した。

ゆっくり滑りは、沈み込むフィリピン海プレートの上にある陸のプレートが、南東方向に年二㌢滑る現象。国土地理院の観測によると、昨年三月ごろから浜名湖直下で始まり、滑りの領域が徐々に北東に広がっていた。しかし、今年四月以降の観測では、浜名湖以東から静岡市にかけた東海地震想定震源域の西端付近で、滑りが止まったことが分かった。

溝上会長は「極めて大きな応力が震源域の西端に集中してきている」と指摘した。

バーゼルで歓迎式典 皇后さま

【バーゼル（スイス）＝和歌山章彦】国際児童図書評議会（IBBY）記念大会出席のためスイス訪問中の皇后さまは三十日、バーゼル都市州主催の歓迎式典に臨まれ、式典のために特別に作曲された尺八、フルート二重奏で歓待された。

式典は、バーゼルの歴史的建造物であるゴシック様式の市庁舎で行われた。

チューリヒ音楽院で教べんをとる作曲家、ジェラルド・ベネットさんが、芭蕉や子規の俳句から構想したという「秋の風」と題する新曲をこの日のために用意。バーゼル交響楽団でソロフルートを担当する笠井潔さん、西洋人で初めて尺八師範となりバーゼル音楽大学で教えるアンドレアス・グッツヴィラーさんが二重奏でこの曲を披露し、皇后さまは盛んに拍手を送られた。

歓迎式典を終え、市庁舎前で集まった人たちに手を振る皇后さま（9月30日午前、バーゼル）＝共同

判例の電子図書館

予復習も双方向で

パートなど想定 ネット上に労組

情報労連が創設

NTTなどの情報関連産業を中心とした労働組

93 Bericht über den Empfang der Kaiserin Michiko im Basler Rathaus in der japanischen Tageszeitung *Nihon Keizai Shimbun*.

94 Cover des Gedichtbandes der Kaiserin Michiko in deutscher Übersetzung im Herder Verlag (2017).

Waka (wörtl: Japan [wa], Poesie [ka]) ist der Sammelbegriff für frühe lyrische Kurzformen (chōka, sedōka), die vom 6. bis 14. Jh. am japanischen Hof verbreitet waren und heute noch benutzt werden. Waka ist der Vorläufer der bekannteren renga und haiku.[160]

Kaiser Akihito und Kaiserin Michiko dankten Ende April 2019 ab.

Nein, es war im Saal des Grossen Rats in Basel, anlässlich der ersten Auslandsreise der Kaiserin Michiko, die sie allein unternommen hat, und zwar als Präsidentin der Organisation «International Board on Books for Young People» (IBBY), die Vizepräsidentin war übrigens Frau Mubarak. Die Damen waren im September 2002 als Schirmherrinnen des «Internationalen Kinderbuch-Kongresses» und zum Jubiläumskongress der Organisation in Basel und wurden selbstverständlich von der Basler Regierung offiziell empfangen. An diesem Empfang wurden verschiedene Reden gehalten und es wurde Musik gespielt, und zwar nach Protokoll dreimal vier Minuten. André Baltensperger, der damalige Rektor der Musik Akademie, hat mich gefragt, ob ich nicht zusammen mit dem japanischen Flötisten Kiyoshi Kasai sozusagen einen «cross-cultural music event» machen könne, mit einem Japaner, der europäische Flötenstücke spielt, und einem Schweizer, der die japanische Shakuhachi spielt. So habe ich ein kurzes Honkyoku-Stück vorgetragen, Kiyoshi Kasai ein Stück der französischen romantischen Schule und zusammen spielten wir eine Auftragskomposition, die Gerald Bennett im Eiltempo für diesen Anlass verfertigt hat.

Es war eine sehr schöne Feier, auch etwas eigenartig, und Ihre Kaiserliche Majestät hat sich nachher an mich gewendet und gefragt: «Fahren Sie öfter nach Japan?» Und ich sagte, da ich meinen Flug nach Tokyo wegen diesem Auftritt extra verschoben hatte: «Ich werde übermorgen fliegen.» Da antwortete sie: «Ah, dann sind Sie vor mir dort.» Was Majestät von unserem Konzert dachte, habe ich nicht erfahren. Zum Glück sprach sie englisch mit mir, denn das Hofjapanisch hätte ich schlecht verstanden und dann wie ein Jockel aus Hokkaido antworten müssen (lacht). Die japanische Tagespresse hat übrigens über diesen Anlass und die Musikdarbietungen berichtet.

Die Kaiserin Michiko ist ja eine sehr gebildete Dame, vor einigen Jahren ist in deutscher Übersetzung ein Lyrikband mit fünfzeiligen Waka von ihr erschienen: «Nur eine kleine Maulbeere, aber sie wog schwer.»[148] Hat man bei ihrem Besuch etwas von ihren kulturellen Interessen verspürt?

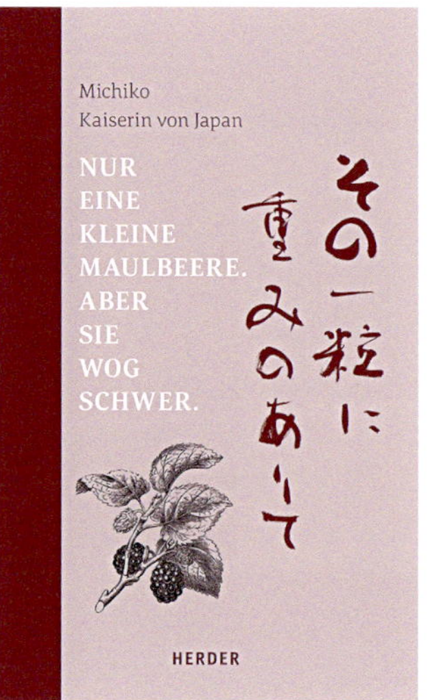

Ja, sie ist musikalisch gebildet, spielt Klavier, malt. Sie ist übrigens sehr eigenständig und ist am nächsten Morgen allein aus dem Hotel «Drei Könige» getreten und durch die Freie Strasse gewandert, beschützt von ihren Bodyguards, die diskret unsichtbar blieben – im Gegensatz zu den hünenhaften «Nubiern» der Frau Mubarak. Ich habe mit den japanischen Begleitern gesprochen, sie waren sehr freundlich und genauso aufmerksam wie alle anderen, aber die Kaiserin spazierte frei und praktisch unbeachtet durch die Freie Strasse. Danach hat sie zusammen mit Kiyoshi Kasai das Musikinstrumenten-Museum besucht und sich dort die Basler Sammlung angesehen. Sie hat wirklich das Beste aus dieser Reise gemacht, als sie zum ersten Mal allein ins Ausland fuhr. Nun ist sie ja zurückgetreten.

Die Impulse der zeitgenössischen Musik

Du hast viel zeitgenössische Musik aufgeführt und uraufgeführt, und das hat etwas mit Deinem Instrument zu tun. Du hast einmal festgestellt: «Wenn ich in Europa ein Konzert mit traditioneller Shakuhachi-Musik spiele, geschieht es beinahe immer, dass jemand nachher eine Bemerkung macht, sie klinge wie ‹moderne Musik›.»[149] *Das ist wahrscheinlich der Grund dafür, dass es eine Reihe zeitgenössischer Kompositionen für Shakuhachi gibt, einige sind für Dich geschrieben worden, weil da offensichtlich ein innerer Zusammenhang bestehen muss zwischen Honkyoku und zeitgenössischer Musik.*

Von früh an, schon zur Zeit beim IRCAM in Paris (1979), waren meine Unterstützer fast ausschliesslich Komponisten, die in der Shakuhachi-Musik etwas gehört haben, was sie in ihrer Musik auch beschäftigte, einen freien Umgang mit Rhythmen, einen sehr seltsamen Umgang mit Modi, Tonhöhen, Skalen, Klangfarben – das hat sie fasziniert. Die Andersartigkeit zur europäischen Musik ist schon extrem, sehr viel ausgeprägter als bei indischer oder persischer Musik, die, wie Ken Zuckerman immer sagte, modale Musiken sind, an die wir anknüpfen können. Es sind zwar andere Modi, andere Instrumente, andere musikalische Formen – aber es gibt Anknüpfungspunkte.

Shakuhachi hingegen, das habe auch ich vom ersten Moment an so empfunden, ist einfach eine ganz andere Musik – mit grossem A. Sie ist fremd – mit grossem F. Und das hat die Komponisten, die selber «andere» und «fremde» Musik komponieren, fasziniert.

Es hat angefangen mit Friedhelm Döhl. Als ich das erste Mal mit Kawase Junsuke in Basel auftrat, da war Döhl unglaublich begeistert. Danach kamen Thüring Bräm, Thomas Kessler, Gerald Bennett … Meine Unterstützer waren immer Komponisten und, nicht zu vergessen, auch Musikwissenschaftler wie der Basler Ordinarius Hans Oesch, der mir sehr geholfen hat, als er im Stiftungsrat der Musik Akademie war, und der, als Einziger im deutschsprachigen Raum, die Gleichrangigkeit aller Musik der Welt postulierte.

Die Shakuhachi-Musik ist eben auch eine Aussenseitermusik wie die moderne zeitgenössische Musik …

Genau, eine Aussenseitermusik, die aber eben traditionell ist …

Was gerade der Reiz daran ist …

Es ist der Reiz daran, dass es eine traditionelle Musik ist, hochritualisiert, und sie klingt so anders …

… bricht mit den Regeln …

… ja, aber nur für uns, für die Musiker in Japan sind die Regeln vertraut, hier wirkt sie jedoch so fremd wie Musik, die mit Absicht fremd ist, also die zeitgenössische Musik. Das hat eine grosse Anziehungs-

95 Andreas Gutzwiller im Gespräch mit dem japanischen Komponisten Ryōhei Hirose (1930–2008) in Essen, 2003.

Ken Zuckerman: s. Kap. 2, S. 37.

Friedhelm Döhl (*1936) studierte Komposition, Klavier und Schulmusik in Freiburg i. Br. Anfänglich war Anton Webern seine musikalische Leitfigur, später bewegte er sich im Darmstädter Kreis um Rolf Riehm. In Düsseldorf, wo er 1964–1968 tätig war, gründete er das Studio für Neue Musik. 1974 wurde er Direktor der Musik Akademie Basel.[161]

Thüring Bräm (*1944), Schweizer Dirigent und Komponist, 1973–1987 Leiter der Musikschule der Musik Akademie Basel, 1987–1999 Direktor des Konservatoriums Luzern, 1999–2001 Gründungsdirektor der Musikhochschule Luzern.

Thomas Kessler: s. Kap. 2, S. 37.

Gerald Bennett: s. Kap. 5, S. 80, 82f. Bennett komponierte für Andreas Gutzwiller, u. a. *Three Dances of the Angel* (für Shakuhachi und Schlagzeug) und *Kyotaku für Shakuhachi und Tonband*. –
Audio: Andreas Gutzwiller und Matthias Eser (Schlagzeug) spielen *Three Dances of the Angel* (https://schwabe.ch/die-welt-in-einem-ton).

Hans Oesch (1926–1992) wurde 1967 «als Nachfolger von Leo Schrade als Professor und Institutsleiter an das Musikwissenschaftliche Institut der Universität Basel berufen. Zu seinen zentralen Forschungsgebieten gehörte die Musik des 20. Jahrhunderts und die Ethnomusikologie. Oeschs bedeutendste Leistung liegt in der Erforschung und Vermittlung aussereuropäischer Musikkulturen und ihrer Beziehungen zur Musikgeschichte Europas. Sein *Neues Handbuch für Musikwissenschaften* enthält auch den Versuch, aussereuropäische Musik in ihrer Gesamtheit darzustellen.»[162]

Rudolf Kelterborn (1931–2021), Schweizer Komponist und Dirigent, Professor für Musiktheorie, Musikanalyse und Komposition an verschiedenen Musikakademien (Detmold, Zürich, Karlsruhe), ab 1983 Leiter der Basler Musik Akademie. Mit Heinz Holliger und Jürg Wyttenbach gründete er das Basler Musikforum. Kelterborn hat zahlreiche Werke in vielen Gattungen komponiert und dafür internationale Beachtung gefunden.[163]

96 Auf dem *Grammont Portrait für Andreas Gutzwiller* sind neben einem Kinko-Stück ausschliesslich zeitgenössische Kompositionen für Shakuhachi zu hören, geschrieben für Andreas Gutzwiller: *One in Two* von Thüring Bräm, *Windstriche* von Urban Mäder, *Three Dances of the Angel* von Gerald Bennett und *Irasshaimase* von Thomas Kessler.

Thüring Bräm zu seiner Komposition One in Two:
«Der Weg ist wichtiger als das Endprodukt. So könnte das Motto für die fünf Stücke *One in Two* lauten. Wie beim Spielen von Streichinstrumenten das Gleiten des Bogens den Klang gestaltet, sind es bei der Shakuhachi die Artikulation und die Gestaltung des Luftstromes und nicht der eigentliche Griff, die den Klangcharakter erzeugen. Also wird in diesen Stücken durch zwei Instrumente, ein gestrichenes und ein geblasenes, der Weg der Zeit gestaltet: In der *Invention* geschieht dies durch ein imitatorisches, komponiertes Nacheinander. In *Follow* ist jeweils eine Stimme vorgegeben und die zweite muss nach Gehör folgen. Im dritten Stück, das nur aus einer einzigen Tonhöhe besteht, strukturieren die Artikulationsimpulse, als harte Schläge oder als weicher Liegeklang, die Zeit. In *Unisono* ist jeweils die Klangfarbe des einen Instruments der Schatten des andern oder das eine strukturiert eine Sequenz von Tonhöhen, das andere verziert dieses Modell. Und *Arco* bedeutet «Bogen» im weitesten Sinne: Bogen als Phrasierung, als «legato», aber auch als Endlosband, das über die Einzelereignisse eines Tones gelegt wird, eben immer auf dem Wege, nie am Ziel.»[164]

kraft gehabt. Da war kein Zen dabei, niemand hat an Zen gedacht, der ja heute so im Vordergrund steht, es war die Form, die anzog, es waren die Töne – und nicht das, was philosophisch dahinter steht.

Rudolf Kelterborn gehörte auch zu denen, die sich dafür interessierten. Er konnte sonst nicht viel mit «aussereuropäischer Musik» anfangen, nur mit Honkyoku. Gamelan fand er furchtbar, indische Musik hat ihn nicht interessiert. Honkyoku – das war etwas Neues. Er hat nicht darüber gesprochen, aber er sah Anknüpfungspunkte, auch wenn diese auf ganz anderem Mist gewachsen sind, völlig andere historische Hintergründe haben.

Dann hat es Dich wohl auch interessiert, zeitgenössische Stücke von Komponisten aufzuführen, die mit Honkyoku etwas anfangen konnten.

Sie sind für mich komponiert worden und ich habe vorher mit allen Komponisten gesprochen und gesagt: «Ich bin Shakuhachi-Spieler, ihr seid Komponisten, ihr macht die Noten, ich übersetze sie.» Ich muss ja mit Tonqualitäten wie kari und meri spielen und muss überlegen, wie ich das mache. Wenn ein Komponist ein A schreibt, kann ich das auf drei verschiedene Arten spielen, und wie ich es mache, entscheide *ich*, und das habe ich mir auch immer vorbehalten.

Die Zusammenarbeit mit den Komponisten verlief unterschiedlich. Gerald Bennett beispielsweise hat sich sehr mit der Shakuhachi Honkyoku auseinandergesetzt, Thüring Bräm überhaupt nicht. Bräm hat *One in Two* komponiert und gemeint: «Nun mach Du das.» Er hat für die Shakuhachi sehr ungewohnte Passagen geschrieben, aber das ist auch der Witz an der Neuen Musik, dass ich Griffkombinationen und Klänge ausprobieren konnte, die es sonst nicht gibt. In solchen Kompositionen ist viel mehr an Klangmöglichkeiten drin als das, was die Kinko-Tradition vorgespurt hat.

Einen Satz seines Stückes hat Thüring Bräm als ein D notiert, das abwechselnd pianissimo und forte ertönt. Das musste ich mir zurechtlegen: Ich habe das Tsu meri so tief heruntergedrückt, dass es wie ein leises D getönt hat, was eine sehr grosse Kopfbewegung nach unten verlangt, und mit einem raschen Wechsel zum Ro, verbunden mit einer grossen Kopfbewegung nach oben, erzeugte ich den Kontrast mit einem lauten, hellen D. Das musste ich intensiv üben, dass nicht nur der Kontrast von laut und leise da war, sondern dass man auch hörte, dass der eine Ton ganz anders klingt als der andere. Das war das Reizvolle daran.

Ich habe das Stück noch ein wenig im Ohr. Reizvoll fand ich, dass die Komposition zwei sehr besondere Instrumente zusammenbringt, denn die Viola ist ja auch ein spezielles Saiteninstrument, manchmal etwas verachtet, aber es gibt wunderbare Stücke für Viola. Und die Viola wurde von Hans-Heinz Schneeberger gespielt. Das Stück ist ein Duo.

Hansheinz Schneeberger war ein Phänomen. Ich habe einmal mit ihm und der Sinfonietta Basel *Gen'ei* von Masaaki Hayakawa für Shakuhachi, Violine und Orchester gespielt. Er kam zur ersten Probe und hatte das Stück noch nie angeschaut, fand aber, dass wir das schon hinkriegen könnten. Wir waren dann beide etwas unbefriedigt von der Komposition, denn sie war nicht sehr reizvoll für die Shakuhachi, nicht sehr reizvoll für die Violine. Schneeberger meinte: «Ä Huffe Füumateriaau» («eine Menge Füllmaterial»). Als wir dann nach der Berner Aufführung im Zug nach Hause fuhren, fanden wir, es wäre schön, ein Stück ohne «Füumateriaau» zusammen zu spielen. Wochen später habe ich Thüring Bräm von dieser Idee berichtet. «Ja, ja, das interessiert mich», hat er gesagt, «aber nicht Violine – Viola.» So entstand *One in Two*.

Ich habe dann Bräms Stück mit Schneeberger eingeübt, wir haben Aufnahmen gemacht und an den Luzerner Festwochen gespielt. Schneeberger war nicht ganz glücklich damit, denn er liebt die vertracktesten Sachen – aber dann bitte auch alles klar notiert. Von Linien und Symbolen, mit denen er selber etwas improvisieren musste, hielt er nicht so viel. Aber er hat es gemacht und er hat es sehr gut gemacht.

Ging es in Bräms Duo von dunklem Streichinstrument und Shakuhachi-Flöte eher um Konsonanzen oder ging es um eine Art des Umspielens oder gar eines Kampfes?

Ein Teil des Stückes ist so komponiert, dass beide das Gleiche spielen, aber nicht zur selben Zeit. Bräm hat es in der Notation mit «follow me» umschrieben. Der eine läuft sozusagen dem anderen nach, aber nicht in derselben Geschwindigkeit, sodass es situativ zu Konsonanzen oder zu Dissonanzen kommt.

Das alles heisst auch, in den modernen Stücken hast Du ziemlich mitwirken, mitkomponieren müssen.

Ja, sicher, aber das ist bei vielen zeitgenössischen Komponisten so. Es gibt Unterschiede: Manche Komponisten schreiben bis zum letzten Geigenstrich alles auf, während andere eine lockere Form praktizieren. Es ist seit John Cage bekannt, dass von Musikern mehr erwartet wird, als bloss die Noten sauber zu spielen. Oft ist es wirklich eine Mitarbeit. Bei Takemitsu habe ich mich zuweilen wirklich gefragt, wer nun das Stück komponiert habe, er oder ich. Natürlich hat er das Stück geschrieben, aber ich habe es interpretiert, und das weiss das Publikum natürlich nicht.

Im Jahr 2000, als Du in Luzern an den Musikfestwochen gespielt hast, war Tashio Hosokawa Composer in Residence. Hast Du beim gemeinsamen Konzert im Stadttheater mit ihm gesprochen?

Am nächsten Tag am Frühstückstisch habe ich ihn beschimpft (lacht). Wir alle mussten nämlich vor dem Konzert angeben, wie lang unsere Stücke dauern, und er hat für alle seine Stücke nur zwei Drittel der Zeit angegeben, wodurch sich der Abend unglaublich in die Länge zog. Bei meinem Auftritt ging's gerade noch, aber nach mir war eine sehr gute Gagaku-Gruppe auf der Bühne, die hat nach Mitternacht praktisch vor leerem Haus spielen müssen. Das fand ich einfach eine Frechheit, und das habe ich ihm am nächsten Morgen gesagt. Das war unser Kontakt. Aber er ist natürlich ohne allen Zweifel ein ausgezeichneter Komponist.

97 Hansheinz Schneeberger (1926–2019).

Der 1926 in Bern geborene **Hansheinz Schneeberger** begann mit sechs Jahren Geige zu spielen. Er studierte das Instrument in Bern, Luzern und Paris, trat weltweit als Solist und Kammermusiker auf, spielte zusammen mit Horszowsky und Casals, verantwortete die Uraufführung bedeutender Violinkonzerte, wie das Violinkonzert von Frank Martin, das Violinkonzert Nr. 1 von Béla Bartók und *Tempora* von Klaus Huber.[165] – **Video/Audio:** Gespräch mit Schneeberger, Schneeberger spielt Paganini: https://www.schweizerkulturpreise.ch/awards/de/home/musik/musik-archiv/musik-2016/hansheinz-schneeberger.html.

Toshio Hosokawa (*1955 in Hiroshima) studierte ab 1976 Komposition bei Isang Yun (vgl. Kap. 5, S. 83) an der Hochschule der Künste in Berlin und von 1983 bis 1986 bei Klaus Huber in Freiburg. Ab 1980 nahm er an den Darmstädter Treffen für Neue Musik teil, ab 1989 organisierte er ein ähnliches Treffen in Fukui (Japan). Sein Œuvre umfasst Orchesterkompositionen, Kammermusikwerke, Solokonzerte und Filmmusik, aber auch Kompositionen für traditionelle japanische Instrumente. Das Verständnis für die traditionelle japanische Musik erlangte er paradoxerweise in Europa.[166]

Gagaku: s. Kap. 2, S. 26; Kap. 3, S. 45; Kap. 4, S. 69f.; Kap.5, S. 81f.

98 Flyer des Konzerts der «Camerata Vocale Basel» mit Andreas Gutzwiller im März 2009. Plakat: Daniel Svaton.

Domenica 8 novembre - ore 17.00 2009
Torino, Museo d'arte Orientale (MAO)

Suizen: un flauto per l'illuminazione

Andreas Gutzwiller, *shakuhachi*
Il concerto sarà introdotto da una breve presentazione a cura di Luciana Galliano

Ingresso gratuito (prenotazione obbligatoria al numero 011 443 69 27)
In occasione del concerto il MAO prolungherà l'orario di visita fino alle ore 19 con biglietto a tariffa ordinaria

Musica tradizionale dalla Scuola "Kinko" di shakuhachi
Moroi Makoto "Chikurai Goshô" per shakuhachi solo
Gerald Bennett "Kyotaku" per shakuhachi e nastro

99 Andreas Fuyū Gutzwiller im Turiner Konzert, 2009. Foto: Mirjam Pierig.
100 Das Programm des Turiner Konzerts vom 8. November 2009.

101 Plakat des Jubiläumskonzerts zum 80. Geburtstag von Kawase Junsuke III am 9. November 2016.

Kokū Reibo *(Der leere Himmel)* ist eines der drei zentralen Stücke der Kinko-Schule. In der zweistimmigen Version spielt ein Musiker das Stück in herkömmlicher Weise durch, während der andere die Teile in der Reihenfolge 1-4-3-2-6 springend spielt.[167]

Die letzten Konzerte

Welches waren Deine letzten Konzerte?

Eines meiner letzten Konzerte fand im März 2009 in der Basler Peterskirche statt, es war eine Koproduktion mit dem Chor «Camerata Vocale Basel». Der Chor hat Renaissance-Madrigale von Guerrero, Sheppard und Lobo gesungen und ich habe dazwischen Honkyoku-Stücke gespielt. Solche Kontrastprogramme habe ich immer wieder gemacht, meistens mit zeitgenössischer Musik, mehrmals mit Musik von John Cage.

Das letzte Konzert, das ich allein bestritt, fand im November 2009 im völlig verregneten Turin an einem Musikfestival mit zeitgenössischer Musik statt, organisiert vom internationalen Streichtrio Xenia, das sich in Turin etabliert hatte. Eigentlich war es absehbar, dass es das letzte grosse Konzert sein würde, weil die aussereuropäische Musikszene, die zum Teil mit avantgardistischen Musikgruppen, Hochschulen und Festivalprojekten zusammenarbeitete, damals schon im Untergang begriffen war. Die ursprüngliche Idee des Festivals war viel weiter gefasst gewesen, mit mehreren Kompositionsaufträgen, auch eine Komposition für Streichtrio und Shakuhachi sollte geschrieben werden. Dazu kam es dann nicht, weil die Geldflüsse für solche Projekte am Versiegen waren. So ist das Festival auf meinen Abend mit Shakuhachi zusammengeschmolzen und ich habe im Museo d'Arte Orientale ein Solokonzert mit Kinko-Stücken und zeitgenössischen Werken von Moroi Makoto und Gerald Bennett gespielt. Es war wie ein Abgesang.

Du hast aber in den folgenden Jahren noch eine Reihe weiterer Auftritte gehabt, der wichtigste wohl im November 2016, als Du zur Feier des 80. Geburtstags Deines Lehrers Kawase Junsuke III nach Tokyo eingeladen warst.

Mein wichtigstes Konzert ist das vom 9. November 2016 im Nationalen Nō-Theater in Tokyo zum 80. Geburtstag meines Lehrers. Er hat mich dazu schon ein Jahr vorher eingeladen, und das war nun tatsächlich eine sehr grosse Ehre, mich als Ausländer einzuladen, mit ihm auf der nationalen Bühne ein Stück zu spielen – und nicht einen von seinen anderen Schülern, nicht einen japanischen Musiker, nicht seinen Sohn, sondern mich aus der Schweiz.

Und was habt ihr zusammen gespielt?

Kokū Reibo – zweistimmig. Kawase hat schon im Sommer versprochen, er werde mir die Partitur schicken, hat das aber nie gemacht. Die erste Probe in Tokyo wurde dann eigentlich zum schönsten Moment, wir beide hatten ja etwa sechs Jahre nicht mehr zusammen gespielt, und doch war vom ersten Ton an alles da. Wir waren einfach zusammen, ganz wunderbar.

Er hatte das Stück bearbeitet, sein Sohn sass in der Probe daneben und machte Notizen in die Partitur, die dann am nächsten Tag wieder umgestürzt wurde (lacht). Im Konzert spielte er ganz anders als früher, freier und individueller, er spielte gewisse Figuren anders und ich war mir dabei nicht sicher, ob nun ich eine Wendung vergessen hatte oder ob er etwas anders machte. Selbstverständlich haben wir uns nicht gegenseitig korrigiert. Er spielte Seins und ich spielte Meins – obwohl er mein Lehrer ist. Da haben wir auf «Ohrenhöhe» gespielt. Es war ein sehr schönes Erlebnis, vor einem solchen Publikum und in einem solchen Zusammenhang eingeladen zu sein, das war schon eine grosse Geste. Im Grunde war erst dieses Konzert der Abschluss meiner Lehrzeit, der «Freispruch» sozusagen. Im Alter von 76 Jahren!

Getrübt wurde die Freude gleich danach: Das Konzert fing relativ früh an und hörte etwa um 20 Uhr auf. Es war nach der Präsidentschaftswahl in den USA und durch die Zeit- und Datumsverschiebung kam das Ergebnis in Tokyo sozusagen einen Tag später an. Im Hotel haben wir dann um 21 Uhr in den Nachrichten als erstes erfahren, dass Donald Trump die Wahl gewonnen hat. Das war ein unwürdiger Abschluss dieses wunderbaren Abends.

Am Schluss des Konzerts wurde ein kurzes Nō-Stück aufgeführt, wir haben in einem anderen Zusammenhang bereits darüber gesprochen. Es geht darin um den Geist eines Shakuhachi-Spielers, der von einem Priester heraufbeschworen und zur Ruhe geleitet wird. Es kommt wohl eher selten vor, dass Shakuhachi-Musik und Nō-Theater auf einer Bühne zusammengeführt werden. An diesem Abend machte es aber Sinn, allein schon wegen der Thematik dieses Nō-Stückes, aber vielleicht auch aus künstlerischen Gründen.

Wahrscheinlich war diese Kombination etwas Einzigartiges, ich habe jedenfalls nie so etwas gesehen oder davon gehört. Aus der Distanz gesehen und von der Ästhetik her ist es eigentlich naheliegend, erstaunlich ist eher, dass es zuvor nie passiert ist, denn in der Ästhetik haben Shakuhachi und Nō-Theater sehr vieles gemeinsam, beide betreiben eine radikale Ästhetik der Reduktion.

Das Nō-Theater ist ja eigentlich aus den Auftritten von Unterhaltungstruppen gewachsen. Im Dengaku machten Akrobaten mit, im Sarugaku traten Jongleure auf, sehr beliebt war auch das Turnen mit Leitern, was heute noch als Akrobatik betrieben wird. Aus diesen seltsamen volksnahen Theatern hat sich im 14. und 15. Jahrhundert durch zwei Personen, Kan'ami Kiyotsugu und seinen Sohn Zeami, das Nō-Theater entwickelt, es hat dann Protektion von den Shōgun bekommen, also den Militärfürsten, ist auf diese Weise zu einer Art Staatstheater geworden und hat im Lauf des Aufstiegs in der sozialen Klasse eine ganz andere Form angenommen. Es hat sich später nie mehr grundsätzlich geändert, das Repertoire ist immer noch dasselbe.

Was zeichnete es aus?

Wahrscheinlich hat sich die Aufführungspraxis geändert: Das Nō-Theater wurde würdiger, es wurde noch langsamer, es ist tatsächlich phasenweise reines Zeitlupentheater, die Gestik wurde noch sparsamer, das leichte Heben einer Hand vor das Gesicht bekam eine unermessliche Bedeutung, weil sonst nichts da war auf der Bühne, es gibt ja kaum Requisiten, allerdings sehr elaborierte Kostüme. Das Gesicht des Hauptdarstellers ist verdeckt durch eine Maske, die Sprache ist für die meisten Japaner unverständlich, denn es ist die gehobene Sprache des 15. Jahrhunderts, das Instrumentarium ist aufs

102 Kawase III und Andreas Fuyū Gutzwiller im Nō-Theater, Tokyo, 2016, anlässlich des Konzerts zum 80. Geburtstag von Kawase III.

103 Nō-Stück *Rakuami* über die Beschwörung des Geistes eines Shakuhachi-Spielers. Im Hintergrund Kawase III. Nationales Nō-Theater, Tokyo, 2016 (s. Kap. 4, S. 71).

Dengaku: Ländliche Zeremonien anlässlich der Reissaat mit Musik, Tanz und Akrobatik. – **Sarugaku**: Populäre Theaterform vom 11. bis 14. Jh. mit Akrobatik, Jonglieren und Pantomime.

Kan'ami Kiyotsugu (1333–1384), ein Musiker, Schauspieler und Stückeschreiber, entwickelte eine Theaterform mit einer dramatischen Geschichte sowie Gesangs- und Tanzelementen. Sein Sohn führte die Kanze-Schule des Nō-Theaters weiter, die besonderen Wert auf Eleganz und Schönheit der Darstellung legt.[168]

104 Das nationale Nō-Theater in Tokyo in seiner klassischen Form: links der Auftrittssteg, gegen vorne die vorragende Bühne, im Hintergrund die stilisierte Pinie, rechts davon eine kleine Luke für Helfer und Musiker.

Beckett und das Nō-Theater (Takebe Yoshiko): «When we reconsider Beckett's later dramaturgy, there are some important Noh-factors. For example, the limited movements of Beckett's characters on the stage can be seen as similar to the stylized ‹kata› patterns in Noh drama. Repeated lines in Beckett's later plays must be spoken rhythmically with some pauses. ‹The Beckett actor can also learn something from the Noh-performer's use of the voice, so central to the chants that characterize Noh-plays. In Beckett these Noh-chants become the slowed-down speech patterns, the repeated refrains, and the evocative sentence fragments that his characters so frequently intone.› (Cima 1993, p. 202)».[169]

äusserste reduziert: drei Trommeln und eine Flöte, das reicht. Und der Rest ist Andeutung, Imagination, was natürlich ein sehr gebildetes Publikum verlangt. Das ist keine Unterhaltung, Unterhaltungstheater für die breiteren Massen bietet das Kabuki. Im Nō-Theater sind schon früh alle Gauklerteile weggefallen. Die stilisierte Nō-Bühne hat immer die gleiche Form: Von vorne gesehen links ein Auftrittssteg, in der Mitte eine Hauptbühne, die nach vorne ragt, im Hintergrund immer das Grossgemälde einer Pinie, es gibt sonst keine Bühnenbilder. Eventuell werden Requisiten verwendet, im Shakuhachi-Stück, das am Jubiläumskonzert für Kawase aufgeführt wurde, war es ein stilisierter Baum, an dem kleine Bambusstäbe hingen, die Shakuhachi darstellten. Wir haben es also mit einer äussersten Reduktion zu tun.

Und das verbindet das Nō-Theater und die Shakuhachi?

Es handelt sich bei diesen Künsten um eine Art Theatralik und eine Art Musik, die es bei uns im Westen kaum mehr gibt. Beckett und Brecht waren wirklich sehr von dieser minimalistischen Ästhetik beeinflusst, die eigentlich nur aus Andeutungen besteht. Die Shakuhachi ist ja schon als Instrument primitiv, ein «lebendes Fossil». Man hat sie nie geändert, die Löcher blieben immer an der gleichen Stelle, eigentlich hat man das fünfte Loch gar nicht benutzt, denn wenn man es öffnet, erhält man die Oktave. Funktional kann man alle Tonhöhen nur mit vier Löchern spielen.

Eines ist zu viel.

Ja, der reine Luxus (lacht).

Wir haben in einem früheren Gespräch vom Auftritt des Pekinger Nationalorchesters am Durham-Festival geredet, wo es 500 Jahre alte Musik spielte, aber im Stil von 1950. In China wurde die Musik ständig «à jour» gebracht, in der Volksrepublik musste sie eben für das Volk «à jour» gebracht werden, sodass dann das «Lied des einsamen Fischers» halt von einem vierzigköpfigen Chor vorgetragen wird.

Dieses «Updating», diese «Mise à jour», hat man in Japan in einigen Gattungen nie gemacht. Dazu gehört eben das Nō-Theater, das vermutlich schon um 1800 als archaisch empfunden wurde, als ein ritueller Akt eher als ein Theater, das Probleme behandelte, die in der Gesellschaft akut waren. Und auch die Shakuhachi hat dieses Losgelöste, da sie ja eine Musik darstellt, die nicht auf ein Publikum angewiesen ist. In dieser Musik löst man mit minimalem Aufwand Stimmungen und Stimmungswechsel aus, das kleine Vibrato, die Tonanfänge, die Gestaltung der Tonmitte, die Endungen an einem Ton, das alles sind ausserordentlich wichtige Miniereignisse. Die sind natürlich für jemanden, der das nie gehört hat, der diese Musik nicht kennt, nicht leicht zugänglich. Die einzigen, die diese Musik kennen, sind im Grunde genommen diejenigen, die sie spielen.

Wenn ich als Bettelmönch Almosen sammle, muss ich spielen, was den Leute gefällt, wenn ich aber das Instrument in einen religiösen Kontext setze, dann spiele ich wie in unserer europäischen Kirchenmusik für Gott und allenfalls den Fürsten. Im buddhistischen Zusammenhang war es eine Musik zur buddhistischen Übung und die braucht kein Publikum und unterliegt keinem Anpassungszwang an den Publikumsgeschmack. Und das ist wohl auch der Grund, warum diese seltsam quer zur Zeit stehende Musik so lange überlebt hat.

«Orte […] sagen etwas über Herkunft, Bildung, Karrieren, Schicksale. Sie flankieren Lebensgeschichten, sie markieren Lebenswege. Sie sind die Schauplätze, auf denen alles spielt. Hier kommt es zu den Begegnungen, von denen alles Weitere abhängt. Hier kreuzen sich die Wege, aus denen etwas Neues hervorgeht oder etwas verschwindet. Hier herrschen die Atmosphären, die etwas zustande kommen lassen oder etwas unmöglich machen.»

Karl Schlögel: *Im Raume lesen wir die Zeit. Über Zivilisationsgeschichte und Geopolitik.* Fischer TB, Frankfurt a. M., 2006, S. 368.

Glossar und sino-japanische Schreibung wichtiger Ausdrücke

In vielen Schriften zur japanischen Musik werden Instrumentennamen (koto, biwa) und musikalische Begriffe (honkyoku, sankyoku) klein geschrieben, da im Japanischen ein Unterschied von Gross- und Kleinschreibung nicht existiert. In den Gesprächsteilen dieses Buches wird für diese Wörter die Grosschreibung benutzt, um den Lesefluss nicht zu behindern. In den Kommentaren und in der Bibliografie hingegen wird die Kleinschreibung verwendet, wenn die Begriffe als Fachtermini zitiert werden. Den folgenden Begriffserklärungen werden die wichtigsten Textstellen angefügt, an denen der Begriff verwendet wird.

Biwa 琵琶: Birnenförmige Kurzhalslaute mit hohen Bünden und vier oder fünf Seidensaiten, die mit einem großen Plektrum (Bachi 撥) angeschlagen werden. Sie stammt von der chinesischen Pipa 琵琶 ab, die in der Nara-Zeit 奈良時代 (710–794) nach Japan gelangte. S. 11, 68, 99–101.

Edo-Zeit 江戸時代 (auch «Tokugawa-Zeit» 徳川時代): Epoche der japanischen Geschichte von 1603–1868, die nach der Hauptstadt Edo (später: Tokyo 東京) benannt ist und durch die Herrschaft der Shōgun 将軍 des Tokugawa-Clans gekennzeichnet ist. Die Macht der Fürsten (Daimyō 大名) wurde beschränkt, die Bevölkerung ständisch geordnet. Die Epoche gilt als die längste Friedenszeit, zugleich war sie vorwiegend eine Periode der Abschliessung gegen aussen. Die Edo-Zeit endete 1868 mit der Restauration des Kaisertums (Meiji-Restauration 明治維新). S. 60f., 78.

Fuke-Orden: Auf den legendären chinesischen Chan-Meister Puhua 普化 (japanisch: Fuke) sich berufende Gemeinschaft japanischer Bettelmönche der Edo-Zeit (1603–1868). Diese Komosō 菰僧, also die «Strohmatten-Mönche», spielten die Shakuhachi 尺八. Ihre Nachfolger Komusō 虚無僧 («Mönche der Leere und des Nichts») wurden durch ein Regierungsedikt im 17. Jahrhundert offizialisiert und privilegiert. S. 31f., 34, 48, 54, 59–61.

Fünf Stufen des Unterrichts
Gaikyoku: Shoden 初伝 Anfangstufe, Chūden 中伝 Mittelstufe, Okuden 奥伝 Innere Stufe; Honkyoku: Kaiden 皆伝 Stufe der Eingeweihten. S. 49f.

Gaikyoku 外曲 («äussere Musik»): Alle Musik mit Shakuhachi, die nicht zum Repertoire der Fuke-Tradition (honkyoku 本曲) gehört, beispielsweise Sankyoku 三曲. S. 32.

Gagaku 雅楽: Die aus China und Korea stammende Hofmusik Japans, sie umfasst Kammermusik, Chor- und Orchestermusik. Das Ensemble besteht aus Shō 笙 (Mundorgel), Hichiriki 篳篥 (Doppelrohrblattflöte), Ryūteki 龍笛 (Querflöte), Gakubiwa 楽琵琶 (Laute), Gakusō 箏 (Zither), Kakko 鞨鼓 (eieruhrförmige Trommel), Taiko 太鼓 (Fasstrommel), Shōko 鉦鼓 (Gong). S. 45, 60, 68–70, 81f.

Gessha 月謝 monatliche Unterrichtsgebühr. S. 49.

Honkyoku 本曲 (die «eigentlichen Stücke»): die Solostücke für Shakuhachi in der Fuke-Tradition. Die wichtigsten Zweige sind die Kinko-Schule 琴古流 und die Myōan-Schulen 明暗協会. S. 7, 17, 32, 34, 46, 48, 53, 58f., 61–64, 70, 73, 75–80, 88–95.

Kabuki-Theater 歌舞伎 (ka: Lied, bu: Tanz, ki: Können, Geschick): Traditionelles volkstümliches Theater, in dem Schauspieler ihr enormes musikalisches, darstellerisches und tänzerisches Können unter Beweis stellen. Entstanden am Anfang des 17. Jahrhunderts, war es das erotisch gefärbte Hauptvergnügen des Bürgertums und wurde in speziellen Theatern und Schenken aufgeführt. S. 26, 68.

Kari カリ: Eine der beiden fundamentalen Tonfarben der Shakuhachi-Musik (Komplementärbegriff zu «meri» メリ). Kari-Töne sind in der Grundtonart honchōshi 本調子 klar definiert (D – G – C – D auf der normal grossen Shakuhachi), vom Charakter her «hell», «klar», «laut», «nah». Sie bilden das feste Gerüst der Skalen in Honkyoku. S. 63, 79f., 104.

Kinko-Ryūha 琴古流派 (Kinko-Schule): Tradition des Kurosawa Kinko (1710–1770), der in ganz Japan Stücke sammelte und 36 davon zu einem verbindlichen Repertoire vereinigte. S. 13, 34, 47f., 52, 59, 61–64, 78f., 88, 90.

Komosō 菰僧 («Strohmatten-Mönche»): Lose organisierte Gruppe von Zen-Bettelmönchen, welche eine Strohmatte mit sich trugen und die Shakuhachi zum Sammeln von Almosen benutzten. Die Gruppe ist historisch schwer zu fassen. Die Komosō waren die Vorläufer der Komusō 虚無僧, die der Rinzai Richtung 臨済宗 des Zen Buddhismus 禪の仏教 zugerechnet wurden. S. 60.

Komusō 虚無僧 («Mönche der Leere und des Nichts»): wandernde Bettelmönche des Fuke-Ordens 普化宗, die Shakuhachi spielend durchs Land zogen und den Kopf mit einem Bienenkorb-artigen Hut bedeckt hielten. Der Orden wurde durch einen Regierungserlass 1677 für ehemalige Samurai reserviert und mit Privilegien versehen. 1871 wurde der Orden vom Staat aufgelöst. S. 14, 59–61, 67, 92.

Koto 箏: Traditionellerweise von Frauen gespielte 13-saitige Zither, die als Soloinstrument und zur Begleitung von Gesängen verwendet wird. Teil der Sōkyoku 箏曲 genannten Kammermusik mit Shamisen 三味線. S. 11f., 30, 48, 68f., 92, 99.

Meri メリ: Eine der beiden fundamentalen Tonfarben der Shakuhachi-Musik (Komplementärbegriff zu «kari» カリ). Verbindungstöne zwischen den Kari-Tönen. Meri-Töne sind beweglich, in der Tonhöhe nicht präzise festgelegt, sie wirken verschwommen, leise, fern. S. 63, 69f., 79f., 104.

Myōan-kyōkai 明暗協会: Sammelbegriff für die ursprünglichen Ausprägungen des Shakuhachi-Spiels der Komosō an den Tempeln der Fuke-Sekte; diese Tradition grenzt sich von den moderneren Richtungen der Kinko- und der Tozan-Schule ab. S. 78, 93.

Nayashi ナヤシ: Anspielen eines Tones durch ein Glissando von unten. S. 46, 82, 84f.

Nō-Theater 能学: Ursprünglich aus Tanz und Akrobatik entstandene Theaterform, die im 14. Jahrhundert reformiert wurde und auf handlungsarmen Stücken mit ritueller Handlung beruht; die männlichen Schauspieler sind eher Erzähler als dramatische Figuren. S. 25f., 66–68, 71, 81, 95, 107f.

Pentatonik («Fünfton-Musik»): Tonleitern oder Tonsysteme, die aus fünf Tönen bestehen. Da die Intervalle der Töne sehr unterschiedliche Raster bilden können (z. B. mit oder ohne Halbtöne), gibt es eine Vielzahl pentatonischer Skalen mit sehr unterschiedlichem Charakter. Die Honkyoku-Tonleiter bildet, von unten nach oben in Halbtönen gerechnet, die Skala 1-4-1-4-2. S. 11, 69f., 79.

Pythagoreisches Komma: Von Pythagoras an der Lyra errechnete kleine Differenz zwischen zwölf reinen Quinten und sieben reinen Oktaven, da alle Quinten eine Spur zu gross sind. Diese kleine Differenz im Quintenzirkel beträgt etwa eine Achtelnote und bewirkt, dass bei fortschreitender Transposition der Tonarten die Harmonien zunehmend unrein werden. Die Lösung dieses Problems wurde mit der temperierten Stimmung gefunden. S. 70.

Rōnin 浪人: Herrenloser Samurai 侍. S. 61.

Ryūha 流派: Schule, Tradition innerhalb der Shakuhachi-Musik, z. B. Kinko-Ryūha 琴古流派. S. 48, 66.

Samul nori 사물놀이: Koreanisches Perkussionsensemble bestehend aus zwei Gongs, einer Sanduhrtrommel und einer Fasstrommel. S. 38.

Sankyoku 三曲 («Musik für drei»): Weiterentwicklung der im 17. und 18. Jahrhundert entstandenen Kammermusik, bei der Gesang vom Shamisen und Koto begleitet wird (siehe Koto). Seit im Laufe des 19. Jahrhunderts die Shakuhachi dazugestossen ist, hat sich die Bezeichnung Sankyoku etabliert, sodass ein Sankyoku Gassô 三曲合奏 drei Instrumente umfasst. S. 48, 69, 92, 94, 98f.

Shamisen 三味線: Dreisaitige Langhalslaute mit kleinem Korpus im Sankyoku-Ensemble; sie gelangte im 16. Jahrhundert von China nach Japan und wird auch als Begleitinstrument zu Volksliedern, Epen, im Kabuki-Theater und im Puppentheater Bunraku 文楽 verwendet. S. 12, 30, 57, 69, 99.

Temperierte Stimmung: Stimmung, welche das pythagoreische Komma gleichmässig auf alle zwölf Quinten des Quintenzirkels verteilt, sodass eine harmonisch stimmige Transposition der Tonarten möglich wird. S. 75, 80, 82f.

Shihan 師範: Lehrer. S. 49f.

Tokugawa-Zeit: s. Edo-Zeit.

Zen-Buddhismus 禅の仏教 oder Zen: Im 5. Jahrhundert in China entstandene Strömung des Buddhismus (Chang 禅), die im 12. Jahrhundert in Japan die beiden Schulen Sōtō 曹洞宗 und Rinzai 臨済宗 ausprägte. Während erstere das bloße Sitzen (japanisch: Zazen 座禅) betont, studieren und kontemplieren Rinzai-Schüler Kōan 公案, um das plötzliche Erwachen (Satori 悟り) zu erlangen. Es handelt sich dabei um rätselhafte oder unsinnige Denkaufgaben, mit deren Hilfe die Schüler die Barrieren des Denkens in Gegensätzen überwinden sollen. Ein berühmtes Kōan lautet: «Wie klingt das Geräusch einer klatschenden Hand?»[170]. S. 12, 40, 52, 60–62, 78, 86, 104.

Liste der Abbildungen

37 Programmheft «Schaubühne am Halleschen Ufer» zu *Der Maulheld*, Berlin, 1967. Archiv Wegmann.
38 Szenenbild aus *Tarellkins Tod* aus dem Programmheft der «Schaubühne am Halleschen Ufer» zu Alexander Ssuchowo-Kobylins Farce. Archiv Wegmann.
39 Wesleyan University, 2008. Foto: Smartalic34, Wikipedia, creative commons.
40 Gamelan-Ensemle im königlichen Palast (Kraton) in Surakarta, 2000. Foto: Giovanni Sciarrino, Wikipedia, creative commons.
41 Karte von Connecticut: https://us-atlas.com/connecticut-map.html (free maps).
42 Cover des Yale-Lehrbuchs für Japanisch, mitverfasst von Hamako Ito Chaplin, erschienen 1962.
43 Dissertation von Andreas Gutzwiller. Archiv Gutzwiller.
44 Erstausgabe von John Cages *Silence*. Archiv Wegmann.
45 John Cage, November 1988. Foto: Rob C. Croes. Nationaal Archief Nederland, Creative-Commons-Lizenz CC0 1.0.
46 Titelseite von *Teaching Musics in the World*, Kongress in Basel, 1993. Archiv Gutzwiller.
47 Serpa in Südportugal, Ort des Projekts für ein «World Music Center». Karte aus der Projektmappe des WMC. Archiv Gutzwiller.
48 Die Villa in Serpa, Ort des geplanten WMC. Foto aus der Projektmappe des WMC. Archiv Gutzwiller.
49 Das Projekt des Architekten Manuel Salgado für das WMC in Serpa. Foto aus der Projektmappe des WMC. Archiv Gutzwiller.
50 Topografische Karte der USA. Urheber: Captain Blood, Wikipedia, creative commons.
51 2CV «Dyane». Foto: © BrokenSphere, Wikipedia, creative commons.
52 Santa Monica Beach mit Pier. Postkarte der Siebzigerjahre. Archiv Wegmann.
53 Cover des *Whole Earth Catalogue* von 1969. Wikipedia, public domain.
54 Annonce von Monty Levenson im «*Whole Earth Catalogue*». Archiv Gutzwiller.

55 John Singer taking lesson with Yamaguchi Gorō Sensei in 1983, https://www.shakuhachi.com/D-Singer/licenses.html.
56 Vorgedrucktes Testatblatt. Archiv Gutzwiller.
57 Shihan-menjō-Zeremonie 2010. Private Aufnahme, Ursula Fuyūmi Schmidiger.
58 Karte der Region Tokyo mit Eisenbahnverbindungen. Urheber: FML, Wikipedia, creative commons.

59 Liang Kai (attributed): Puhua Ringing a Bell, attributed to Liang Kai, Nomura Art Museum, Kyoto, Japan. Wikipedia, creative commons.
60 Kalligrafie des Spruches des Meisters Fuke, geschrieben von Kawase Junsuke I. Archiv Gutzwiller.
61 A depiction of Jinshu Fuke (Puhua) from an album cover of musician John Singer, © 2001. Wikipedia, creative commons.
62 Wandernder Komusō. Einzelbild aus einem Skizzenblatt mit 20 Zeichnungen von Hokusai. Archiv Gutzwiller.
63 Zwei Komusō. Farbfoto um 1900. Quelle: https://www.pinterest.ch/pin/626915210614317596/.
64 Colton's Atlas of the World, Illustrating Physical and Political Geography, Vol. 2, New York, 1855. Public domain.
65 Die Kinko-Sammlung, in der Ausgabe von Miura Kindō von 1937. Foto: raffi p.n. falchi.
66 Erstes Blatt der Kinko-Sammlung, Miura-Ausgabe. Archiv Gutzwiller.
67 Kawase Junsuke I, https://www.komuso.com/people/people.pl?person=1083.
68 Sankyoku-Aufführung, Kriens, 2012. Foto: Kurt Schmidiger-Jasch.
69 Kawase Junsuke I. Archiv Gutzwiller.
70 Uehara Rokushirō. Wikimedia commons, public domain.
71 Theorieblatt von Kawase I. Archiv Gutzwiller.
72 Nō-Stück: Beschwörung des Geistes eines Shakuhachi-Spielers, Screenshot einer privaten Video-Aufnahme, 2016. Archiv Gutzwiller.

73 Kalligrafie «ichi». Bild: ICOBPARK, free use.
74 Grafik «Kari – Meri». Gutzwiller, 1983, S. 137.
75 Pierre Boulez, 28 February 1968. Foto: Joost Evers/Anefo. Dutch National Archives. Public domain.
76 Gagaku-Koncert (2010). Urheber: Antanana, Wikipedia, creative commons.
77 Die Tonzelle «Tsu – Ro – Nayashi». Foto: CW (aus der Kinko-Notation).

78 Spektralanalyse der Tsu-Ro-Tonzelle. Gutzwiller, Bennett, 1991, p. 49.
79 Spektralanalyse der Tsu-Ro-Tonzelle (zweite Ansicht). Gutzwiller, Bennett, 1991, p. 49.

80 Das Zeichen für «langsam», aus den Miura-Noten (1937).
81 Die klassische Sitzhaltung «seiza», Fukizome, 2020 (gemeinsames Spiel der Chikuyūsha-Mitglieder im neuen Jahr). Foto: Ruedi Linder.
82 Die ersten drei Tonzellen des Stückes *Uchi kae Kyorei*, aus den Miura-Noten (1937).

83 Andreas Fuyū Gutzwiller, Tokyo, 1978. Archiv Gutzwiller.
84 Andreas Fuyū Gutzwiller, Lucerne Festival, 2000. Private Aufnahme, Archiv Gutzwiller.
85 Saal der Dai Ichi Seimei, http://www.riminichoral.it/wcc/theatre-tokyo/.
86 Gebäude der Dai Ichi Seimei, ca. 1950, http://www.oldtokyo.com/dai-ichi-seimei-sogo-building-marunouchi-c-1949/.
87 Kawase Junsuke III und Andreas Gutzwiller in Hokkaido, 1974. Foto: M. Hirata. Archiv Gutzwiller.
88 Kawase III und Andreas Gutzwiller in Basel, 2012. Foto: Mirjam Pierig.
89 Teatro stabile del Veneto «Carlo Goldoni», Venezia. Foto: Andreas Praefcke, lizenziert als Creative Commons Attribution 3.0 Unported.
90 Junko Handa, 2016, http://www.town.sakaki.nagano.jp/www/contents/1474610790254/index.html.
91 Andreas Fuyū Gutzwiller (1993) im Kimono. Foto: Dominik Labhardt.
92 Junko Handa und Andreas Gutzwiller am IRCAM in Paris 1979. Private Aufnahme, Archiv Gutzwiller.
93 Bericht im «Nihon Keizai Shimbun». Archiv Gutzwiller.
94 Cover des Gedichtbandes *Nur eine kleine Maulbeere. Aber sie wog schwer* der Kaiserin Michiko. Bild: Herder Verlag.
95 Andreas Gutzwiller im Gespräch mit dem japanischen Komponisten Ryōhei Hirose, Essen, 2003. Private Aufnahme, Archiv Gutzwiller.
96 Cover der Grammont-Porträt-CD von Andreas Gutzwiller. Foto: Kurt Wyss.
97 Hansheinz Schneeberger, https://www.schweizerkulturpreise.ch/awards/de/home/musik/musik-archiv/musik-2016/hansheinz-schneeberger.html.
98 Flyer des Konzerts der «Camerata Vocale Basel», 2009. Camerata Vocale Basel. Plakat: Daniel Svaton.
99 Andreas Fuyū Gutzwiller im Turiner Konzert, 2009. Foto: Mirjam Pierig.
100 Programm des Turiner Konzerts, 2009. Archiv Gutzwiller.
101 Plakat des Jubiläumskonzerts zum 80. Geburtstag von Kawase Junsuke III. Archiv Gutzwiller.
102 Kawase Junsuke III und Andreas Fuyū Gutzwiller im nationalen Nō-Theater, Tokyo, 2016. Archiv Gutzwiller.
103 Das Nō-Stück vom Geist des Shakuhachi-Spielers. Archiv Gutzwiller.
104 Das nationale Nō-Theater in Tokyo. Wikipedia, creative commons.

Bibliografie, Diskografie

Boulez, Pierre: Traditionelle Musik – ein verlorenes Paradies? In: The World of Music 9.2 (1967), S. 3–10.

Boulez, Pierre: Die Technologie von *Poésie pour pouvoir* als Ausgangspunkt für Untersuchungen am IRCAM, in: Pierre Boulez: Wille und Zufall. Stuttgart, 1977.

Brown, Robert E.: World Music – Past, Present, and Future, published online 1992, verfügbar unter: https://symposium.music.org/index.php/29/item/9510-world-music-past-present-and-future.

Campbell, Joseph: Mythologie der Urvölker, München, 1996.

Capellen, Georg: Die Zukunft der Musiktheorie (Dualismus oder «Monismus») und ihre Einwirkung auf die Praxis. Leipzig, 1905.

Chikuzen, Nakatsuka: Kinkoryu shakuhachi shikan [Historical Views on the Kinkoryu Shakuhachi]. Tokyo, 1979.

Dick, Robert: Circular Breathing for the Flutist. Multiple Breath Music Company, University of Michigan, 1987.

Eisler, Rudolf: Wörterbuch der philosophischen Begriffe, Bd. 2, Berlin, 1904.

Fraser, Dana R.: Introduction of *The recorded sayings.* New York, Tokyo, 1971.

Hisamatsu Fūyō: Hitori Kotoba [Monolog], 1830, in: Gutzwiller, 1983, S. 164–168.

Geiss, Imanuel: Geschichte griffbereit. Die sachsystematische Dimension der Weltgeschichte. Reinbek bei Hamburg, 1988.

Gutzwiller, Andreas: Shakuhachi: Aspects of history, practice and teaching, Ph.D. thesis, Wesleyan University, Ann Arbor, Michigan University, 1974.

Gutzwiller, Andreas: Stone age und promised land, in: Ethnomusicology, Vol. 23, No. 1 (Jan. 1979).

Gutzwiller, Andreas: Hearing with one's eyes, seeing with one's ears? Understanding Japanese homonyms, Journal of Pragmatics 3/1979, pp. 51–58.

Gutzwiller, Andreas: L'instrument extraeuropéen, le compositeur, l'interprèt, in: Textes pour l'atelier *Le compositeur et l'instrument.* IRCAM, Paris, 1980, pp. 14–17.

Gutzwiller, Andreas: Die japanische Flöte Shakuhachi und ihre Musik, in: Tibia VI (2), 1981, S. 335–338.

Gutzwiller, Andreas: Das Porträt – Andreas Gutzwiller im Gespräch mit Frank Nagel, in: Tibia VI (2), 1981, S. 339–345.

Gutzwiller, Andreas: Die Shakuhachi der Kinko-Schule. Studien zur traditionellen Musik Japans 5. Bärenreiter, Kassel, Basel, London, 1983.

Gutzwiller, Andreas: Musik ohne Raum und Zeit, in: Bräm, Thüring (Hg.): Musik und Raum, GS-Verlag, Basel, 1986, S. 107–110.

Gutzwiller, Andreas; Bennett, Gerald: The world of a single sound: basic structures of the music of the Japanese flute shakuhachi. Musica Asiatica Vol. 6, Cambridge University Press, Cambridge, 1992, pp. 36–59.

Gutzwiller, Andreas: Unterrichtsmethoden der traditionellen japanischen Musik, in: Bewahren und Öffnen, Jubiläumsschrift 50 Jahre Konservatorium Luzern, Luzern, 1992, S. 95–102.

Gutzwiller, Andreas: La polyphonie dans la musique japonaise: Rokudan par exemple, Cahiers d'ethnomusicologie Vol. 6, Ateliers d'ethomusicologie, Genève, 1993, pp. 11–22.

Gutzwiller, Andreas: Die Mär von der Weltmusik und die Chance der Vermittlung, in: Basler Zeitung, 14.10.1993, S. 46 (Artikel anlässlich des zweiten Internationalen Symposiums «Teaching Musics of the World» in Basel).

Gutzwiller, Andreas; Lieth-Philipp, Margot (eds.): «Teaching Musics of the World», Proceedings of the 2nd International Symposium «Teaching Musics of the World», Basel, 1993.

Gutzwiller, Andreas: Shakuhachi-Unterricht im frühen 19. Jahrhundert: Jūhachi Jōkuden, die 18 Artikel des Kurosawa Kinko III, in: Niemöller, Klaus Wolfgang et al. (Hgg.): *Lux oriente*: Begegnungen der Kulturen in der Musikforschung. Gustav Bosse Verlag, Kassel, 1995, S. 149–158.

Gutzwiller, Andreas: Die Flöte Shakuhachi, von Bettlern zu Mönchen zu Musikern, in: Guignard, Silvain et al. (Hgg.): Musik in Japan: Aufsätze zu Aspekten der Musik im heutigen Japan. Iudicium Verlag, München, 1996, S. 47–58.

Gutzwiller, Andreas: Koexistenz und Konfrontation: Über das Verhältnis japanischer zu westlicher Musik, in: Guignard, Silvain et al. (Hgg.): Musik in Japan: Aufsätze zu Aspekten der Musik im heutigen Japan. Iudicium Verlag, München, 1996, S. 59–68.

Gutzwiller, Andreas: Musik: hörbare Zeit, in: Zeit für Zeit. Natürliche Rhythmen und kulturelle Zeitordnung, hg. von Leo Jenny und Piero Onori, Verlag des Kantons Basel-Landschaft, Liestal, 1998, S. 163–171.

Hara, Kuino: 1 + 1 = 1: Measuring Time's Distance in Tōru Takemitsu's *Nostalghia*, in: Memory of Andrei Tarkovskij, in: Music and the Moving Image, Vol. 9, No. 3, University of Illinois Press (Fall 2016), pp. 3–18, verfügbar unter: https://www.jstor.org/stable/10.5406/musimoviimag.9.3.0003#metadata_info_tab_contents.

Harich-Schneider, Eta: A History of Japanese Music. Oxford UP, 1973.

von Herrmann, Hans-Christian: Sang der Maschinen. Brechts Medienästhetik, Wilhelm Fink Verlag, München, 1996.

Hirsch, Ferdinand: Wörterbuch der Musik, Berlin, 1977.

Hood, Mantle: The Challenge of «Bi-Musicality», in: Ethnomusicology, Vol. 4, No. 2 (May 1960), pp. 55–59, verfügbar unter: https://hugoribeiro.com.br/biblioteca-digital/Hood-BiMusicality.pdf.

Höpflinger, Anna-Katharina: Schlangenkampf. Ein Vergleich von ausgewählten Bild- und Textquellen aus dem griechisch-römischen und dem altorientalischen Kulturraum. Theologischer Verlag, Zürich, 2010.

Hunt, Ken: Robert E. Brown – Coiner of the term ‹world music›, in: Independent, 22.1.2005, verfügbar unter: https://www.independent.co.uk/news/obituaries/robert-e-brown-520347.html.

Keil, Werner: Musikgeschichte im Überblick. W. Fink Verlag, Paderborn, 2018.

Kerényi, Karl: Die Mythologie der Griechen. Die Heroen-Geschichten. dtv, München, 1997.

King, Winston L.: Death Was His Kōan. The Samurai-Zen of Suzuki Shōsan. Asian Humanities Press, Berkeley, 1986.

Kraus, Dorothea: Theater-Proteste: zur Politisierung von Strasse und Bühne in den 1960er Jahren. Campus-Verlag, Frankfurt, New York, 2007.

Musik in Geschichte und Gegenwart (MGG). Zweite Ausgabe. Kassel und Stuttgart, 1994–1999. MGG-online: https://www.mgg-online.com/.

Neuhoff, Hans: Weltmusik – eine kleine Begriffsgeschichte, verfügbar unter: https://iwtm.hfmt-koeln.de/institut-und-institutsidee/begriffsgeschichte-weltmusik.html.

Riemann, Hugo: Riemanns Musiklexikon. Max Hesses Verlag, Berlin, 1929.

Schitthelm, Jürgen: Wir hatten ein Theater, aber eigentlich hatte das Theater uns, in: Jürgen Schitthelm (Hg.): 50 Jahre Schaubühne 1962–2012, Festschrift. Verlag Theater der Zeit, Berlin, 2012, S. 242–246.

Sheppard, W. Anthony: Extreme Exoticism. Japan and the American Musical Imagination. Oxford Press, 2019. Teilweise verfügbar unter: https://books.google.ch/books?id=t5KwDwAAQBAJ&pg=PA355&lpg=PA355&dq=Wesleyan+Kodo+Araki+V&source=bl&ots=xv6I_o6cK4&sig=ACfU3U2ZWFf6KcqdXRwNNg-lUODNgQTgAQ&hl=de&sa=X&ved=2ahUKEwjlj6iD16bqAhUWQRUIHcTMCnQQ6AEwAnoECAoQAQ#v=onepage&q=Wesleyan%20Kodo%20Araki%20V&f=false.

Sloterdijk, Peter: Kritik der zynischen Vernunft. Suhrkamp TB, Frankfurt a. M., 1983.

Smith, Imogen Sara: Japanese Cinema's Uncommon Man: Tatsuya Nakadai's Dissidents, Outcasts, and Shadow Warriors, in: Bright Lights, July 31, 2008.

Jun'ichiro Tanizaki: Lob des Schattens. Entwurf einer japanischen Ästhetik. Manesse Bücherei, Zürich, 1996 (jap. Originalausgabe «In'ci-raisan», Tokyo, 1933).

Ullstein Lexikon der Musik, Berlin, 1993.

Victoria, Brian (Daizen) A.: Zen, Nationalismus und Krieg. Berlin, 1999.

Diskografie

1984: *Der wahre Geist der Leere* (*Shin Kyorei* et al.), Honkyoku der Kinko-Schule, Zürich Jecklin JD 588-2.
1992: *Kyotaku* by Gerald Bennett, Wergo, Mainz WER 2029-2.
1993: *Der leere Himmel* (*Kokū Reibo* et al.), Honkyoku der Kinko-Schule, Zürich Jecklin JD 665-2.
1994: (mit Jürg Zurmühle) *Music for Two Shakuhachi*, from the classical repertoire of the Kinko School, Zürich Jecklin JD 697-2.
1995: *The Flute of the Misty Sea* (*Mukaiji Reibo* et al.), Honkyoku of the Kinko School, Zürich Jecklin JD 699-2.
2000: Grammont Portrait *Andreas Gutzwiller*, Musikszene Schweiz/Migros Genossenschaftsbund, Zürich MGB CTS-M 61.

Links zu Shakuhachi-Gesellschaften:

Japan: http://www.chikuyusha.jp/en.html.
Schweiz: https://chikuyusha.ch/.
Europa: http://shakuhachisociety.eu/.
Internationale Gesellschaft: https://www.komuso.com/top/index.pl.

Link zu drei Aufnahmen mit Andreas Gutzwiller

https://schwabe.ch/die-welt-in-einem-ton

Andreas Gutzwiller spielt *Shin Kyorei*; aus der LP *Der wahre Geist der Leere*, 1984.

Andreas Gutzwiller und das ensemble recherche spielen «*SPALT!*» von Steffen Schleiermacher.
Dirigent: Johannes Stert. Privater Mitschnitt des Konzerts vom 9. Juli. 2000 in Leipzig.

Andreas Gutzwiller und Matthias Eser (Schlagzeug) spielen *Three Dances of the Angel* von Gerald Bennett.
Aus dem *Grammont Portrait für Andreas Gutzwiller*, 2000.

Biografie von Andreas Fuyū Gutzwiller

1940	Geburt in Deutschland, Schulen in Basel
1960	Abitur am Humanistischen Gymnasium Basel
1962–1969	Mitarbeit als musikalischer Leiter an der «Schaubühne am Halleschen Ufer» in Berlin
1968–1970	Studium der Musikwissenschaft und Systematischen Musikwissenschaft (Musikethnologie) an der FU Berlin
1970–1972	Studium der Ethnomusicology an der Wesleyan University in Middletown (Connecticut) Studium der Shakuhachi im Rahmen des «World Music Program», 1970/71 bei Araki V, 1971/72 bei Kawase Junsuke III
1972–1979	Weiterstudium der Shakuhachi in Tokyo bei Kawase Junsuke III
1974	Promotion (Ph.D.) in Ethnomusicology der Wesleyan University mit der Arbeit *Shakuhachi. Aspects of History, Practice & Teaching*
1976 ff.	Ernennung zum Shihan (Meister) der Shakuhachi und Verleihung des Namens Fuyū Forschungsarbeit an der umfassenden Studie *Die Shakuhachi der Kinko-Schule*, Unterrichtstätigkeit und Konzertauftritte in Japan
1979	Forschungsarbeit am IRCAM (Paris) über die Akustik der Shakuhachi (zusammen mit Gerald Bennett)
ab 1980	Unterrichts- und Lehrtätigkeit an der Musik Akademie Basel und der Musikschule Basel, Konzert- und Lehrtätigkeit in ganz Europa, Veranstaltung von Workshopsund Konzerten mit Musik aus anderen Kulturen
1983	Veröffentlichung der Studie *Die Shakuhachi der Kinko-Schule* im Bärenreiter-Verlag (heute im Florian Noetzel Verlag, Wilhelmshaven) Teilnahme am «steirischen herbst» (Graz)
1984	LP *Der wahre Geist der Leere* (Shin Kyorei et al.) bei Jecklin, Zürich
1986	Publikation des Aufsatzes *The Japanese flute shakuhachi and its music: is it foreign or just strange?*, in: The Annals of the International Shakuhachi Society Vol. 1: p. 7–12
1990	Teilnahme an der «electronica» (Essen)
1991	Publikation von *The world of a single sound: basic structures of the music of the Japanese flute shakuhachi* (zusammen mit Gerald Bennett)
1992	Zusammenarbeit mit Huib Schippers und Bergen Peck am Projekt eines «World Music Centers» (WMC) 1. internationale Konferenz «Teaching World Music» (in 's-Hertogenbosch, NL)
1993	2. Internationale Konferenz «Teaching Musics of the World» (in Basel, CH) Ausarbeitung des Projekts eines «World Music Centers» (WMC) in Serpa (PRT) mit Architekturwettbewerb und modularem Lehrplan (2001 eingestellt) Teilnahme an «Oude Muziek» (Utrecht) und «Japan in Zürich» CD *Der leere Himmel* (Kokû Reibo et al.) bei Jecklin, Zürich
1994	Gründung des «Studios für aussereuropäische Musik» in Basel Teilnahme an «Alt!Neu!» (Leipzig) CD *Music for Two Shakuhachi, from the classical repertoire of the Kinko School* (zusammen mit Jürg Fuyûzui Zurmühle) bei Jecklin, Zürich

1995	CD *The Flute of the Misty Sea* (Mukaiji Reibo et al.) bei Jecklin, Zürich
1996	Teilnahme an «nah!fern!» (Leipzig)
1998	Teilnahme an «Konstellationer» (Malmö)
2000	Teilnahme an «Metamorphosen» (Luzern) und «Fest der Künste» (St. Moritz) Grammont-Porträt-CD *Andreas Gutzwiller* (mit Kompositionen von Thüring Bräm, Urban Mäder, Gerald Bennett und Thomas Kessler)
2003	Teilnahme an «Take no Oto» (Zürich)
2004	Teilnahme an «2nd Int. Flute Festival Lund»
2005	Pensionierung an der Musik Akademie Basel, Weiterführung der Unterrichts- und Konzerttätigkeit; Gründung der «Chikuyūsha» (Shakuhachi Gesellschaft Schweiz)
2006	Teilnahme an «De Toverfluit», Utrecht
2007	Aufführung von Takemitus *November Steps* mit Junko Handa (Biwa) und der Basel Sinfonietta (Dir. Fabrice Bollon)
2016	Einladung an das Jubiläumskonzert zum 80. Geburtstag von Kawase Junsuke III im nationalen Nō-Theater in Tokyo

Anmerkungen

Anmerkungen zum Vorwort

1 Zur Voyager-Mission und zur «Voyager Golden Record»: https://de.wikipedia.org/wiki/Voyager_1#Derzeitige_interstellare_Mission; https://de.wikipedia.org/wiki/Voyager_Golden_Record.

Anmerkungen zu Kapitel 1

2 Kerényi, 1997, S. 29; Höpflinger, 2010, S. 138 f.
3 Campbell, 1996, S. 250 f.
4 Zur Flöte von Divje Babe: https://en.wikipedia.org/wiki/Divje_Babe_Flute.
5 Naturgeschichte des Bambus: https://de.wikipedia.org/wiki/Bambus.
6 Harich-Schneider, 1973, S. 445.

Anmerkungen zum Kommentarteil, Kapitel 1

7 Harich-Schneiders Lebenslauf nach: https://de.wikipedia.org/wiki/Eta_Harich-Schneider.
8 Tanizaki, 1969.

Anmerkungen zu Kapitel 2

9 Webseite der Wesleyan University: https://www.wesleyan.edu/about/.
10 In: https://www.wesleyan.edu/strategicplan/.
11 Capellen, 1905, S. 46.
12 Werdegang Browns nach: https://en.wikipedia.org/wiki/Robert_E._Brown.
13 Brown, 1992, o. S.
14 Vgl. Hunt, 2005, o. S.
15 Brown, op. cit.
16 Ebd.
17 Hood, 1960, S. 56.
18 Ebd.
19 Vgl. Hunt, 2005, o. S.
20 Vgl. Sheppard, 2019, S. 416.
21 Zitat und Info: Sheppard, 2019, S. 355.

Anmerkungen zum Kommentarteil, Kapitel 2

22 Nach der Encyclopaedia Britannica: http://www.columbia.edu/~dc22/dcbio.htm.
23 Nach der Encyclopaedia Britannica: https://www.britannica.com/biography/al-Farabi.
24 Nach Rüdiger Schumacher in MGG2: https://www.mgg-online.com/article?id=mgg10706&v=1.0&rs=mgg10706.
25 Keil, 2018, S. 271.
26 Nach der Encyclopaedia Britannica: https://www.britannica.com/art/Noh-theatre.
27 Nach Wikipedia: https://de.wikipedia.org/wiki/Kabuki.
28 Zum Gründungsteam der Schaubühne: https://de.wikipedia.org/wiki/Schaub%C3%BChne_am_Halleschen_Ufer; zur Frühphase der «Schaubühne» vgl. Schitthelm, 2012, S. 242–246. – In einem Gespräch mit der «Welt» vom 15.9.2012 sagte Jürgen Schitthelm zur Gründungszeit: «Wir haben von einer Kommilitonin, die mit im Gründungsteam war, 10.000 DM als langfristigen zinslosen Kredit bekommen. Das war 1962. Auf heute umgerechnet wären das 100.000 Euro – für uns junge Leute eine Menge Geld. Dass es aber gerade einmal bis zur ersten Premiere reichen wird, war uns gar nicht bewusst. […] Ja, eigentlich hatten wir nicht das Theater, sondern das Theater hatte uns. Damals gingen wir von zehn Jahren aus, die wir das machen würden. Wir waren eine typische Freie Gruppe.», https://www.welt.de/newsticker/news3/article109240609/Juergen-Schitthelm-Das-Theater-hatte-uns.html. – Zur Absicht des jungen Theaters, neue Publikumsschichten anzusprechen, nämlich die kleinbürgerlich-proletarischen Bewohner von Kreuzberg, wo sich die «Schaubühne am Halleschen Ufer» befand, schreibt Dorothea Kraus: «Zeitgenössische Modelle von Wirklichkeit schuf die Theaterpraxis der Schaubühne in den sechziger Jahren somit in dreifacher Hinsicht: durch die Abkehr vom Bildungstheater der Nachkriegszeit, durch die sozial- und gesellschaftskritische Aktualisierung von Theatertexten sowie durch einen aufklärend-reflexiven Wirkungsanspruch. Schon kurz nach der Gründung wurde die Schaubühne deshalb in der öffentlichen Wahrnehmung mit dem Etikett eines Theaters als ‹moralische Anstalt› (Ernst Elitz), ja als ‹pädagogische Institution› (Dieter Hildebrandt) versehen. Ihre Aufführungen zielten gleichwohl nie darauf zu überreden, zu beweisen oder zu überwältigen, sondern darauf, behutsam sinnlich-szenisch zu erhellen und zu klären.» (Kraus, 2010, S. 284).
29 Zu Suassuna vgl. Encyclopaedia Britannica: https://www.britannica.com/biography/Ariano-Suassuna; Zitat Suassunas nach: http://www.magma-theater.de/stuecke/Das_Testament_des_Hundes/.
30 Zitat Waterman: https://senate.universityofcalifornia.edu/_files/inmemoriam/html/mantlehood.htm.
31 Zitat Peterman: https://centerforworldmusic.org/wp-content/uploads/2014/11/REB_Obit_SEM_2006-01.pdf.
32 Nach Hirsch, 1977, S. 369.
33 Biografie Hartenberger nach: https://music.utoronto.ca/our-people.php?fid=113.
34 Nach Hirsch, 1977, S. 145.
35 Klappentext *Beginning Japanese*: https://yalebooks.yale.edu/book/9780300001358/beginning-japanese.
36 Biografie Samuel Martin: https://en.wikipedia.org/wiki/Samuel_Martin_(linguist).
37 Précis der Dissertation: https://www.shakuhachi.com/PG-Gutzwiller.html.
38 Nach dem Nachruf in der New York Times, 20.4.2020.
39 Nach: http://www.arakikodo.com/?page_id=28.
40 Nach Olivia Drake: https://newsletter.blogs.wesleyan.edu/2012/11/26/johncage.
41 Biografie Winslow nach dem Nachruf von Anne M. Hamilton im Hartford Courant, 10.9.2017: https://www.courant.com/obituaries/hc-extraordinary-life-dick-winslow-0910-20170910-story.html.
42 Lucier auf der Dokumenta: https://www.documenta14.de/de/artists/5877/alvin-lucier; https://de.wikipedia.org/wiki/Alvin_Lucier.
43 Biografie Zuckerman nach: https://www.fhnw.ch/de/personen/kenneth-zuckerman; https://www.kenzuckerman.com/.
44 Biografie Ali Akbar Khan nach der Encyclopaedia Britannica: https://www.britannica.com/biography/Ali-Akbar-Khan.
45 Biografie Swapan Chaudhuri: https://music.calarts.edu/faculty-and-staff/swapan-chaudhuri.
46 Biografie Kim Dong-Won nach: https://de.wikipedia.org/wiki/Kim_Dong-won_(Perkussionist).
47 Biografie Madjid Khaladj nach: https://www.madjidkhaladj.net/.
48 Biografie Huib Schippers nach: https://www.weforum.org/people/huib-schippers.

49 Vgl. Projektmappe des WMC, Archiv Gutzwiller.
50 Musikethnologisches Archiv Zürich: https://www.uzh.ch/cmsssl/de/outreach/museums/musikethnologisches-archiv.html.
51 European Shakuhachi Society: http://shakuhachisociety.eu/about-the-ess/ess-aims/.
52 Zu Monty H. Levenson: https://www.shakuhachi.com/Q-Biography.html.
53 «Whole Earth Catalogue» nach: https://de.wikipedia.org/wiki/Whole_Earth_Catalog.

Anmerkungen zu Kapitel 3

54 Zur Kunst des Fahrradfahrens: https://www.weltderphysik.de/thema/hinter-den-dingen/stabilitaet-von-fahrraedern/.
55 Gutzwiller, 1992, S. 100.
56 Gutzwiller, 1983, S. 71.
57 Ebd.
58 Gutzwiller, 1992, S. 96.
59 Ebd.
60 Gutzwiller, 1983, S. 179.
61 Op. cit., S. 180.
62 Nakatsuka Chikuzen: *Historical Views on the Kinkoryu Shakuhachi*, Tokyo, 1979.

Anmerkungen zum Kommentarteil, Kapitel 3

63 Hood, The Challenge if «Bi-Musicality», 1960, S. 55.
64 Gutzwiller, 1992, S. 96 f.
65 Nach Monty Levenson auf: https://www.shakuhachi.com/H-Yamaguchi.html.
66 Gutzwiller, 1983, S. 72.
67 Gutzwiller, 1992, S. 98.
68 Gutzwiller, 1983, S. 87.
69 Op. cit., S. 46.
70 Gutzwiller, 1992, S. 96.
71 Nach Elizabeth Bennett auf: https://www.komuso.com/people/people.pl?person=845.
72 Nach John Singer auf: https://www.komuso.com/schools/index.pl?school=17.
73 Gutzwiller, 1983, S. 84.
74 Gutzwiller, 1992, S. 98.
75 Gutzwiller, 1983, S. 76.
76 Nach Gutzwiller, 1983, S. 179.
77 Nach op. cit., S. 175.
78 Nach op. cit., S. 177.
79 Gutzwiller, 1981, S. 343.
80 Gutzwiller, 1983, S. 66.
81 Biografie Koizumi Fumio nach: https://www.komuso.com/people/people.pl?person=1471.
82 Gutzwiller, 1983, S. 164–198.
83 Kamakura auf Wikipedia: https://de.wikipedia.org/wiki/Kamakura.
84 Nach Ludger Lütkehaus' Rezension von Brian (Daizen) A. Victorias Studie *Zen, Nationalismus und Krieg*, Berlin, 1999. Rezension in der TAZ vom 15.11.1999.
85 Gutzwiller, 1981, S. 344.
86 Gutzwiller, 1983, S. 73.
87 Gutzwiller, 1981, S. 344.
88 Gutzwiller, 1992, S. 100.

Anmerkungen zu Kapitel 4

89 Zum beschriebenen Auftreten Puhuas vgl. King, 1986, S. 88.
90 Nach Gutzwiller, 1983, S. 7.
91 Op. cit., S. 8.
92 King, 1986, S. 88.
93 Aus den *Aufzeichnungen des Linji*, nach: https://en.wikipedia.org/wiki/Puhua.
94 Vgl. Booklet zur CD *Der leere Himmel* von Andreas Gutzwiller.

Anmerkungen zum Kommentarteil, Kapitel 4

95 Nach Gutzwiller, 1983, S. 15–17.
96 Laozi: *Tao Te King – Das Buch des Alten vom Sinn und Leben*. Düsseldorf/Köln, 1952, S. 6.
97 Dōgen Shōbōgenzō: *Uji*. Aus dem Japanischen von Michael Weissert, gestützt auf die Übersetzung und die Anmerkungen von Eidō Shimano Rōshi und Charles Vacher. encre marine, La Versanne, 2002, S. 47.
98 Nach Fraser, 1971, S. 11–33.
99 Vgl. https://www.britannica.com/biography/Taishi-Shotoku.
100 Nach Gutzwiller, 1983, S. 166.
101 Nach: https://music.ubc.ca/alan-thrasher – Die angeregte Diskussion wurde schriftlich fortgesetzt: Asian Music, Vol. Xii-2, p 1–53.
102 Nach der Encyclopaedia Britannica: https://www.britannica.com/biography/Charles-Burney.
103 Nach Wikipedia: https://de.wikipedia.org/wiki/Carl_Czerny.
104 Nach der Encyclopaedia Britannica: https://www.britannica.com/art/Bunraku.
105 Nach Geiss, 1988, S. 501 f.
106 Nach: https://en.wikipedia.org/wiki/Biwa_h%C5%8Dshi.
107 Nach der Encyclopaedia Britannica: https://www.britannica.com/art/Kabuki.
108 Nach: https://www.komuso.com/people/people.pl?person=668; https://en.wikipedia.org/wiki/Nakao_Tozan.
109 Nach Wikipedia: https://de.wikipedia.org/wiki/Tanaka_Sh%C5%8Dhei.

Anmerkungen zu Kapitel 5

110 Schlussszene von *offret:* https://www.youtube.com/watch?v=rL-o-lxv4oM.
111 Boulez, 1967, S. 3–10.

Anmerkungen zum Kommentarteil, Kapitel 5

112 https://de.wikipedia.org/wiki/Xiao_(Fl%C3%B6te).
113 Nach: https://de.wikipedia.org/wiki/Nay.
114 Nach: https://de.wikipedia.org/wiki/Suling.
115 Nach Bruno Netti in der Encyclopaedia Britannica: https://www.britannica.com/art/raga.
116 Vgl. Jasper Sharp: *How Akira Kurosawa films command the weather*: https://www2.bfi.org.uk/news-opinion/news-bfi/features/how-akira-kurosawa-films-weather.
117 Vgl. https://en.wikipedia.org/wiki/Samurai_Rebellion.
118 Vgl. Imogen Sara Smith: *Japanese Cinema's Uncommon Man: Tatsuya Nakadai's Dissidents, Outcasts, and Shadow Warriors*, in *Bright Lights,* July 31, 2008: https://brightlightsfilm.com/japanese-cinemas-uncommon-man-tatsuya-nakadais-dissidents-outcasts-and-shadow-warriors/.
119 Vgl. Hara, 2016, Anm. 16; zur Stückauswahl im Soundtrack: http://www.nostalghia.com/ThePosters/soundtracks/Soundtracks.html.
120 Gutzwiller, 1983, S. 122.

121 Nach: https://de.wikipedia.org/wiki/Suona.

122 Nach dem Personenlexikon der Hochschule Luzern: https://www.musinfo.ch/de/personen/komponisten/?pers_id=27&abc=K.

123 Aus einem Gespräch mit dem Flötisten Maxence Larrieu (2014): https://floete.net/fa/user/dokumente/floete-aktuell/2014/46_xxxxFA-4-2014.pdf.

124 Gutzwiller, 1983, S. 105.

125 Boulez, 1977, S. 125, zit. nach: https://de.wikipedia.org/wiki/IRCAM.

126 Biografie Bennett nach dem Personenlexikon der Hochschule Luzern: https://www.musinfo.ch/de/personen/komponisten/?pers_id=1301&abc=B.

127 Biografie Globokar nach Wikipedia: https://de.wikipedia.org/wiki/Vinko_Globokar.

128 Biografie Berio nach der Encyclopaedia Britannica: https://www.britannica.com/biography/Luciano-Berio.

129 Gutzwiller, Stone Age, 1979, S. 105.

130 Biografie Isang Yun nach der Encyclopaedia Britannica: https://www.britannica.com/biography/Isang-Yun – s. auch https://www.boosey.com/cr/music/Isang-Yun-Chinesische-Bilder/4190.

131 Riemanns Musiklexikon, 1929, S. 1833.

132 Nach der Encyclopaedia Britannica: https://www.britannica.com/art/Japanese-music/Predominant-musical-traits#ref602922; https://www.britannica.com/art/Japanese-music/Kamakura-Muromachi-and-Tokugawa-periods#ref602983.

Anmerkungen zu Kapitel 6

133 Zum Begriff «pneŭma» vgl. Eisler, 1904, S. 123–124, zit. nach: http://www.zeno.org/Eisler-1904/A/Pneuma.

134 Holliger im Gespräch Matthias Hanselmann im *Deutschlandfunk Kultur,* 8.6.2018: https://www.deutschlandfunkkultur.de/oboist-heinz-holliger-musik-ist-fuer-mich-wie-atmen.970.de.html?dram:article_id=419869.

135 Kurzporträt von Heinz Holliger auf SRF, 12.4.2014: https://www.srf.ch/play/tv/kultur-extras/video/heinz-holliger-vom-atem-zum-ton?urn=urn:srf:video:0b637163-4cf2-4e54-983d-8821bb6b7179.

136 Gutzwiller, 1983, S. 191.

137 Booklet der CD *Der wahre Geist der Leere.* – «Shugyō» bedeutet: Übung, Studium, Praxis.

138 Gutzwiller, 1998, S. 163.

Anmerkungen zum Kommentarteil, Kapitel 6

139 Nach der Encyclopaedia Britannica: https://www.britannica.com/topic/yinyang.

140 Nach Gutzwiller, 1983, S. 165.

141 Biografie Dick nach Wikipedia (engl.): https://en.wikipedia.org/wiki/Robert_Dick_(flutist).

142 Gutzwiller, 1983, S. 141, Anm. 181.

143 Gutzwiller, 1983, S. 141.

144 Gutzwiller, 1989, S. 165.

145 Ebd.

Anmerkungen zu Kapitel 7

146 Hisamatsu Fūyō: *Hitori Kotoba* [Monolog], 1830; in: Gutzwiller, 1983, p. 165.

147 Zu Kiku Day: http://www.kikuday.com/about-kiku-day/.

148 Erschienen bei Herder, Freiburg, 2017; nähere Informationen: http://www.literaturundkunst.net/kaiserin-michiko-nur-eine-kleine-maulbeere/.

149 Booklet der CD *The Flute of the Misty Sea* (1996), S. 4.

Anmerkungen zum Kommentarteil, Kapitel 7

150 Gutzwiller, 1992, S. 4.

151 Zu Okuda Atsuya: https://www.komuso.com/people/people.pl?person=725.

152 Nach Lemma «Konzert» in *Ullstein Lexikon der Musik*, Berlin, 1993, S. 283.

153 Gutzwiller, 1983, S. 89.

154 Elisabeth Hauptmann zitiert nach: Herrmann, 1996, S. 24, Fußnote 89.

155 In WELT, 30.10.2010.

156 In SPIEGEL, 6.3.2013.

157 Biografie Schleiermacher nach Wikipedia: https://de.wikipedia.org/wiki/Steffen_Schleiermacher.

158 Nach: https://www.ibby.org/de/about/was-ist-ibby.

159 Biografie Kasai nach der Webseite des «philharmonischen orchesters riehen»: https://www.phil-orchester-riehen.ch/anzeigen.php?kapitel=Konzerte&inhalt=Solisten&inhalt2=kasai.

160 Nach der Encyclopaedia Britannica: https://www.britannica.com/art/waka-Japanese-poetry.

161 Nach Peter Becker in MGG2: https://www.mgg-online.com/article?id=mgg03748&v=1.1&rs=id-cb637b1d-b24e-4212-8e71-6c2e786efof8.

162 Biografie Oesch nach dem Personenlexikon des Kantons Basel-Landschaft: https://personenlexikon.bl.ch/Hans_Oesch.

163 Biografie Kelterborn nach dem biografischen Eintrag der Hochschule Luzern: https://www.musinfo.ch/de/personen/komponisten/?pers_id=27&abc=K.

164 Aus dem Booklet des Grammont-Porträts *Andreas Gutzwiller*, S. 6.

165 Biografie Schneeberger nach: https://www.musinfo.ch/de/personen/autoren/?pers_id=206&abc=S.

166 Nach dem Eintrag von Mark Sattler in MGG2: https://www.mgg-online.com/article?id=mgg06511&v=1.0&rs=mgg06511 und den Informationen zum Komponisten im Musikverlag SCHOTT: https://de.schott-music.com/shop/autoren/toshio-hosokawa.

167 Nach dem Booklet zur CD *Music for two Shakuhachi,* mit Andreas Fuyū Gutzwiller und Jürg Zurmühle, Jecklin Edition, 1995, S. 8.

168 Nach: https://www.britannica.com/biography/Kanami; https://www.britannica.com/art/Kanze-school.

169 TAKEBE, Yoshiko: *The Effect of Translated Plays: Samuel Beckett and Japanese Theatre*, Interpreting and Translation Studies, No. 11, 2011, p. 119: http://jaits.jpn.org/home/kaishi2011/pdf/09_Takebe.pdf – internes Zitat aus: Cima, Gay Gibson: ‹*Beckett and No Actor*›. *Performing Women: Female Characters, Male Playwrights, and the Modern Stage.* Ithaca and London: Cornell University Press, 1993, p. 184–222.

Anmerkungen zum Glossar

170 Nach dem *Lexikon der Religionen* von ORF: https://religion.orf.at/v3/lexikon/stories/2568998/

Das Signet des Schwabe Verlags ist die Druckermarke der 1488 in Basel gegründeten Offizin Petri, des Ursprungs des heutigen Verlagshauses. Das Signet verweist auf die Anfänge des Buchdrucks und stammt aus dem Umkreis von Hans Holbein. Es illustriert die Bibelstelle Jeremia 23,29: «Ist mein Wort nicht wie Feuer, spricht der Herr, und wie ein Hammer, der Felsen zerschmeisst?»